21세기의 변화와 설교학적 대응

공감의 설교학

이현웅 지음

한국장로교출판사

본서는 2013년 정부(교육과학기술부)의 재원으로
한국연구재단의 지원을 받아 수행된 연구임 (NRF-2013S1A6A4012208)

Empathic Preaching
: The Challenges of the 21 Century and A Homiletical Response

Hyun Woong Rhee, Th. D. Professor of Worship and Preaching, Hanil University &
Presbyterian Theological Seminary, Jeonju, Korea

21세기의 변화와 설교학적 대응
공감의 설교학

초판인쇄   2017년 8월 20일
초판발행   2017년 8월 30일

지은이   이현웅
펴낸이   채형욱
펴낸곳   한국장로교출판사
주　소   03129 서울시 종로구 대학로 19, 409호(연지동, 한국기독교회관)
전　화   (02) 741-4381 / 팩스 741-7886
영업국   (031) 944-4340 / 팩스 944-2623
등　록   No. 1-84(1951. 8. 3.)

ISBN 978-89-398-4182-6 / Printed in Korea
값 11,000원

편 집 장 정현선
교정·교열 원지현   표지·본문디자인 최종혜
업무부장 박호애   영업부장 박창원

※ 이 출판물은 저작권법에 의해 보호를 받는 저작물이므로 무단전재와 무단복제를 할 수 없습니다.

21세기의 변화와 설교학적 대응

공감의 설교학

머리말

　복음의 본질인 하나님의 말씀은 변할 수 없다. 그것은 어제나 오늘이나 영원무궁히 시대와 공간을 초월하여 동일한 말씀으로 모든 세대 모든 사람들에게 읽혀지고 선포되며 들려진다.

　그러나 그 말씀을 전하는 형식과 방법은 시대를 따라 변화되었다. 즉 하나님의 말씀은 변할 수 없는 것이지만 그 말씀을 전하는 설교의 형식과 방법은 끊임없이 변화되어 왔다는 사실이다. 하나님의 말씀을 선포하는 설교의 형식과 방법들이 변화될 수밖에 없는 것은 그것을 듣는 청중들이 때를 따라 바뀌기 때문이다. 설교는 '그 시대의 설교자'가 '그 시대의 사람들'에게 전파하는 것이다. 그러므로 동일한 하나님의 말씀이지만 그것은 시대나 문화적 공간에 따라서 거기에 적절한 방법으로 선포되어져야 한다.[1]

　기독교 2,000년의 역사를 통해서 하나님의 말씀을 선포하는 설교는 수많은 기여를 해왔다. 설교는 죽어 가는 영혼들을 살리는 복음 선포의 수단이었으며, 개인들의 삶을 바꾸고, 사회와 국가를 변화시키는 놀라운 능력을 가졌었다. 하나님은 종교개혁기를 통해서 마틴 루터(Martin Luther), 울드리히 쯔빙글리(Huldrich Zwingli), 존 칼빈(John Calvin) 등과 같은 설교자들을 세워 부패하고 쇠락해가던 중세 교회를 개혁하고 새롭게 하셨다. 산업혁명 이후 영적 어두움과 도덕적 타락이 확산되어가던 영국 사회를 요한 웨슬리(John Wesley)는 하나님의 말씀으로 변화를 시켰다. 나찌 히틀러에게 목

---

1. 이현웅, "포스트모던 시대에서의 설교를 위한 방법론적 모색," 『신학사상』, 제143집 (2008. 12.), pp. 278-279.

숨을 걸고 항거했었던 디이트리히 본회퍼(Dietrich Bonhoeffer), 모든 사람들이 함께 어우러질 평등 세상을 꿈꾸며 미국의 흑백 인종차별에 과감히 맞섰던 마틴 루터 킹(Martin Luther King) 목사 등은 하나님의 말씀으로 그 시대의 불의에 저항하며 시대를 바꾼 사람들이었다.

또한 근대 미국의 영적 대각성운동(the Great Awakening Movement)은 말씀을 통해서 미국 대륙을 변화시키고, 그 말씀을 통해서 헌신을 다짐한 수많은 젊은이들이 복음을 들고 "저 북방 얼음산과 저 대양 산호섬 저 남방 모든 나라 수많은 백성들"[2]에게로 나아가 죄로 인해서 죽어가던 영혼들을 구원하는 위대한 선교의 역사를 이루도록 하였다. 그래서 에밀 부르너(Emil Brunner)의 말대로 "아무리 아니라고 해도 이 지상에서 일어나고 있는 최고의 일은 설교"[3]라고 하겠다.

그러나 이런 설교의 놀라운 능력과 기여에도 불구하고, 현대 기독교 설교에 대한 위기 현상과 이를 염려하는 목소리들이 지금 교회와 신학 진영에서 날이 갈수록 확산되고 있다. 시대적 변화를 따르지 못하고 있는 구태의연한 설교 방식들은 현대 그리스도인들로 하여금 설교에 대한 관심과 흥미를 잃도록 하고 있으며, 설교에 대해서 귀를 막거나 거부감을 갖도록 하는 요인이 되고 있다.

---

2. 1800년대에 지어진 선교와 관련된 기독교 찬송가 가사의 일부이다.
3. Emil Brunner, *Revelation and Reason* (Philadelphia: Westminster Press, 1946), p. 142. Clyde Reid, *The Empty Pulpit*, 정장복 역, 『설교의 위기』 (서울: 대한기독교출판사, 1985), p. 31에서 재인용.

무엇이 문제인가? 왜 이런 현상들이 이 시대 설교 현장에서 끊임없이 반복되고 있는가? 그렇다면 우리는 이런 설교학적 위기를 어떻게 극복할 수 있겠는가? 이것은 이 시대 설교자들을 향한 질문이요, 또한 설교학자들에게 주어진 시대적 과제라고 하겠다. 그 동안의 기독교 설교는 지나치게 설교자 중심으로 진행되어 왔다. 설교는 설교자가 일방적으로 청중에게 하나님의 말씀을 전하는 것이었다. 거기에 비해 청중들은 단순히 설교자가 들려주는 것을 피동적으로 듣는 존재에 불과했었다. 설교자는 준비한 설교 내용을 청중이 듣든지 아니 듣든지 자신의 입에서 전하는 것으로써 자신의 책임을 마치는 것으로 생각하였다. 그러나 이제는 시대가 바뀌었다. 이제 청중들은 자신들이 단순히 설교를 들어주는 사람의 위치에 있기를 원치 않는다. 설교자의 입을 통해서 나오는 말씀을 함께 듣고 공감하고 나누며 경험하기를 원한다. 오늘의 청중들은 설교의 자리에서 피동적이기보다는 적극적이고 능동적으로 참여하기를 원한다. 설교자는 이런 사람들의 변화를 읽고 거기에 대응할 수 있어야 한다. 과거의 그리스도인과 21세기 현대 그리스도인은 같을 수가 없다. 이제 기독교 설교는 오늘의 사람들에게 '오늘의 언어로' 전달해야 한다는 점에서 이 시대 사람들에게 적합한 방법으로 전달되고 선포될 수 있어야 한다.

『공감의 설교학』은 이러한 시대적 변화를 반영하고자 하는 목적으로 저술된 책이다. 필자는 이 책을 통해서 21세기의 시대적 변화와 함께 이에 대한 하나의 설교학적 대응을 제시하고자 하려는 목표를 가지고 이 책을 쓰게 되었다. 본서의 부제를 "21세기의 변화와 설교학적 대응"으로 한 것도 그런 이유에서다. 여기는 한 설교학자의 고민이 담겨 있다. 그리고 그 고민을 넘어 오늘의 설교 위기를 극복하고 한국교회 설교의 새로운 지평을 열고자 하는 필자의 희망과 열망이 함께 배어 있다. 부족하지만 이 책을 통해서 한국교회 설교자들에게 새로운 설교학적 통찰력을 제공하고, 또한 이를 통해 한국교회 강단에 어두움이 걷히고 새로운 활력이 넘쳐나는 모습들을 기대해 본다. 살아있는 하나님의 말씀이 에스겔 골짜기의 마른 뼈들을 살리는 환상을 보면서…….

"하나님의 말씀은 살았고 운동력이 있어 좌우에 날선 어떤 검보다도 예리하여 혼과 영과 및 관절과 골수를 찔러 쪼개기까지 하며
또 마음의 생각과 뜻을 감찰하나니"(히 4:12)

2017년 8월
한일동산에서
저자 이 현 웅

차례

머리말   04

I부 공감 · 소통 · 설교   13

제1장 공감   14
    1. 공감의 개념, 그리고 그 필요성   16
    2. 공감하는 존재로서의 인간, 호모 엠파티쿠스   19
    3. 공감의 확장 : 공감의 시대 공감의 사회   23
    4. 공감과 설교   26

제2장 소통   32
    1. 불통과 단절의 사회   33
    2. 커뮤니케이션이란 무엇인가   39
    3. 교회와 커뮤니케이션   42
    4. 불통에서 소통으로   52

제3장 설교   56
    1. 커뮤니케이션으로서의 설교   56
    2. 설교란 무엇인가   63
    3. 설교의 전환 : 설득(persuasion)에서 공감(empathy)으로   72

II부 21세기의 상황과 설교   77

제4장 변화하는 상황으로서의 21세기 한국 사회와 교회   78
    1. 사회 문화적 변화   79
    2. 한국교회의 상황   84
    3. 설교의 위기 현상들   94

제5장 시대 현상으로서의 포스트모더니즘과 설교　　　　106
　1. 모던에서 포스트모던으로　　　　　　　　　　　107
　2. 포스트모던 시대와 오늘의 설교적 상황　　　　　115
　3. 설교 현장으로서의 교회적 상황의 변화　　　　　121

제6장 새로운 설교 흐름의 등장 : 신설교학에 대한 이해　　128
　1. 설교학 이론의 새로운 등장 : 신설교학 운동의 배경　129
　2. 신설교학의 역사적 발전 과정　　　　　　　　　140
　3. 대표적 설교 이론과 방법론　　　　　　　　　　145
　4. 새로운 설교학 운동의 기여와 한계　　　　　　　149

Ⅲ부 공감의 설교　　　　　　　　　　　　　　　159

제7장 변화된 상황 속에 선 오늘의 설교자 : 정체성의 새로운 인식과 변화　160
　1. 성서를 통해서 본 설교자상　　　　　　　　　　161
　2. 역사적 전통 속에서의 설교자　　　　　　　　　166
　3. 설교자의 정체성에 관한 재인식 : 오늘의 설교자, 그는 누구인가　178
　4. 공감의 설교자 : 전달자에서 함께 나누는 자로　　187

제8장 청중과 함께 하는 설교　　　　　　　　　　　190
　1. 공감 설교는 관계다　　　　　　　　　　　　　191
　2. 청중에 대한 재인식 : 하나님의 백성이며 설교의 파트너로서의 청중　195
　3. 청중과 공감하는 설교 : 청중으로부터 들으라　　198

4. 들려지는 설교 : 일방적 전달에서 함께 하는 설교로　　202
　5. 설교는 청중을 필요로 하며 청중에 의해서 완성된다　　205

제9장 공감 설교 방법론　　208
　1. 설교 형식 : 논리(논증)에서 이야기로　　208
　2. 설교 전개 : 연역법에서 귀납법적 접근으로　　215
　3. 설교 내용 : 삶과 성경을 연결하는 설교　　220
　4. 표현 : 교훈, 훈계, 명령(imperative)에서 권유와 직설(indicative)로　224
　5. 설교자의 어조 : 웅변보다는 대화식으로　　228
　6. 경험과 함께 말씀을 나누라　　232
　7. 심령을 터치하는(가슴에 와 닿는) 설교 : 머리와 가슴에 설교하라　236

제10장 미래 한국교회의 설교학적 전망과 대응　　240
　1. 한국 사회에 대한 전망　　241
　2. 미래의 한국교회 : 위기와 회복의 갈림길　　244
　3. 설교학적 분석과 전망, 그리고 대응　　250

마치면서 : 설교는 청중과 함께 하는 여정　　263

참고문헌　　267

21세기의 변화와 설교학적 대응

공감의 설교학

제1부

공감·소통·설교

제1장 공감

제2장 소통

제3장 설교

제1장 공감

"설득은 연설에 의하여 청중들에게 어떤 감정(또는 감동, emotion : πάθος)이 느껴질 때 일어난다. 왜냐하면 사람들은 슬프거나 기쁠 때, 우호적이거나 적대적일 때 같은 판단을 하지 않기 때문이다"(아리스토텔레스).[1]

커뮤니케이션(communication, 소통)은 인간 상호 간의 공감(共感, empathy)이 형성될 때 가장 효과적으로 일어난다. 그러므로 우리는 소통을 말하기 전에 먼저 그 소통을 위한 공감에 대해 알고 이해해야 한다. 공감이 형성되지 않은 소통은 일방적이거나 허공에 소리를 치는 것과 다름이 없다. 사람들은 누가 말을 한다고 해서 다 듣는 것이 아니다. 그러나 말을 하는 많은 사람(speaker)들은 자기가 말을 하면 모든 사람들이 다 잘 들을 것으로 착각하며 말을 한다.

공감이 없는 말은 들려지지 않는다. 인간은 단순히 입과 귀로만 말을 하

---

1. Aristotle, *ΤΕΧΝΗΣ ΡΗΤΟΡΙΚΗΣ*, John Henry Freese, *The Art of Rhetoric* (Cambridge : Harvard University Press, 1967), pp. 16–17.

고 듣는 그런 존재가 아니기 때문이다. 입으로 나온 말이 가슴으로 들려질 때 사람들은 비로소 그 말에 귀를 기울이게 된다. 사람들은 들려지는 말에서 마음의 감동을 받고 그 마음을 열고 서로 대화를 할 때에야 온전한 소통을 할 수 있는 것이다. 왜냐하면 공감은 "서로가 느끼고 인식한 바를 의사소통 하는" 능력이 되기 때문이다.[2]

설교 역시 그 형식과 방법에 있어서 커뮤니케이션의 일종임을 생각할 때, 우리는 커뮤니케이션에 관한 관심과 함께 '커뮤니케이션을 효과적으로 일으킬 수 있는 기재(器財)로서의 공감'에 마땅히 관심을 가져야 할 것이다. 청중의 공감을 얻지 못한 설교자의 일방적인 전달은 울리는 꽹과리요 공허한 메아리에 불과할 뿐이다. 그것은 허공을 맴도는 의미 없는 소리에 지나지 않는 것이다.

사도 바울(St. Paul)은 사랑이 없는 언어는 그것이 아무리 신비한 방언과 천사의 말 같을지라도 소리 나는 구리(또는 '징'으로 번역함, 표준새번역)와 울리는 꽹과리에 불과하다고 한다(고전 13 : 1).[3]

사랑의 언어만이 사람의 가슴에 와 닿을 수 있고 사람을 움직이고 비로소 사람에게 의미를 줄 수 있다. 그런데 여기서 말하는 사랑이야말로 인간이 상호간에 할 수 있는 가장 큰 공감을 의미하는 것이 아닐까? 공감이 있을 때 언어는 비로소 인간에게서 의미를 갖게 된다.

설교가 진정한 설교가 되기 위해서는 전하는 설교자와 듣는 청중 사이에 메시지를 통한 공감이 함께 이루어져야 한다. 그때 설교자의 입을 통해서 나오는 말씀은 비로소 살아있는 하나님의 말씀(the living Word of God)으로 청중들에게 바로 전달될 수 있다. 따라서 커뮤니케이션을 위해 공감이 중요

---

2. Carl R. Rogers, "Empathic : An Unappreciated Way of Being," *The Counseling Psychologist*, 5, pp. 2-10.
3. 참고로 표준새번역성경에서는 고전 13 : 1을 다음과 같이 번역하고 있다. "내가 사람의 모든 말과 천사의 말을 할 수 있을지라도, 내게 사랑이 없으면, 울리는 징이나 요란한 꽹과리가 될 뿐입니다."

하듯이 '커뮤니케이션으로서의' 설교 역시 중요한 요소가 공감인 것이다.

그러면 공감은 무엇인가? 그 개념과 정의들을 중심으로 해서 간략히 살펴보고, 이어서 공감하는 존재로서의 인간 이해, 공감의 시대와 사회적 특징, 그리고 공감과 설교의 관계 등을 먼저 알아보도록 하겠다.

1. 공감의 개념, 그리고 그 필요성

우리는 공감이란 말을 학문의 세계에서 뿐만 아니라 일상생활에서도 흔히 사용한다. 일반적으로 공감이란 다른 사람의 감정, 생각, 상황 속으로 자신이 들어가 그가 느끼는 것을 같이 느끼고, 그가 생각하는 것을 함께 이해하며, 그가 처한 상황을 함께 공유하는 것을 의미한다.

본디 공감(empathy)이란 용어는 독일어 Einfühlung에서 유래한 말이며, 이것은 열망이나 열정(passion)을 의미하는 그리스어 empatheia에서 기원한 것이다.[4] 어원적으로 볼 때 '공감하다'(einfühlen)는 말의 개념은 '안으로'를 의미하는 ein과 '느끼다'를 의미하는 fühlen을 합성하여, '그 안으로 들어가서 느끼다'라는 뜻을 갖는다. 즉 공감은 '상대의 안으로 들어가 함께 느끼는 느낌'(feeling into)이라고 말할 수 있다.[5]

Einfühlung이라는 용어는 19세기 말에서 20세기 초반에 미학과 심리학 분야에서 맨 처음 개발되어 사용되기 시작했다. 이것이 최초로 사용된 것은 1873년 로버트 비셔(Robert Vischer)가 미학 분야에서 전문 용어로 쓰면서부터였다. 그는 자신의 논문 "형태의 시각적 기능에 관하여"(*On the Optical Sense of Form : A Contribution to Aesthetics*)라는 글을 쓰면서,

---

4. *Webster's II New College Dictionary*, 1999 ed., "empathy"
5. Amy Coplan and Peter Goldie, ed., *Empathy : Philosophical and Psychological Perspectives* (New York : Oxford University Press, 2011), p. XII.

empathy라는 개념을 개발하였던 것이다.[6]

Einfühlung이란 용어를 심리학 분야에 처음 도입하여 사용한 사람은 테오도르 립스(Theodor Lipps, 1851-1914)였다. 그는 사람들이 미적 대상(aesthetic objects)에 대해서 어떤 경험을 하는지, 다른 사람들의 정신 상태(mental states)를 어떻게 이해하게 되는지를 설명하기 위해서 Einfühlung의 개념을 사용하였다(1903년).[7] 그 후 립스가 말한 공감에 대한 내용은 심리학과 철학 분야에 광범위한 영향을 미치게 되었는데, 지그문트 프로이트(Sigmund Freud) 역시 립스에 의한 영향을 지대하게 받기도 하였다.

1909년 에드워드 티치너(Edward Titchener)는 독일어인 Einfühlung을 영어로 번역하기 위하여 그리스어 empatheia를 음역하여 사용하면서, 영어로 이것을 empathy로 소개하였다. 그러면서 그는 "공감이란 어떤 주체가 상상 속에서 다른 사람의 정서에 대해 인식하는 것"이라고 하면서, "공감적 경향은 모든 사람들 간에 일종의 우애를 제공하여 우리의 주변을 인간화하고 인격화하는 일반적인 경향"이라고 주장하였다.[8] 티치너의 이런 주장은 공감에 있어서 개인의 정서적인 요소와 함께 사회적인 요소가 결합되어 있음을 언급함으로써, 공감이 사회적인 관계 속에서도 매우 중요한 것으로 인식하도록 하였다.

티치너의 이러한 주장은 그 후 공감에 대한 이해와 연구와 적용이 미학이나 심리학, 철학의 분야를 넘어 사회심리학, 교육, 상담, 심리치료학 등으로 확대 발전하도록 하는 계기가 되었다. 따라서 오늘날 공감이란 개인과 사회 전반의 모든 영역에서 매우 중요한 연구 주제가 되고 있으며, 모든 학문 분야에서 이를 적극 활용하고 있다.

공감이라는 개념이 사회적이며 관계적인 측면에서 매우 중요하다는 점에

---

6. 위의 책.
7. 박성희, 『공감학』 (서울 : 학지사, 2010), p. 17.
8. 위의 책, pp. 18-19.

서 이것은 종교의 영역에서도 관심 있게 다루어져야 할 주제가 되고 있다. 기독교 안에서도 목회상담학이나 기독교 교육학 분야 등에서 공감에 대한 연구가 활발하게 진행되고 있으며, 이것은 하나님의 말씀을 선포하는 설교학 분야에서도 예외가 아니라고 본다.[9] 설교는 하나님과의 관계, 그리고 하나님의 말씀을 전하는 설교자와 그 말씀을 듣는 청중과의 관계에서 이루어지는 사역이라고 볼 때, 설교가 이루어지는 현장에서의 공감은 매우 중요한 요소가 될 수밖에 없을 것이다. 참고로 에이미 카플란(Amy Coplan)은 자신의 논문 "공감에 대한 이해"(Understanding Empathy : Its Features and Effects)에서 공감이 무엇인가를 다음과 같이 답해 주고 있다.[10]

1) 공감은 상대가 느끼는 것을 느끼는 것(feeling)이다.
2) 공감은 상대를 돌보는 것(caring)이다.
3) 공감은 상대의 감정과 경험들에 정서적으로 함께하는 것이다.
4) 공감은 상대의 상황에서 자신을 생각해 보는 것이다.
5) 공감은 상대의 상황에서 그 사람의 입장이 되어 생각해 보는 것이다.
6) 공감은 상대의 정신적 상태에 대해서 추론(inference)[11]을 하는 것이다.

---

9. 그러나 아직 설교학 분야에서는 공감에 대한 특별한 관심을 가지고 공감과 설교학 분야를 연결하여 연구된 내용들은 거의 없는 실정이다. 단지 설교에서의 청중에 대한 역할을 새롭게 인식하고, 청중을 이해하고 존중해야 한다는 정도의 주장들이 신설교학운동(the New Homiletics Movement)에서 제기되고 있는 정도다. 그런 점에서 앞으로 이에 대한 연구가 보다 활성화되어야 하리라 본다. 설교자는 설교를 전하는 자로서의 자신을 준비해야 할 뿐만 아니라 그 설교를 듣는 사람들의 입장을 이해하고 그들과 공감할 수 있을 때, 설교를 듣는 청중 역시 설교자의 입을 통해서 나오는 하나님의 말씀에 보다 깊이 공감하게 될 것이다.
10. Amy Coplan, "Understanding Empathy : Its Features and Effects," in *Empathy : Philosophical and Psychological Perspectives*, ed. Amy Coplan and Peter Goldie, p. 4. 참고로 설교에서의 공감을 정의한다면, 에이미의 정의 중 '상대방'이란 말을 '청중'으로 바꾸면 될 것이다.
11. 여기서 "추론한다"는 것은 인간은 자신의 감정은 바로 느끼지만, 다른 사람의 감정은 바로 알 수 없기 때문에, 상대의 얼굴 표정이나 말, 또는 행동을 통해서 그 사람의 감정을 알 수 있게 된다는 점에서 그렇게 표현한 것이다. 최현석, 『인간의 모든 감정』(파주 : 서해문집, 2011), p. 73.

공감은 상대가 느끼는 것을 내가 느끼는 것이고, 상대의 감정과 경험과 상황을 그 사람의 입장에서 이해하고 인식하며, 그 사람의 처지에서 같이 적극적으로 생각하는 것이라고 할 수 있다. 이것을 설교학적으로 적용하여 '상대'를 '청중'으로, '나'를 '설교자'로 대체한다면 다음과 같이 말할 수 있을 것이다. '공감은 청중이 느끼는 것을 설교자가 느끼는 것이고, 설교자가 청중의 감정과 경험과 상황을 청중들의 입장에서 이해하고 인식하며, 청중의 처지에서 같이 적극적으로 생각하는 것이다.'

교육심리학자인 데이빗 에스피(David N. Aspy)는 "공감은 당신이 그의 느낌과 느낌에 대한 이유 모두에 대해 이해하고 이를 상대방에게 의사소통(communication)하는 것"[12]이라고 정의함으로써, 공감이 갖는 의사소통적 요소와 기능을 강조하였다. 그런 측면에서 본다면, 설교 역시 커뮤니케이션의 한 형태라는 점에서 공감은 설교학 분야에서 보다 적극적으로 연구되고 적용되어야 할 매우 중요한 주제가 되어야 할 것이다. 청중을 모르고 전달하는 메시지가 온전한 설교가 될 수 있겠는가?

2. 공감하는 존재로서의 인간, 호모 엠파티쿠스

1914년 12월 24일 저녁, 크리스마스이브(Christmas Eve)였다. 제1차 세계대전은 다섯 달째로 접어들고 있었고, 계속되는 전쟁은 끝이 날 기미를 보이지 않았다. 프랑스의 플랑드르(Flanders) 지방에서는 독일군과 영국군이 불과 몇 십 미터를 눈앞에 두고 서로 대치를 하고 있었다. 그때 갑자기 독일군 병사 진영에서 상상하기 어려운 일이 벌어졌다. 전쟁의 와중에서 불과 몇 십 미터 앞에 적이 있는데, 수천 개의 조그만 크리스마스트리(Christmas tree)

---

12. David N. Aspy, "Empathy : Let's get the hell on with it," *The Counseling Psychologist*, 5(2), p. 11. 박성희, 『공감학』, p. 23에서 재인용.

에 촛불이 밝혀지고 촛불을 밝힌 병사들이 크리스마스 캐럴(Christmas carols)을 부르는 것이었다. "고요한 밤 거룩한 밤 어둠에 묻힌 밤" 영국군들은 모두 넋을 잃고 믿을 수 없다는 듯이 그 광경을 바라보고 있었다.

얼마의 시간이 흘렀을까, 영국군 병사 몇 명이 독일군 진영에서 울려 퍼지는 캐럴송을 따라 부르기 시작했다. 그러자 이들의 노래는 곧바로 영국군 전체에게로 퍼져나갔고, 모든 영국군이 함께 캐럴을 부르며 박수를 쳤다. 그리고 곧 독일군이 캐럴을 부르고나면 이어서 영국군이 다시 캐럴을 부르면서 화답을 하기까지 하였다.

그러기를 얼마 동안 한 후 양쪽의 병사 몇 명이 자신들의 참호를 뛰쳐나와서 상대방 진영을 향하여 서로 달려갔다. 이를 본 나머지 병사들도 머뭇거릴 시간 없이 모두 달려 나갔다. 그리고 그들은 서로를 부둥켜안고 함께 노래하며 춤을 추었다. 그리고 크리스마스의 추억을 나누면서 함께 대화를 하고, 먹을 것을 나누어 먹으면서 웃음꽃을 피웠다.

이것이 그 유명한 "크리스마스의 휴전"(Christmas truce)이다. 제러미 리프킨(Jeremy Rifkin)은 이 이야기를 자신의 저서 『공감의 시대』(*The Empathic Civilization : The Race to Global Consciousness in a World in Crisis*) 첫 머리에 언급하면서 다음과 같이 말하였다.

> 플랑드르에서 사람들은 인간의 가장 깊은 곳에 자리잡고 있는 감정(human sensibility)을 표출하였다. 그것은 인간 존재의 중심(the very marrow of human existence)으로부터 우러나온 것으로 시간과 상황을 초월하는 것이었다…… 그들은 인간이기를 택했었다. 그들이 표현했던 가장 핵심적인 인간 본질(human quality)은 서로에 대한 공감(empathy)이었다.[13]

---

13. Jeremy Rifkin, *The Empathic Civilization : The Race to Global Consciousness in a World in Crisis* (New York : Jeremy P. Tarcher / Penguin, 2009), p. 8.

그러면서 제러미 리프킨은 공감의 능력은 모든 인간에게서 볼 수 있는 가장 보편적인 조건이라고 주장하고 있다. 즉 인간이 서로에 대해서 공감하는 능력이야말로 우리 인간이 가진 최고의 능력이요, 가장 보편적인 현상이라는 사실이다.

인간은 사회적 존재다. 인간이 사회적 존재라는 말은 곧 관계적 존재라는 의미이다. 인간은 홀로 존재하는 것이 아니라 타자가 있음으로 인해서 자신이 존재할 수 있는 것이요, 다른 사람들과 말하고 소통하고 교제하는 가운데서 삶을 영위할 수 있는 것이다. 사회적 존재요 관계적 존재로서의 인간은 그러기에 공감하는 존재(homo empathicus)이다. 즉, 사람이 서로 간의 관계를 맺고 사회적 활동을 하기 위해서 공감은 인간에게 필수적이라는 사실이다. 만일 인간이 홀로 살게 된다면 공감이라는 것은 불필요할 것이다. 그러나 혼자가 아닌 타인 또는 타자와의 공생(共生)과 공존(共存)을 위해서는 공감이 필수적이다. 서로를 알고 서로를 이해하는 것은 공동체를 형성하고 유지하는 데 없어서는 안될 요소가 될 것이기 때문이다. 그러므로 사회적 존재로서의 인간은 자신의 삶을 영위하기 위해 필연적으로 다른 사람과 '공감하는 존재'로서 이 사회에 존재할 수밖에 없는 것이다.

인간은 본질적으로 공감하는 존재라는 것에 대한 증거는 다양한 학문적 분야의 연구 결과들이 이를 증명하고 있다. 그동안에는 인간의 공감, 즉 공감하는 존재로서의 인간에 대한 연구가 철학이나 심리학, 사회학 등의 관점에서 진행되어 왔었으나, 최근에는 생물학적인 측면에서 이에 대한 획기적인 연구 결과가 나왔는데, 그것은 인간의 뇌 속에 다른 사람의 감정이나 행동에 반응하는 신경세포가 존재하고 있다는 사실이다. 소위 말하는 거울신경세포(the mirror neuron system, MNS)의 발견이다.[14]

---

14. Jennifer H. Pfeifer and Mirella Dapretto, "Mirror, Mirror, in My Mind : Empathy, Interpersonal Competence, and the Mirror Neuron System," in *The Social Neuroscience of Empathy*, ed. Jean Decety and William Ickes (Cambridge : The MIT Press, 2011),

사람들은 다른 사람이 웃게 되면 자신도 의식하지 못한 채 웃게 되고, 화난 얼굴을 하면 자신도 모르게 같이 얼굴을 찡그리게 된다. 다른 사람들이 하품을 하면 자신도 따라서 하품을 하게 된다. 권투 선수가 시합을 할 때 응원을 하는 사람이 자기도 모르게 갑자기 일어나 주먹을 휘두르기도 한다. 왜 사람들은 이렇게 상대방이 느끼는 감정을 바로 함께 느끼고, 상대의 표정이나 행동까지도 따라서 하게 될까?

사람들이 상대가 느끼는 것을 무의식적으로 함께 느끼거나 상대가 하는 행동을 무의식적으로 따라 하는 행위(모방 또는 거울 반응)를 전문가들은 '마음 이론'(theory of mind)[15]이라고 한다. 이것이 가능한 것은 우리 모두가 공통된 의미가 존재하는 공간에 함께 살고 있으며, 이 공간에서 다른 사람들의 감정, 행동, 의도를 직감적으로 이해할 수 있기 때문이다.

그런데 바로 마음 이론을 가능하도록 하는 기능(타인의 감정을 함께 느끼고 그 행동을 모방하고, 타인의 표정이나 시선, 몸짓, 태도 등을 보고 그 느낌으로 타인의 감정과 의도 등을 알아내는 능력), 즉 인간의 뇌 속에는 다른 사람의 행동에 반응할 수 있도록 하는 신경조직이 있는데, 그것이 바로 거울신경세포라는 것이다. 이 거울신경세포는 1990년대 이탈리아 파르마(Parma) 대학의 신경생리학자인 자코모 리촐라티(Giacomo Rizzolatti)가 원숭이를 실험하던 중 원숭이의 뇌에서 맨 처음 발견하게 되었다.

---

pp. 183–192. Marco Iacoboni, *Mirroring People : The Science of Empathy and How We Connect with Others* (New York : Picador, 2009), pp. 3–46 참조.

15. 거울 뉴런이 발견되기 전부터 왜 사람들이 무의식적으로 다른 사람의 감정이나 행동을 모방하고 공감하게 되는가에 대한 학문적 연구가 진행되었었는데, 그 대표적인 것이 1980년대 초 스웨덴 웁살라대학의 심리학자 울프 딤베리(Ulf Dimberg)의 실험이었다. 딤베리는 피실험자들에게 사람들의 얼굴 모습, 즉 무표정한 얼굴, 웃는 얼굴, 화가 나서 찡그린 얼굴 화면을 차례로 보여주면서, 그들의 얼굴 근육이 어떻게 반응하는가를 관찰하였다. 그랬더니 놀랍게도 피실험자들이 무표정한 얼굴을 볼 때는 모두 무표정하였고, 웃는 얼굴을 볼 때는 얼굴에 웃음을 띠고(뺨에 있는 웃음에 반응하는 근육이 반응), 화나고 찡그린 얼굴을 볼 때는 모두가 눈 위 이마에 있는 분노에 반응하는 근육이 순간 반응을 하였다. 이 실험은 우리 자신 스스로가 미처 의식하지 못한 채 다른 사람들의 감정적 표현에 사람들은 즉각적으로 반응하게 된다는 사실을 확인하여 주었다. Joachim Bauer, *Warum ich fühle, was du fühlst*, 이미옥 역, 『공감의 심리학』 (서울 : 에코리브르, 2009), pp. 9–10.

그는 원숭이가 땅콩을 먹으려고 손을 내밀어 땅콩을 잡으려고 할 때 뇌의 신경세포에서 발생하는 신호를 연구하였다. 그런데 원숭이가 손을 내밀어 땅콩을 잡으려고 할 때 신경세포에서 신호가 발생하는데, 원숭이가 땅콩을 쳐다만 보게 하거나 땅콩이 아닌 것에 손을 내밀어 잡게 할 때는 이 신호가 발생하지 않았다. 더 놀라운 것은 원숭이 자신이 아닌 다른 사람이 접시에 둔 땅콩을 집으려고 손을 내미는 것을 볼 때에도 원숭이 뇌에서는 동일한 신호가 발생되었다. 즉, 원숭이 자신이 행동을 하지 않고 다른 사람의 행동을 보고 있기만 해도 자신이 행동하는 것처럼 뇌의 신경세포가 작동을 하게 된 것이다.

그런데 이런 거울신경세포는 원숭이보다 인간에게서 훨씬 발전해 있다. 사람들이 다른 사람의 몸 위로 뱀이나 거미가 기어갈 때 당사자뿐만 아니라 보는 사람도 함께 소름이 돋는다거나, 역겨운 냄새를 맡을 때 같은 구토 증세를 보인다거나, 고통을 당하는 사람을 보면서 함께 고통을 느끼는 것은 우리의 뇌 속에 거울신경세포가 작동하기 때문이다. 거울신경세포 때문에 인간은 다른 사람들의 생각이나 행동을 마치 자신의 것인 양 이해할 수 있는 것이다. 그래서 어떤 사람들은 거울신경세포(거울 뉴런)를 '공감 뉴런'(empathy neurons)이라고 부르기도 한다.[16]

인간은 타인과 더불어 공감하며 사는 존재다. 그것은 사회적 관계성에 기인한 측면이 크지만, 거울 뉴런은 인간이 생물학적인 측면에서도 본래적으로 공감하는 존재임을 다시 한 번 분명히 해주고 있다.

3. 공감의 확장 : 공감의 시대 공감의 사회

캐나다 출신의 커뮤니케이션 학자인 마샬 맥루한(Herbert Marshall

---

16. Jeremy Rifkin, *The Empathic Civilization*, pp. 83–85.

McLuhan, 1911. 7 - 1980. 12.)은 자신의 저서 『미디어의 이해』(Understanding Media : The Extensions of Man)[17]에서 "미디어는 인간의 확장이다."(Media is extension of human sensory.)라는 의미 있는 말을 함으로써, 미디어에 대한 인식을 완전히 새롭게 하도록 하였다. 그는 미디어는 인간 감각기관의 확장으로서, 예를 들어 안경이란 미디어는 우리 인간의 시각 기관인 눈의 확장이며, 옷이라는 미디어는 피부 감각 기관의 확장이요, 펜이라는 미디어는 우리 인간의 손가락의 확장이며, 자동차는 인간의 다리를 확장한 것이라고 한다. 이는 커뮤니케이션의 관점에서 인류의 역사를 감각기관의 확장으로 해석한 것이라 하겠다. 그러면 공감의 관점에서 볼 때 인류의 역사는 어떤가? 제러미 리프킨은 "공감 의식(empathic consciousness)은 175,000년이 넘는 인류의 역사를 통해서 서서히 자라왔다."[18]고 언급하고 있다. 다시 말하면 인류의 공감 의식은 인류 역사와 함께 시작되어 오늘까지 계속 발달하고 확대되어 왔다는 것이다.

20세기 초 공감이란 용어가 사용되고 거기에 따른 학문적 연구가 진행되면서, 오늘 우리 사회는 인간 세계 안에서 이루어지는 다양한 공감 현상들을 연구하고 있다. 인간의 내면에서 일어나는 공감에 대한 철학과 심리학 분야의 연구, 뇌의 신경세포와 관련하여 공감에 대한 신경생물학적 연구, 이 공감이 사람과 사람 사이에서 어떻게 발생하고 진행되며 영향을 주는가에 대한 사회학, 교육학, 윤리학 분야에서의 연구, 복잡한 사회 현상 속에서 많은 문제를 안고 고통을 당하는 사람들에 대한 상담학과 정신치료학 분야에서의 연구와 활발한 적용, 인간 상호 의사소통 과정에서의 공감에 대한 커뮤니케이션 분야에서의 연구 등 오늘날 공감에 대한 학문적 관심은 그 어느 때보다 적극적으로 확대되고 있다. 이런 현상은 복잡한 이 시대 인간 삶의 모든 영

---

17. Herbert Marshall McLuhan, *Understanding Media : The Extensions of Man* (New York : New American Library, 1964).
18. Jeremy Rifkin, *The Empathic Civilization*, p. 11.

역으로 공감의 확장이 되어 가고 있음을 증명하는 것이라 하겠다.

특별히 1945년 일본 히로시마와 나가사키 원자폭탄 투하 사건은 인류 전체의 멸종에 대한 두려움과 공포를 가져오게 했으며, 이것은 역설적이게도 그동안 개인 간이나 어떤 작은 집단 간에서 이루어지는 공감 의식을 전 인류적인 차원으로 확장하도록 하였다.[19] 또한 지구 전체에 위기감을 주는 기후 변화, 전쟁, 테러, 경제적 불평등 등에 대해서도, 인류의 공감 의식은 날로 확대되고 있으며, 이에 대한 대처 역시 국가나 민족을 초월한 전지구적(全地球的) 차원에서 일어나고 있다.

그런가 하면 지금 우리 시대는 전지구적 차원에서의 공감뿐만 아니라 사회 내부적으로 여성, 동성애자, 유색인종, 소수 민족, 소수 종교인 등 과거에는 가깝게 여기지 않았던 다른 인간들에게까지 공감의 범위를 차츰 확대하고 있다. 특별히 우리 시대 사회 각 분야에서 일어나는 이런 공감의 확장은 사람과 사람 사이, 즉 인간 사회에서만 일어나는 것이 아니라, 지금은 동식물이나 자연계까지 공감 의식이 확대되어 가고 있다. 생명체로서의 동식물의 생존 위기에 대한 인류적 차원의 공감이 확대되고 있으며, 이에 대한 대처도 함께하고 있다. 동물들의 고통과 멸종 위기에 공감을 하면서 이를 방지하기 위한 동물보호단체들의 활동, 자연의 파괴와 자연의 신음 소리를 들으면서 자연을 보호하고자 하는 공감의 확산과 환경보호단체들의 활동 등은 이제 공감이 인간의 차원을 넘어 전지구적 차원으로 보편화되어 가고 있음을 증명하는 것이라 하겠다.

오늘 위기에 처한 인류는 공감(共感)을 통해서만 공존(共存)의 길로 갈 수 있다. 다시 말해 공감은 인류의 공존을 지속 가능케 하는 유일한 통로가 될 것이라는 말이다. 그러므로 이 시대는 무엇보다 인류 내부적으로 공감의 확

---

19. 위의 책, pp. 25-26. 제러미 리프킨은 지구 전체가 함께 갖게 된 이 공감 의식을 "global empathic consciousness"(전지구적 공감 의식)라고 한다.

장을 위한 노력을 보다 적극적으로 추진해 나가야 할 것이다. 지금 지구는 위기의 시대에 있다. "외줄 위에 선 인류"[20]는 언제 공멸하게 될지 모른다. 그것을 극복할 수 있는 길은 공감 부재의 사회를 극복하고, 인류 전체가 우리(we)요 한 가족이라는 운명공동체로서의 인식을 가지고, 사회 전반에 그리고 전지구적으로 공감을 확장시켜 나가야 할 것이다.

19세기가 자유를 획득하고 정보 혁명(information revolution)을 이룬 시대였다면, 20세기는 기술(technology)이 승리한 시대였고, 동시에 모든 사람에게 열린 소통(communication)이 태동하는 시대였다. 21세기는 필연적으로 개인들이 모든 것을 알게 된 작아진 시대이며, 또한 세상을 보는 다른 관점들을 인정해야만 하는 공존(coexistence)의 시대이다.[21]

4. 공감과 설교

앞에서 잠깐 언급했던 기독교 초기 복음전도자요 설교자였던 사도 바울은 자신의 사역에서 사랑이 얼마나 중요한가를 다음의 말씀에서 말하고 있다.

"내가 사람의 방언과 천사의 말을 할지라도 사랑이 없으면 소리 나는 구리와 울리는 꽹과리가 되고 내가 예언하는 능력이 있어 모든 비밀과 모든 지식을 알고 또 산을 옮길만한 모든 믿음이 있을지라도 사랑이 없으면 내가 아무것

---

20. Paul R. Ehrlich & Robert Ornstein, *Humanity on a Tightrope*, 고기탁 역, 『공감의 진화』 (서울 : 에이도스출판사, 2012). 폴 에얼릭과 로버트 온스타인은 본서를 통해 오늘의 사회를 '공감 부재의 사회'로 규정하면서, 오늘의 인류가 처한 위기를 극복하는 길은 인류 전체가 공동운명체라는 인식을 가지고, 우리요 한 가족이라는 공감 의식을 확대해 나가는 것이라고 주장하고 있다.
21. Dominique Wolton, *Informer n'est pas communiquer*, 채종대, 김주노, 원용옥 역, 『불통의 시대 소통을 읽다』(서울 : 살림, 2011), p. 14. 영어는 필자가 단어의 의미를 강조하기 위해서 넣은 것이다.

도 아니요"(고전 13 : 1-2).

　물론 이 말씀은 사도 바울 자신이 모든 사역을 감당하는 자세를 언급하는 것이지만, 또한 이 말씀은 하나님의 말씀을 전하는 설교 사역과도 관련이 있을 것이다. 하나님의 말씀을 전하는 설교자가 그 말씀을 듣는 사람들(청중)에 대한 사랑이 없다면, 그가 전하는 메시지들이 아무리 출중하고 화법(話法)이 수려하다고 할지라도 그것은 한낱 요란하게 울리는 징이나 꽹과리와 다를 바가 없을 것이다.

　그런데 여기에 사랑이란 말 대신 '공감'이란 단어를 넣게 되면 어떻게 될까? 설교자가 아무리 깊고 신비한 비밀과 심오한 지식을 가지고 그것을 모든 인간들의 다양한 언어와 천사처럼 아름다운 말로 전한다고 할지라도, 그것이 듣는 청중들과 공감을 이루지 못한다면 어떻게 될까? 그것 역시 소리 나는 구리와 울리는 꽹과리와 같은 것은 아닐까?

　공감이 없는 설교는 허공에 외치는 소리에 불과하다. 설교는 설교자의 입을 통해서 나가지만 청중들의 귀를 통해서 들려진다는 점에서 설교는 언제나 설교자와 청중이 공감하는 것이어야 한다. 그런 점에서 현대 설교학자 중의 한 사람인 프레드 크래독(Fred B. Craddock)은 "설교 신학에 있어서 하나님의 말씀이 설교자의 입에 있다고 보건 청중들의 귀에 있다고 보건 분명한 사실은 그 양자가 서로 대화를 한다(communicate)는 것이다."[22]고 강조하였다. 즉 설교는 설교자와 청중이 함께 만나 그 말씀을 공감하면서 나누는 것이라는 말이다.

　그러나 오늘 우리 설교 현장은 어떠한가? 과연 설교자들이 전하는 하나님의 말씀이 청중들과 함께 공감이 되고 있는가? 내가 전한 메시지가 청중들의 가슴에 와 닿고 청중들의 가슴을 뜨거워지게 만들고 있는가? 그들이

---

22. Fred B. Craddock, *Preaching*, 김영일 역, 『설교』 (서울 : 컨콜디아사, 2003), p. 31.

진실로 하나님의 말씀에 가슴을 치며 자신의 죄를 회개하고, 하나님의 말씀을 듣고 자발적으로 헌신하기를 주저하지 않고 있는가?

아니면 매 주일 설교 때마다 설교자 일방의 전달로 끝나고 있는가? 청중들과는 아무런 관계도 없고 관심도 없는 이야기를 설교자 혼자 하다가 강단에서 내려오고 있지는 않는가? 청중들에 대한 설교자의 관심도 없고, 설교에 대한 회중들의 관심도 없는 채 그저 공허한 메아리만 강단 주변을 맴도는 일이 매 주일 자신의 설교 현장에서 일어나고 있지는 않는가?

오늘의 청중은 단순히 회중석에 조용히 앉아 들려지는 소리를 피동적으로 듣고만 있는 존재가 아니다. "청중들이란 소리를 내건 조용히 있건 간에 설교에 적극 참여하는 자들(participants)"[23]이다. 그러므로 설교자는 자신의 설교를 듣는 청중들을 이해하고, 그들의 관심에 관심을 가지고, 그들의 반응에 귀를 기울여야 한다.

목사가 자신의 설교를 듣는 청중들을 존중하고 그들을 이해하면서 그들이 설교에서 갖는 위치와 역할을 진정으로 이해할 때, 설교자는 사람들의 마음속에 있는 신앙과 의심, 두려움과 분노, 사랑과 기쁨, 그리고 감사를 표현하는 설교를 하게 될 것이다. 그리고 그 설교를 듣는 청중들은 "맞습니다. 오늘 목사님이 하신 말씀은 하나님이 내게 주신 말씀입니다. 내 이야기입니다."라고 반응하게 될 것이다.[24] 이것이 공감을 통해서 나타날 수 있는 설교의 결과이다.

사도행전에는 두 명의 설교자가 등장한다. 한 사람은 사도 베드로이고(행 2 : 14-41), 다른 한 사람은 스데반 집사다(행 6 : 7-7 : 60). 그들은 모두 사람들 앞에서 동일한 예수 그리스도를 말씀으로 전하였다. 그러나 한 사람은 설교를 통해 그날에 3,000명이나 되는 사람들이 회개하여 구원을 얻도록

---

23. 위의 책, p. 31.
24. 위의 책, p. 33.

하였고, 한 사람은 설교 때문에 자신이 돌에 맞아 죽임을 당했었다. 물론 하나님 앞에서 어느 누가 옳았다고는 말할 수는 없겠지만(때로는 죽음을 각오하고 하나님의 말씀을 전해야 할 때도 있기 때문에), 두 사람에게 있어서 설교의 결과는 완전히 다르게 나타나고 있다.

그런데 그들의 설교 내용과 방법을 유심히 살펴보면, 베드로와 스데반의 설교에는 분명한 차이점이 있다. 베드로는 그날 설교를 듣는 청중들을 향하여, "유대인들과 예루살렘에 사는 모든 사람들아"(행 2 : 14), "이스라엘 사람들아"(22절), "형제들아"(29절)라고 부르고 있다. 이에 비해 스데반은 청중들을 향하여, "목이 곧고 마음과 귀에 할례를 받지 못한 사람들아"(행 7 : 51), "너희 조상들은 선지자 중에 누구를 핍박하지 아니하였느냐"(52절), "너희는 그 의인을 잡아준 자요 살인한 자"(52절)라고 말하고 있다. 베드로의 설교를 들은 사람들은 그 설교를 듣고 마음에 찔려 "우리가 어찌할꼬" 하면서 회개를 하였다(행 2 : 37). 그러나 스데반의 설교를 들은 사람들은 마음이 찔려 저를 향하여 "이를 갈았다"(행 7 : 54). 그리고 스데반을 향하여 돌을 들어쳐 죽였다. 두 그룹의 청중들은 설교를 듣고 모두 마음에 찔림을 받았다. 그러나 한 그룹은 설교자를 향하여 우리가 어찌할꼬 하면서 회개를 하였고, 한 그룹은 오히려 돌을 들어 자신들에게 설교를 한 사람을 죽였다. 한쪽은 설교를 듣고 회개하여 영원한 생명을 얻었고, 한쪽은 설교자도 죽고 그 설교를 들은 사람들의 영혼도 구원받지 못하고 죽었다.

구약의 내용을 인용하면서 설교를 하는 것은 서로 비슷하였지만, 베드로는 구약에 근거하여 예수 그리스도가 구세주라는 것을 말하면서 듣는 사람들의 구원에 초점을 두고 설교하고 있다. 그러나 스데반은 구약의 내용을 인용하면서, 이스라엘 백성들의 죄를 지적하고 있다.

스데반의 설교는 지적이면서 논쟁적이었다. 그는 사람들과 변론(논쟁)을 하였고(행 6 : 9), 말로 듣는 상대들을 능히 이기고도 남았었다. "어떤 자들이 일어나 스데반으로 더불어 변론(argue)할새……저희가 능히 당치 못하여"(행 6 : 9하-10). 그러나 베드로는 비록 하나님의 아들을 죽인 이스라엘 사람들이었지만, 그들에 대한 긍휼한 마음과 동족애, 그리고 그들이 지금이라도 회개하고 예수 그리스도를 믿어 구원 얻기를 바라는 간절한 마음이 있었다. "누구든지 주의 이름을 부르는 자는 구원을 얻으리라"(행 2 : 21). 베드로의 이런 마음은 청중들의 공감을 얻었고, 그 결과는 그들이 모두 회개하고 예수 그리스도를 믿어 구원을 얻는 것이었다. 이것이 바로 공감하는 설교가 가져다주는 결과이다.

스데반은 청중들의 머리(head)에다 설교를 하였다면, 베드로는 청중들의 가슴(heart)에다 설교를 하였다.[25] 스데반의 설교는 청중들에게 지식과 이해를 목적으로 하는 설교였다면, 베드로의 설교는 청중들에게 감동과 공감을 목적으로 하는 설교였다. 스데반은 자신의 설교를 통해 변론과 논쟁과 듣는 상대를 굴복시키고자 했다. 그러나 베드로는 설교를 듣는 사람들의 입장에 서서 그들의 마음에 감동(感動)과 감화(感化)를 주었다. 이 두 설교자는 오늘 우리에게 '변화는 지식에서 오는 것이 아니라 공감에서 온다.'는 사실을 분명하게 보여 주고 있다.

엠마오 길의 제자들을 찾아오신 예수님 역시 마찬가지였다(눅 24 : 13-35). 부활하신 주님은 자신을 버리고 낙향하는 제자들을 버리지 않고 찾아오셨다. 그리고 그들에게 모세와 및 모든 선지자의 글로 시작하여 모든 성경에 쓴 바 자기에 관한 것을 자세히 설명해 주셨다(눅 24 : 27). 부활을 의심하는 제자들에 대한 질책보다는 하나님의 말씀(구약)을 통해서 자신의 메시야 되심을 사랑과 긍휼의 마음으로 다시 말씀해 주셨다. 이 말씀을 들을 때 제자들의 마음은 뜨겁게 되었다. "길에서 우리에게 말씀하시고 우리에게 성경을 풀어 주실 때에 우리 속에서 마음이 뜨겁지 아니하더냐"(32절). 그들은 말씀을 듣고 많은 것을 알았다거나 새로운 사실을 머리로 깨달았다고 말하지

---

25. Thomas R. Swears, *Preaching to Head and Heart* (Nashville : Abingdon Press, 2001) 참조.

않는다. 그들은 가슴이 뜨거워졌다고 말한다. 공동번역 성서에서는 이 부분을 "뜨거운 감동"을 느꼈다고 표현하고 있다. "길에서 그분이 우리에게 말씀하실 때나 성서를 설명해 주실 때에 우리가 얼마나 뜨거운 감동을 느꼈던가!"

그렇다. 설교의 생명력은 공감에 있다. 설교자와 청중이 함께 공감하고, 설교자를 통해서 선포되는 하나님의 말씀이 듣는 청중들에게 공감을 불러일으킬 때, 그 말씀은 듣는 사람들의 심령 속에서 살아 움직이는 말씀이 된다. 그때 말씀은 듣는 사람들의 가슴을 뜨겁게 하고, 죄와 죽음에 빠진 사람들을 구원하는 능력이 되며, 사람들을 회개하고 변화시키는 힘이 되는 것이다. 설교 현장에서 동일한 하나님의 말씀이 선포되지만 어떤 경우는 살아 움직이는 생동감 있는 말씀이 되기도 하고, 어떤 경우는 허공에 맴도는 공허한 소리가 되기도 한다. 그것은 설교자를 통해서 선포되는 그날의 하나님의 말씀이 듣는 청중들과 얼마나 공감을 갖느냐에 달려 있다.

가끔 설교를 듣고 교회 문을 나가면서 사람들은 오늘 설교가 "가슴에 와 닿았다"고 말한다. "가슴에 와 닿았다"는 것은 사람들이 공감을 다르게 표현하는 말이다. 우리는 이 말을 "은혜를 받았다"는 말로 표현하기도 한다. 설교자는 먼저 그날의 본문을 통해서 하나님께서 하시고자 하시는 말씀을 철저하게 묵상하고 연구하고 이해해야 한다. 그리고 그 다음에는 그 말씀을 듣는 청중들에 대해서 깊이 있는 이해가 있어야 한다. 그날의 본문과 그 말씀을 듣는 청중들에 대한 설교자의 충분한 이해는 청중들로 하여금 설교자를 통해서 선포되는 하나님의 말씀에 깊은 공감을 불러일으킬 것이며, 그 결과는 설교자의 설교에 생명력을 불어넣게 될 것이다. 이것이 설교를 통해 하나님의 말씀을 전하는 설교자들이 해야 할 일이다. 설교는 제1청중이신 하나님, 그리고 제2청중인 사람들이 함께 공감하는 것이어야 한다.[26]

---

26. 하나님은 말씀하시는 분이시지만, 설교자들의 설교를 보고 들으시는 분이기도 한다는 점에서 제1청자(聽者)라고 할 수 있겠다. 설교자는 사람들보다 먼저 하나님 앞에서 설교를 한다는 자각을 언제나 가질 수 있어야 할 것이다.

제2장 소통

　　인간 상호 간의 소통(疏通)은 사회 전반을 건강하고 활달하게 한다. 그러나 불통(不通)은 인간 상호간을 단절시키고 벽을 쌓게 만들며 사회적 갈등을 유발하면서 결국 공동체를 파괴하기에 이른다. 오늘 우리 사회는 모든 곳에서 불통으로 인한 갈등과 파괴적 현상들이 급속하게 확산 증가되고 있다. 사회 계층 간의 갈등, 세대 간의 갈등, 지역 간의 갈등, 이념의 갈등, 가족 내에서의 갈등으로 인한 이혼율의 증가와 가정 파괴, 학교와 직장 안에서의 따돌림과 폭력 등은 현재 우리 사회의 심각한 문제가 되고 있으며, 이를 위한 사회적 비용 역시 상상을 초월할 정도로 지불되고 있다.[1)]

　　이러한 갈등은 비단 우리나라만의 문제는 아니다. 국가를 넘어 국가와 국가 간의 갈등, 민족 간의 갈등, 종교 간의 갈등 등 지구상에는 지금 갈등과

---

1. 삼성경제연구소의 연구 발표에 의하면 2009년 현재 한국은 OECD국가 중 사회갈등지수가 0.71로 터키(1.20), 폴란드(0.76), 슬로바키아(0.72)에 이어 네 번째이며, OECD 국가 평균(0.44)의 1.5배 정도에 이른다. 사회 갈등으로 인해 지출되는 비용은 매년 전체 국내총생산(GDP)의 27%인 약 300조원(2,500억 불)에 이른다고 한다. 삼성경제연구소, "한국의 사회 갈등과 경제적 비용"(2009. 6. 24.).

대립이 갈수록 심화되고 있는 실정이다. 인간의 사회에서 일어나는 이 모든 것들은 결국 소통의 부재에서 비롯된 현상들이다. 불통의 사회는 병든 사회다. 마치 인간의 몸에서 신경계가 막히면 마비가 오고, 혈관이 막히고 통하지 않으면 그 기관이 병들게 되듯이 우리가 사는 사회 역시 소통이 되지 않을 때 사회적 마비 현상이 오고 사회가 병들 수밖에 없는 것이다.

소통(communication)[2]은 선택이 아니라 우리가 사는 모든 삶의 영역에서 필수적이며 본질적인 요소다. 이는 이 세상에 속해 있는 교회 역시 예외가 아니며, 교회를 통해서 이루어지는 설교 또한 마찬가지이다. 설교는 하나님(하늘)과 인간(땅)이 소통하기 위해, 인간(설교자)이 인간(청중)들에게 하나님의 말씀으로 소통하는 시간이다. 그런 측면에서 본다면 "커뮤니케이션(소통)이 되지 않는 설교는 설교가 아니다"고 말할 수 있다.

제1장 공감에 이어 본 장에서는 "소통"에 관한 내용들을 설교와 관련하여 개략적으로 살펴보도록 하겠다.

1. 불통과 단절의 사회

지금 우리가 사는 사회처럼 커뮤니케이션 이론과 방법들이 발달하고, 커뮤니케이션을 위한 기술과 장비들이 발달한 적이 과거에 있었을까? 세계화 또는 지구촌화(globalization)라는 미명(美名)하에 인류 역사상 지금처럼 온 세상 사람들이 활발하게 교류하고 접촉하고 상호간에 가까워진 적이 또한 있었을까?

인류의 지난 역사를 돌아볼 때 지금처럼 커뮤니케이션을 위한 기술과 방

---

2. 본 서에서는 소통과 커뮤니케이션이라는 단어를 상황에 따라서 사용하되, 개념은 같은 의미로 쓰게 될 것이다.

법들이 발달한 적은 일찍이 없었다. 그러나 오늘의 문제는 이런 소통 기재(器財)들의 발달에도 불구하고 거기에 비례하여 인간 상호 간의 장벽은 오히려 더욱 높아지고 있다는 사실이다. 한편에서는 이런 장벽과 경계선들, 즉 국가, 인종, 언어, 종교, 신분, 계급 간의 장벽을 허물려는 노력을 계속하고 있지만, 불행하게도 우리 현실은 불통과 단절의 골이 더욱 깊어 가고 있는 실정이다. 사회학자로서 프랑스 국립 커뮤니케이션 연구소 소장인 도미니크 볼통(Dominique Wolton)이 지적한 대로 이 시대 우리 모두는 정보 기술의 발전을 통해 지구촌(global village)을 꿈꿨지만 현실은 오히려 단절과 불통의 혼란스런 바벨탑을 보고 있는 것이다.[3]

하나님께서는 인간을 창조하시되 커뮤니케이션(소통)의 존재로 창조하셨다. 창조자이신 하나님과 피조물인 인간 사이에도 커뮤니케이션이 있음으로 인해 올바른 관계를 형성할 수 있고, 인간과 인간 사이에도 커뮤니케이션을 통해서 관계를 형성할 수 있도록 하신 것이다.

하나님은 최초의 인간인 아담에게 이름을 주시고, 그 이름을 부르시면서 대화를 하셨고, 아담 역시 자신의 아내인 하와의 이름을 짓고 그 이름을 부르면서 대화를 하였다. 이름을 부름은 소통의 시작이었다. 그리고 그 소통은 서로 간의 관계를 형성하는 통로가 되었다. 즉, 우리 인간은 서로 간의 소통을 통해서 관계를 형성하고, 그 관계를 통해서 공동체를 영위할 수 있었던 것이다. 소통이 원만히 이루어지는 곳은 갈등과 분열과 단절이 있을 수 없었다. 그러나 소통이 원만하게 이루어지지 않은 사회는 갈등과 분열과 단절을 넘어 싸움과 전쟁으로 치닫는 역사가 계속 되었다. 그런 측면에서 본다면 우리의 인류 역사는 창조 이래 언제나 소통의 문제와 함께 했었고, 그 소통의 결과가 우리의 삶에 긴밀한 영향을 미쳤다는 것을 쉽게 볼 수 있다.

---

3. Dominique Wolton, *Informer n'est pas communiquer*, 채종대, 김주노, 원용옥 역, 『불통의 시대 소통을 읽다』 (서울 : 살림, 2011), p. 17.

그렇다면 오늘 우리가 사는 사회는 지금 어떠한가? 우리들 스스로 높은 바벨탑을 쌓으면서 외부와는 단절된 벽을 더욱 높이고 있지는 아니한가? 발달한 지식과 기술 문명의 오만함은 오히려 소통을 차단하는 장애물이 되어, 우리들 스스로를 고립시키며 사회적 갈등을 더욱 심화시키고 있지는 아니한가?

1) 개인주의로 인한 인간 상호 간의 장벽 : 공통분모를 상실해 가는 개성화 사회

인간 공동체(human community)는 무엇으로 존재하는가? 또는 존재할 수 있는가? 그것은 상호 간의 의사를 교환하고, 그것을 통해서 서로를 이해하고 협력하면서 공동체를 세워 나갈 수 있는 커뮤니케이션(소통)이다. 즉 함께 하는 공동체는 함께 하는 소통이 있을 때 존재가 가능하다는 것이다.[4] 혼자서 사는 세상에는 커뮤니케이션이 없어도 얼마든지 존재가 가능하다. 그러나 개인을 떠나 공동체의 삶을 영위하기 위해서는 반드시 상호 간의 의사소통이 필수적이다. 자신의 감정이나 의사를 상대에게 표현하고, 상대방의 감정이나 의사를 이해할 수 있는 것은 의사소통을 통해서만이 가능한 것이다. 사회적이라는 말은 공동체적이라는 말임을 생각할 때, '사회적 동물'인 인간은 '공동체적'일 수밖에 없으며, 공동체적인 인간은 커뮤니케이션을 통해서 사회 속에 존재할 수 있는 것이다.

또한 이것은 개인 상호간뿐만 아니라 우리가 사는 사회나 문화에 있어서도 마찬가지다. 음악을 통해서 작곡가는 청중들과 소통을 한다. 미술가는 그림이나 조각을 통해서 그가 말하고자 하는, 또는 의미하고자 하는 것을 관람자들과 소통한다. 시인이나 소설가는 글자라는 매체를 통해서 독자들과

---

4. 우리는 여기서 영어로 "함께"라는 의미의 접두사 "com"이 '공동체'라는 community와 '소통'이라는 communication에 함께 들어 있음을 주목할 필요가 있다고 본다. 공동체가 개인이 아니듯 소통 역시 혼자서 하는 것이 아니라는 뜻으로 해석할 수 있을 것이다. 공동체의 존재는 함께 하는 소통이 있을 때 가능하다는 뜻이 아닐까?

소통을 한다. 그런 의미에서 우리가 사는 공간의 '문화는 소통'[5]이라고 할 수 있다.

그러나 오늘 우리가 사는 사회와 문화는 지금 어떠한가? 커뮤니케이션(소통)의 수단들은 발전하고 있지만 오히려 소통은 불통이 되고 있는 역설적 상황은 아닌가? 그리고 이런 상황을 우리는 어떻게 설명할 수 있는가?

사회적 존재로서 우리 인간이 "산다는 것은 소통하는 것"[6]이다. 그러나 문제는 현대 사회가 소통보다는 불통으로 치닫고 있다는 사실이다. 수많은 커뮤니케이션 수단들, 즉 라디오나 텔레비전, 전화나 인터넷, 그리고 사회적 관계망 서비스(SNS, social network service) 등은 인류 역사상 어느 때보다도 놀라운 발전을 해가고 있지만, 역설적이게도 인간 공동체의 불통은 더욱 심화되어 가고 있는 현실이다.

물론 우리는 이런 원인들을 사회적 구조나 제도에서 찾을 수도 있을 것이다. 그러나 우리는 보다 근본적으로 우리 인간에게서 그 원인을 먼저 찾아볼 수 있어야 할 것이다. 근대 이후 발전한 민주주의는 정치제도뿐만 아니라 우리 개인의 삶에도 많은 영향을 미쳤다. 사회의 민주화와 함께 개인들의 의식이 깨어나고, 개인들의 권리가 강화되었으며, 자신들의 가치관이나 사상 등에 따라 사람들은 개성화되어 갔다.

그러나 개인을 존중하고 개인의 권리를 인정하는 것은 당연한 일이지만 지나치게 개성화된 사회는 인간 상호 간의 공통분모를 상실하게 함으로써, 공동체성을 저해하는 원인으로 작용한다.[7] 획일화된 사회도 문제지만 지나치게 개별화 내지는 개성화된 사회는 사회의 공동체성을 살리는 데 장애가 될 수 있다. 개인주의는 자칫 사회 구성원들을 해변의 모래알처럼 만들어 버

---

5. 엄정식 외 6인, 『문화는 소통이다』 (서울 : 철학과 현실사, 2012) 참조.
6. Dominique Wolton, *Informer n'est pas communiquer*, pp. 17–34.
7. 도미니크 볼통은 오늘 우리의 이런 사회적 현상을 "개인에 기반을 둔 대중사회"로 표현하고 있다. 위의 책, p. 31.

릴 위험성이 있다. 서로 간의 관계와 연대보다는 개개인의 단절된 사회를 초래하게 할 수 있다는 점에서, 오늘 우리 사회는 어떠한지 깊이 성찰해 볼 필요가 있을 것이다.

2) 전문화가 쌓은 바벨탑의 성

오늘 우리가 사는 사회의 특성 가운데 하나가 모든 영역들의 전문화(專門化) 경향이다. 근대 계몽주의의 등장 이후 인류는 합리적 이성을 바탕으로 하여, 교육을 통한 지식과 과학 기술을 발전시켰다. 그 결과 오늘 우리 인류가 갖는 지식과 정보는 과거에는 감히 상상할 수 없는 단계에 이르렀다. 그리고 거기에 따른 수많은 전문가들이 배출되어 우리 사회에서 다양한 역할들을 감당하고 있다.

지식과 기술의 발전은 그 분야를 더욱 전문화하고 세분화시켰다. 그런데 문제는 지식과 과학 기술 등의 전문화가 우리 사회에 또 하나의 단절을 가져오고 있다는 사실이다. 예를 들어 의학의 발전은 내과, 외과, 안과, 치과, 이비인후과 등 다양한 분야로 발달하고 전문화되었다. 심지어 내과나 외과, 안에서도 더 세분화된 전공 영역들이 있다. 이런 현상은 그 분야를 깊이 있게 연구하고 발전시킨다는 점에서 매우 긍정적인 면을 갖는다고 하겠다.

그러나 이런 세분화, 전문화는 다른 한편으로 상호영역 간의 소통과 교류를 약화 또는 단절하는 결과를 가져오게 했다는 점에서 문제가 있다. 인간의 몸은 각 분야별로 기능을 하지만 이것은 상호 유기적인 관계 속에 있다. 그러기에 신체의 한 분야를 깊이 있게 보는 것도 중요하지만, 그것을 전체 몸과 관련하여 함께 생각할 수 있어야 한다. 그러나 전공의 세분화는 이것을 어렵게 하고 있다.

근대는 모든 영역을 전문화시켰다. 그러나 문제는 사람들이 이와 같이 자기 분야에서는 전문가가 되었지만, 다른 사람의 분야에 대해서는 알지 못한다는 사실이다. 그래서 근대는 '전문 바보'(Fachidiot)의 시대가 돼 버린 것이다.[8] 사람들은 자신의 영역에 갇혀서, 다른 사람들과 다른 분야에 대해서 관심을 잃어버린 것이다.

또한 전문화로 인한 자기 영역의 구축은 상호 간의 소통을 어렵게 만들었다. 특별히 이런 현상은 학문 분야에서 심각하게 나타나고 있다. 최근 학문 분야에서 융합학문과 연구를 강조하는 것도 이런 현상을 극복하고자 하는 노력의 일환일 것이다. 그동안 지나치게 세분화되고 전문화된 학문 영역 간의 벽을 허물고, 이제는 소통과 연대를 강화하는 방향으로 가야 한다는 사회적 합의가 반영된 결과라고 본다.

3) 자본주의가 낳은 경제 계층 간의 단절

자본주의의 발전은 우리 사회를 풍요하게 했다는 점에서 그 공헌한 바가 크다고 하겠다. 그러나 문제는 자본주의가 가져온 부작용들이다. 물질에 대한 탐욕, 그 탐욕의 결과로 오는 착취, 물질중심적인 가치관, 소유에 따른 계층의 형성과 그것의 심화 현상 등은 자본주의가 오늘 우리 사회에 가져다 준 폐해들이다. 과거 사회에서는 신분에 따른 눈에 보이는 계급이 형성되었다. 그러나 오늘 우리 자본주의 사회 속에서는 눈에 보이지 않는 자본에 의한 불평등과 계층이 형성되어 가고 있다. 그러면서 이러 현상은 결국 사람들 간의 소통을 가로막고, 사회적 불만과 갈등의 요인으로 작용하고 있다.

2011년 미국 뉴욕의 월가(Wall Street)를 중심으로 하여 일어났던 "월가를 점령하라"(Occupy Wall Street) 운동은 대중들의 자본주의에 기반한 신자유주의에 대한 저항이었다. 그들은 1 : 99라는 사회적 비율을 언급하면서, 지금 우리 사회는 1% 부자(상류층)와 나머지 99% 간의 경제적 불평등이 존재한다는 것을 주장하였다.

---

8. 이기상, "문화는 소통이다 : 문화 다양성 시대의 소통과 공감," 엄정식 외 6인, 『문화는 소통이다』, p. 26.

소유와 경제적 불평등에서 오는 계층 간의 갈등과 불화, 소통의 부재는 미래 우리 사회를 위해서 매우 불행한 일이다. 소통과 나눔과 공존의 길보다는 단절과 차별과 갈등으로 가는 사회는 희망이 없기 때문이다. 오늘 우리가 사는 이 시대, 우리가 속한 이 사회는 지금 어떠한가?

2. 커뮤니케이션이란 무엇인가

"인간은 커뮤니케이션 하는 존재다."[9] 인간은 아침에 눈을 떠서 저녁 잠자리에 들 때까지 커뮤니케이션 없이는 살 수가 없다. 태어나서 죽을 때까지 우리는 의식적이든 무의식적이든 커뮤니케이션을 하면서 우리의 삶을 영위하게 된다. 그런 의미에서 커뮤니케이션이 없이 인간이 존재한다는 것은 불가능한 일이다.

사회적 존재로서의 인간은 커뮤니케이션을 통해서 다른 사람들과 의사소통을 하며 관계를 맺고 이 땅에서 인간으로서 존재하게 된다. 만일 커뮤니케이션이 없다면, 한 개인의 삶도, 가정도, 사회도 존속할 수 없다. 따라서 "커뮤니케이션은 인간 사회의 생존 양식이자 인간의 사회생활 그 자체"[10]라고 말할 수 있다. 그렇다면 커뮤니케이션이란 무엇인지, 커뮤니케이션에 대한 기본적인 내용을 살펴보도록 하겠다.

먼저 어원적으로 볼 때, 영어의 communication이란 단어는 원래 라틴어 commūnicāre에서 온 말인데, 그 의미는 '함께 나누다'(to share)는 것이다. 커뮤니케이션은 말이나 글이나 행동, 기호 등을 통해서 서로의 생각이나 메시지나 정보를 서로 교환하는 모든 행위를 의미한다고 할 수 있다.

---

9. 김병철, 안종묵, 『커뮤니케이션의 이론과 실제』 (서울 : 한국외국어대학교 출판부, 2007), p. 1.
10. 위의 책, p. 3.

커뮤니케이션이 이루어지기 위한 가장 기본적인 요소는 일반적으로 다섯 가지를 든다.[11] 그것은 발신자(sender), 메시지(message), 채널(channel), 수신자(receiver), 효과(effect)인데, 이것은 미국 커뮤니케이션 연구가인 해럴드 라스웰(Harold Lasswell)에 의해 정리된 것으로 SMCRE 모델이라고도 한다.[12]

먼저 커뮤니케이션이 이루어지기 위해서는 메시지나 정보를 보내는 개인이나 조직, 즉 발신자가 있어야 된다. 그리고 발신자는 자신이 전하고자 하는 내용, 자신의 생각이나 느낌 등을 담은 메시지를 보내게 된다. 세 번째는 그 메시지를 전하고자 하는 수단, 즉 채널이 있어야 한다. 서로 대화를 할 때는 입을 통한 음성이나 어떤 시각적으로 보이는 행동이 채널이 되며, 전화, TV, 신문이나 잡지도 메시지를 전하는 채널의 역할을 하게 된다. 발신자가 보낸 메시지를 보내면 그것을 받아들이는 수신자가 있게 된다. 수신자는 발신자가 보낸 메시지를 해독하고 그 의미를 이해하게 된다. 그리고 마지막으로 수신자는 발신자가 보낸 메시지에 대해서 반응을 하게 된다.

그러면 커뮤니케이션의 종류는 어떤 것들이 있는가? 커뮤니케이션 유형에 대한 가장 일반적인 분류는 대인 커뮤니케이션(interpersonal communication), 집단 커뮤니케이션(group communication), 그리고 매스 커뮤니케이션(mass communication)이다.[13]

먼저 대인 커뮤니케이션 또는 대면 커뮤니케이션(face to face communication)은 둘 또는 그 이상의 개인들 사이에서 이루어지는 것으로, 서로 만나 자유롭게 대화를 하거나 아니면 전화, 편지 등을 통해서 이루어지게 된

---

11. 물론 학자들에 따라서 다른 요소들을 더 하기도 하지만 여기서는 일반적인 것들을 정리하여 기술하도록 하겠다.
12. 윤석민, 『커뮤니케이션의 이해』 (서울 : 커뮤니케이션북스, 2007), p. 77. 벌로(Berlo)와 같은 학자들은 이 다섯 가지 중 Effect를 뺀 SMCR(Source-Message-Channel-Receiver) 모델을 제시하기도 한다.
13. 위의 책, pp. 36-38.

다. 둘째로 집단 커뮤니케이션은 3인 이상 다수의 사람들에 의해 이루어지는 유형으로, 그 안에는 가족이나 친구 집단, 직장 동료 등에서 이루어지는 소집단(small group) 커뮤니케이션과 성원들의 능동적인 참여가 어려울 정도로 많은 규모의 집단에서 이루어지는 대집단(large group) 커뮤니케이션이 있다. 소집단 커뮤니케이션은 함께 한 사람들 간의 자발적이고 능동적인 참여와 대화와 소통이 가능하지만, 대집단 커뮤니케이션에서는 그 규모로 인해 이것이 불가능하다. 그러나 소집단과 대집단 간의 규모나 숫자를 정확하게 구분하는 것은 어렵다. 소집단과 대집단 커뮤니케이션의 구분은 성원집단의 규모가 자발적이고 능동적으로 참여가 가능한가에 달려 있다.

셋째로 매스 커뮤니케이션은 시청각 수단을 매개로 하여 대중과 함께 하는 커뮤니케이션 형태를 말한다. 대중(mass)이란 익명성을 갖고 이질적이며 비조직적인 특성을 갖는 집단으로, 매스 커뮤니케이션은 이들을 대상으로 하여 대중매체(mass media)를 사용하여 일대 다수의 형식의 일방적 커뮤니케이션이다.[14] 그 외에 어떤 학자들은 커뮤니케이션 유형을 더 세분화하여, 자신의 내면에서 일어나는 자아 커뮤니케이션(intrapersonal communication), 대인 커뮤니케이션, 소집단 커뮤니케이션, 대집단 커뮤니케이션, 어떤 특정 조직의 내부에서 이루어지는 조직 커뮤니케이션(organizational communication), 한 사람이 다수의 사람들을 향하여 연설을 하면서 이루어지는 공중 커뮤니케이션(public communication), 매스 커뮤니케이션으로 나누기도 한다.

현재 커뮤니케이션학에 대한 활발한 연구가 이루어지면서, 커뮤니케이션에 대한 심도 있고 다양한 이론과 방법들이 계속 개발되고 있는 것은 현대 사회를 위해서 매우 유익한 것이라 본다. 커뮤니케이션은 소통과 함께 회복의 능력을 갖는 것으로, 원활한 커뮤니케이션을 통해 개인들 간의 인간관계가

---

14. 위의 책, p. 38.

회복되고, 더 나아가 건강한 사회가 형성되도록 할 수 있어야 할 것이다.[15]

3. 교회와 커뮤니케이션

교회는 신앙공동체로서, 개인이 아니라 공동체로서 존재한다. 교회는 '예수 그리스도를 구주로 고백하는 무리들의 공동체'이다. 따라서 교회는 그 속성상 개인으로 존재할 수가 없고, 공동체로서 존재가 가능한 것이다. 교회가 공동체라는 것은 상호 커뮤니케이션에 의해서 존재할 수 있다는 의미를 내포한다. 교회는 신앙공동체로서 먼저 하나님과 인간(신자) 사이의 커뮤니케이션이 있어야 하고, 교회 공동체 안에서 인간과 인간, 즉 신자 상호 간의 커뮤니케이션이 있어야 하며, 더 나아가 교회는 자신이 존재하고 있는 세상과의 커뮤니케이션을 원활히 할 수 있어야 한다.[16] 따라서 오늘의 교회는 커뮤니케이션에 관한 중요성을 인식하고, 이에 대한 관심과 함께 언제나 그 상황을 분석 평가하면서 개선하고자 하는 노력을 지속해야 한다. 원활한 커뮤니케이션이 이루어질 때 교회는 생동력을 갖게 되지만 소통이 원활하지 못할 때 교회의 생명력은 쇠락할 수밖에 없기 때문이다.

1) 성서 속의 커뮤니케이션

하나님은 커뮤니케이션하시는 존재요, 그가 창조하신 인간 역시 커뮤니케이션의 존재다. 커뮤니케이션의 관점에서 보면 성경은 하나님과 인간 사이에서 이루어진 커뮤니케이션에 관한 기록이요 역사다. 태초 하나님의 창

---

15. 김병철, 안종묵, 『커뮤니케이션의 이론과 실제』, p. 3.
16. 교회는 본질적으로 교제(친교)하는 공동체이다(the church as communion). 수직적으로는 하나님과 신자 간에, 수평적으로는 신자와 신자 간에 교제가 있음으로 교회는 존속이 가능한데, 이를 위해서 필수적인 것이 상호 간의 커뮤니케이션이다. 즉, 교회 공동체의 교제(communion)는 커뮤니케이션(communication)에 의해서 가능하다는 것이다.

조는 '말씀'을 통해서 이루어졌고, 또한 하나님은 말씀을 통해서 인간들과 소통을 하셨다. 그리고 인간들 역시 '말'을 통해서 하나님과 소통을 하였다. 성서 속에 나타난 몇 가지 커뮤니케이션과 관련된 사건들을 정리하면 다음과 같다.

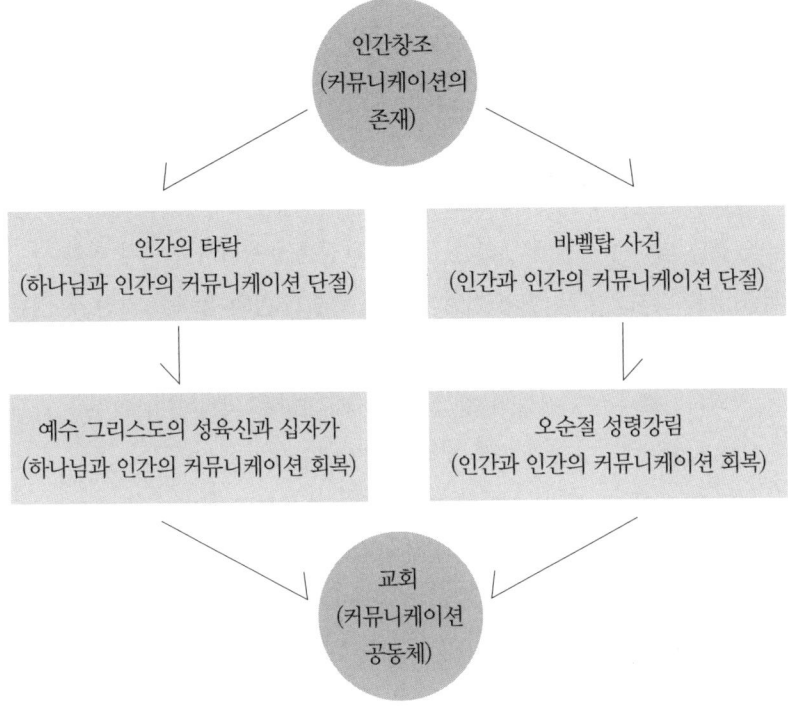

창조, 커뮤니케이션의 파트너로서의 인간(창 1-3장)

하나님은 창조 역사의 마지막 날에 인간을 창조하셨다. 그리고 하나님은 그 인간들과 함께 대화하고 교제하기를 원하셨다. 하나님께서는 오직 인간에게만 유일하게 '하나님의 형상'(Imago Dei)을 부여하여 창조하셨으며, 하나님의 형상을 담은 그 인간들을 커뮤니케이션의 파트너(partner)로 삼아 대화하기를 기뻐하셨다.

하나님은 인간들에게 자신을 계시(revelation)하시고, 그 인간들은 계시하신 하나님께 응답(response)을 하면서 영적 교제를 이루었는데, 이런 것들은 예배 등을 통해서 나타나게 되었다. 맨 처음 하나님께서 창조하신 에덴동산은 하나님과 인간이 만나 완전한 소통을 이루었던 공간이었다. 그러나 하나님의 뜻보다 사탄의 유혹을 따랐던 아담의 범죄는 하나님과 인간의 커뮤니케이션의 단절을 가져오게 되었다. 그리고 그 결과는 자기 자신뿐만 아니라 동료와의 커뮤니케이션, 자연과의 커뮤니케이션에까지 영향을 미치게 되었다.[17]

바벨탑, 커뮤니케이션의 단절(창 11장)

인간의 범죄는 하나님과 인간 사이의 단절뿐만 아니라 인간과 인간 사이의 단절을 가져오게 되었다. 아담의 범죄 이후 노아의 홍수를 거친 후 인류는 다시 번성하기 시작하였다. 그러나 번성한 인류는 자신의 창조주 하나님을 경외하기보다는 인간들의 지식과 능력과 과학을 의지하며, 이것을 과시하기를 원했었다. 그 결과 만든 것이 바벨탑이었다.

그들은 탑의 꼭대기를 하늘에 닿게 하여, 오늘로 말하면 당대의 모든 과학과 기술을 총 집대성하여 마천루를 쌓아 자신들의 이름을 드러내고, 서로 흩어지지 말고 함께 힘을 모아 모든 것을 이겨 나가자고 하였다(창 11 : 4). 이런 현상은 오늘 우리 인간들이 고도의 지식과 과학 기술로 만든 도시와 고층 건물들, 조직을 만들고 군대를 만들어서 자신들의 힘과 능력을 과시하면서 자신들 스스로를 지켜나가려는 모습과 다르지 않을 것이다.

창조주 하나님을 잊어버리고 스스로의 지식과 능력을 믿으며 교만해진 인류를 하나님께서는 언어를 혼잡케 하여 흩어버리셨다. 하나님께서는 "언

---

17. Robert E. Webber, *God Still Speaks*, 정장복 역, 『그리스도교 커뮤니케이션』(서울 : 대한기독교출판사, 1991), pp. 112-117. 로버트 웨버는 여기서 피조물인 인간의 범죄는 창조주 하나님과의 커뮤니케이션을 붕괴시키고, 그 결과 인간 자신과의 커뮤니케이션, 타인들과의 커뮤니케이션, 자연과의 커뮤니케이션을 붕괴시켰다고 언급하고 있다.

어를 혼잡케 하여 그들로 서로 알아듣지 못하게"(창 11 : 7) 하셨는데, 하나님의 심판은 인간들 사이의 커뮤니케이션을 단절케 하신 것이었다.

성육신 사건(Incarnation) : 소통을 위해 찾아오신 하나님

하나님께서는 본디 인간을 창조하시면서 그들과 언제나 소통하기를 원하셨다. 그러나 인간의 범죄는 하나님과의 커뮤니케이션을 막고, 하나님과의 관계를 단절케 하였다. 구약 이스라엘 역사에서도 하나님께서는 끊임없이 하나님의 종들, 즉 선지자들을 보내서서 이스라엘 백성들에게 말씀하시고, 그들과 소통하시기를 원하셨지만 그것은 완전한 것이 되지를 못하였다. 다시 말하면 하나님과 이스라엘 사이에 완전한 커뮤니케이션이 되지를 못했다는 사실이다. 이제 하나님께서는 더 이상 하늘에서 선지자들을 통해 인간들에게 말씀하시지 않고 친히 인간의 몸을 입고 이 땅에 찾아오시기로 하셨다. 그리고 하늘의 언어가 아니라 인간의 언어로 인간들에게 말씀하시고자 오셨는데, 그것이 바로 성육신 사건이다. 선지자들을 통해서 부분적으로 계시하시던 하나님은 성육신 사건을 통해서 자신을 우리 인간에게 완전하게 계시하신 것이다.

로버트 웨버(Robert E. Webber)는 그리스도교 커뮤니케이션의 모형으로 성육신 사건을 기술하면서, 그 의미를 다음과 같이 말하고 있다. "하나님의 자기 계시의 절정은 성육신 안에서 나타난다. 이러한 낮아짐의 위대한 역사로 그분은 우리 가운데서 하나가 되셨고, 우리와 대면적인 관계로 소통하시게 되었다."[18]

십자가 사건 : 막힌 담을 허시고(하나님과 인간의 커뮤니케이션 회복)

십자가 사건은 하나님과 인간의 막힌 담을 허신 사건이었다. "그는 우리

---

18. 위의 책, p. 92.

의 화평이신지라 둘로 하나를 만드사 원수 된 것 곧 중간에 막힌 담을 허시고……또 십자가로 이 둘을 한 몸으로 하나님과 화목하게 하려 하심이라……"(엡 2 : 14, 16). 십자가 사건은 하나님과 인간 사이의 막힌 담을 헐고, 더 나아가 유대인과 이방인, 인간과 인간 사이의 막힌 담을 헒으로써, 완전한 화목을 이루게 하였다. 인류의 모든 죄를 지고 십자가에서 화목제물이 되신 예수 그리스도는 자신의 십자가를 통해서 하나님과 인간, 인간과 인간 사이의 완전한 '샬롬'을 실현하신 것이다.

그러므로 십자가는 단절된 관계를 회복시키고, 단절된 커뮤니케이션을 회복시킨 사건이었다. 하늘과 땅, 하나님과 인간의 커뮤니케이션이 십자가를 통해서 비로소 회복된 것이다. 예수 그리스도는 자신의 십자가를 통해서 하나님과 우리 사이의 완전한 커뮤니케이터(perfectus communicator)[19]가 되셨다. 이제 우리 인간은 누구에게나 예수 그리스도 안에서 하나님 앞에 담대히 나아가 하나님과 대화를 나누며, 하나님과 커뮤니케이션할 수 있는 길이 열려지게 되었다.

오순절 성령강림(행 2장, 인간과 인간의 커뮤니케이션 회복)

바벨탑 사건은 우리 인간의 언어를 혼잡케 만들었고, 그 결과 인류 최초의 커뮤니케이션 불통 사건이 되었다. 그것은 인간의 교만에 대한 하나님의 심판이었다. 교만은 하나님과 인간 사이의 커뮤니케이션을 가로막는 장애물이요, 또한 인간과 인간 사이의 커뮤니케이션을 가로막는 장애물이기도 하다. 예수 그리스도께서 십자가에서 죽으시고 부활 승천하신 후 지상에서는 또 하나의 놀라운 일이 발생하였다. 그것은 바로 오순절 성령강림 사건이었다. 당시 이 땅에는 수많은 족속과 나라와 언어들이 있었다. 그러나 그것들

---

19. Patrick Granfield, ed., *The Church and Communication* (Kansas City : Sheed & Ward, 1994), p. 94.

은 한편으로 인간 상호 간의 커뮤니케이션을 가로막는 걸림돌로 작용을 하고 있었다.

그런데 오순절에 강림하신 성령님은 놀라운 일을 일으키셨다. 각기 다른 지방에서 각기 다른 언어를 사용하며 예루살렘에 모인 무리들이 제자들이 말하는 소리를 모두 알아듣게 된 것이다. 성령께서는 각 인종, 부족, 언어 간의 단절된 커뮤니케이션을 회복케 하신 것이다. 바벨탑 사건 이후 혼잡케 된 언어(창 11 : 7)로 인해서 막혀 버린 커뮤니케이션이 성령의 역사하심으로 인해서 회복이 된 것이다. 십자가에서 막힌 담을 허시고 하나님과 우리 인간 사이의 커뮤니케이션의 길을 여신 예수 그리스도의 사역은 이제 성령의 역사하심을 통해서 온 인류 가운데 성취가 된 것이다.[20]

이제 인류는 비로소 성령 안에서 언어와 인종과 계급과 신분과 국가를 초월하여 진정한 커뮤니케이션을 실현할 수 있게 된 것이다.

2) 커뮤니케이션 공동체로서의 교회

교회는 본질적으로 '커뮤니케이션 공동체'(the community of communication)[21]이다. 이미 언급했듯이 예수 그리스도는 '완전한 커뮤니케이터'(perfectus communicator)로 오셔서, 하나님과 인간 사이의 중재자가 되셨다. 죄로 인해서 단절된 하나님과 인간 사이의 관계를 다시 회복케 하심으로써, 이제 인간은 예수 그리스도를 통해서 하나님께 나아갈 수 있게 되었고, 그분 안에서 하나님과 소통하며 교제를 나눌 수 있게 되었다. 그러므로 이제 그리스도 안에서 구원받은 사람들의 공동체로서의 교회는 본질적으로 하나님과 소통하는 공동체이며, 또한 예수 그리스도 안에서 신자 상호 간의 소통을 통해서 이루어지는 공동체이다. 이를 위해 성령께서는 소통하

---

20. 위의 책, p. 95.
21. 위의 책, p. 95.

는 영(communicatio Sancti Spiritus, 고후 13 : 13)으로서 교회 공동체 안에 언제나 역사하심으로, 하나님과 신자 사이에, 그리고 신자 상호 간에 소통을 이루도록 도우신다.

교회는 본질적인 측면에서뿐만 아니라 기능적인 측면에서도 커뮤니케이션의 공동체이다. 이는 교회 안에서 이루어지는 모든 사역들에서 동일하게 나타난다. 예를 들어 교회의 첫 번째 사명이라고 할 수 있는 예배는 하나님과 인간의 만남(encounter)의 장이요, 하나님과 성도 간의 대화(dialogue)[22] 와 교제의 장이다. 즉, 교회는 예배를 통해서 하나님과 영적 교제를 이루며, 성도들 사이의 교제를 이루게 된다. 이 교제를 온전히 이루기 위해서 필수적인 것이 상호 간의 커뮤니케이션인 것이다. 예배에서 사용되는 언어, 의식 등을 통해서 우리는 하나님의 계시를 깨닫고 또한 그 하나님께 응답하게 된다. 그리고 더 나아가 교인 상호 간의 커뮤니케이션을 통해서 사랑을 나누게 된다.

설교 역시 하나님과 신자 사이에 이루어지는 커뮤니케이션을 통해서 그 기능을 하게 된다. 하나님께서는 설교를 통해서 사람들에게 말씀하시고, 사람들은 설교를 통해서 하나님의 말씀을 듣게 된다. 이때 중요한 기능이 커뮤니케이션이다. 온전한 커뮤니케이션이 이루어질 때 사람들은 온전한 하나님의 말씀을 들을 수 있다. 그러나 온전한 커뮤니케이션이 이루어지지 않으면 사람들은 온전한 하나님의 말씀을 들을 수 없다. 그래서 하나님의 말씀을 전달하는 이론과 방법을 배우는 설교학에서 커뮤니케이션은 매우 중요한 학문적 위치를 차지하고 있는 것이다.

교회 안에서 이루어지는 예배와 설교뿐만 아니라 교회 교육, 상담, 행정 역시 마찬가지다. 교육은 가르치는 자와 배우는 자 사이에서 일어나는 커뮤니케이션 과정이라고 할 수 있다. 교육의 효과는 커뮤니케이션이 얼마나 원

---

22. John Huxtable, *The Bible Says* (Richmond : John Knox Press, 1962), p. 109.

활하게 역동적으로 이루어지느냐에 따라서 그 결과가 달라질 것이다.

그 밖에 상담자와 내담자 사이에서 이루어지는 목회 상담 역시 커뮤니케이션에 그 결과가 전적으로 달려 있다고 해도 과언이 아니다. 교회의 회의나 의사를 결정하는 모든 교회 행정의 과정 역시 상호 간의 소통이 제대로 이루어질 때 그 결과가 공동체를 위해서 최선의 것이 될 것이다. 그러나 커뮤니케이션이 되지 않는 교회 현장은 생명력을 상실한 껍데기에 불과하다. 하나님과의 영적 커뮤니케이션이 단절되고, 신자 상호 간의 커뮤니케이션이 단절된 교회라면 이미 그 교회는 교회로서 존재 가치를 상실한 것이다. 따라서 교회는 교회 안에서 이루어지는 "기본적인 활동들이 모두 커뮤니케이션 행위나 활동"[23]이란 점을 깊이 인식하면서, 교회 안에서 이루어지는 커뮤니케이션이 원활히 이루어지도록 노력을 해야 할 것이다. 교회는 커뮤니케이션의 공동체이기 때문이다.

3) 교회 안의 커뮤니케이션 부재

오늘날 기독교가 직면하고 있는 다양한 문제들 중 많은 부분이 커뮤니케이션의 왜곡이나 실패 또는 부재 등에서 비롯되고 있다.[24]

그러면 오늘 교회 안의 소통은 어떠한가? 하나님과 신자, 목회자와 교인, 교인과 교인, 그리고 교회와 세상 사이의 소통은 어떠한가? 교회는 신앙공동체로서 무엇보다 먼저 하나님과 신자들 사이에 영적인 소통이 잘 이루어져야 한다. 신앙의 대상이신 하나님과 그 하나님을 믿는 신자들 사이의 영적 대화와 교제는 교회 존재의 근거가 되기 때문이다. 그래서 교회는 예배와 설

---

23. 기독교 커뮤니케이션 포럼 편, 『기독교 커뮤니케이션』 (서울 : 예영커뮤니케이션, 2004), p. 18.
24. 위의 책, p. 18.

교, 기도와 찬양 등의 사역을 통해서 하나님과 신자들 간의 대화와 교제를 이루도록 한다.

만일 하나님과 신자(교회) 사이의 소통이 제대로 되지 못한다면, 교회는 하나님의 음성을 들을 수 없을 뿐만 아니라 그 하나님의 뜻을 왜곡하게 되며, 하나님의 뜻을 실현하는 데 커다란 장애가 될 것이다. 그 좋은 예가 중세교회다. 중세교회는 예배 가운데서 말씀이 약화되면서, 교회공동체가 하나님의 음성과 뜻을 바로 들을 수 없었고, 그 결과는 교회의 타락으로 귀결되었다. 오늘 한국교회 역시 교회가 교회로서의 모습을 상실하고 방황하는 가장 중요한 원인은 하나님과 교회(신자) 사이의 커뮤니케이션이 왜곡되고, 진정한 소통의 부재 때문이 아닌지 깊이 성찰해 보아야 할 것이다.

둘째로 오늘 우리 교회 안의 심각한 문제 중의 하나가 목회자와 교인들 간의 갈등이다. 상당한 교회들이 목회자와 교인들 간의 의견 대립과 갈등으로 인해서, 분쟁을 하고 나뉘기까지 하고 있다. 물론 교회도 사람들로 구성이 된다는 점에서 인간들이 갖는 한계와 문제가 없을 수는 없지만, 교회는 그 이전에 목회자와 교인 간의 상호 소통을 위한 노력과 준비를 할 수 있어야 할 것이다. 특별히 교회 지도자로서 목회자들의 소통 능력은 매우 중요하다. 따라서 목회자들은 성서와 신학적인 지식과 실천적 소양을 갖출 뿐만 아니라 교인들과 원활한 소통을 위해 커뮤니케이션에 관한 지식과 훈련이 어느 정도 되어 있어야 할 것이다.

셋째로 교인과 교인 상호 간의 교제와 소통의 문제다. 오늘 개인주의 사회는 교회 안에까지 영향을 미치고 있다. 그 결과 교회 안에서도 이런 개인주의적인 신앙과 성향들이 갈수록 늘어가고 있다. 교회는 본질적으로 함께 모여 교제하는 공동체다. 성도 상호 간의 코이노니아(κοινωνία, fellowship)가 있음으로 교회는 있을 수가 있다. 그런데 이 교제를 위한 가장 중요한 것이 성도 상호 간의 소통이다. 커뮤니케이션을 통해서 우리는 서로를 이해하고, 서로를 받아들이고, 서로에게 격려와 사랑을 나누면서 교제하는 것이다. 그러나 오늘의 교회는 이것을 차츰 잃어 가고 있다. 그 결과 교회 역시 그 본질에서 멀어져 가고 있다.

넷째로 교회 커뮤니케이션에서 중요한 것이 교회와 세상 간의 소통이다. 교회는 전도와 선교, 봉사를 통해서 세상에 예수 그리스도를 전하고, 세상은 교회를 통해서 그리스도의 사랑을 알고 그리스도 앞으로 나오게 된다.

그런데 오늘의 교회는 스스로 자신의 성을 쌓고, 세상으로부터 자신을 분리시키고 있다. 그 결과 교회와 세상은 함께 있으면서도, 그 거리를 멀리하고 있다. 교회와 세상 사이에 단절과 불통이 더욱 확대되어 가고 있는 것이다. 세상과 소통하지 않은 교회는 세상에 존재할 이유가 없다. 그리스도 자신이 천국의 복음을 이 세상에 소통하기 위해서 인간의 몸을 입고 세상 속으로 오셨다. 그런 의미에서 "교회는 하나님과 이 세상 사람들 사이에서 커뮤니케이션 공동체로 존재"[25]해야 한다. 교회의 궁극적인 목적은 세상을 구원하는 데에 있다는 점에서 오늘 세상을 향한, 세상과 함께 하는 교회 커뮤니케이션의 위기는 교회의 위기로 귀착되지 않을까 우려된다.

교회 안에서 이루어지는 모든 사역은 본질적으로 커뮤니케이션 기능을 갖는다.[26] 그러므로 커뮤니케이션이 원활하지 못할 때, 교회가 하는 사역 역시 원만하게 수행될 수 없다는 사실을 알고 오늘의 교회들은 교회 내부적으로나 외부적으로 소통하는 일에 더 많은 관심과 노력을 기울여야 할 것이다. 교회가 지향하는바 완전한 '샬롬'(שלום)은 완전한 커뮤니케이션이 있는 곳에서 실현이 가능할 것이다.

---

25. Patrick Granfield, ed., *The Church and Communication*, p. 95.
26. 위의 책, p. 8.

4. 불통에서 소통으로

'커뮤니케이션 시대의 커뮤니케이션 부재(不在)'.[27] 이것은 커뮤니케이션 시대가 열린 후 커뮤니케이션 시대가 갖는 문제점을 경고하는 말이다. 수많은 정보가 생산되고, 또한 그 정보를 유통하고 교환하는 수많은 기술들이 발전하였다. 그러나 단순히 정보의 생산과 유통이 많아지고, 서로 그 정보를 교류한다고 해서, 인간 사회의 소통이 제대로 이루어지고 있는 것일까?

프랑스 커뮤니케이션 학자로서 커뮤니케이션 시대의 문제와 난맥상을 연구한 도미니크 볼통(Dominique Wolton)은 오늘 우리가 사는 세상과 그 문화적 현상을 다음과 같이 지적하고 있다.

> 소통하기 위해서는 정보를 알려주는 것만으론 충분하지 않다. 더구나 정보의 과다와 기술의 항존은 오히려 소통을 더욱 어렵게 만든다. 정보 혁명은 소통의 불확실성을 가중시키며, 예측할 수 없는 결과에 이르게 한다. ……정보는 메시지이고, 이에 비해 소통은 (그보다 훨씬) 복잡한 '관계'이다.[28]

소통은 단순한 정보의 문제가 아니다. 소통은 관계의 문제이다. 그러나 오늘 우리는 정보에만 매달림으로써, 오히려 소통을 단절하고 있다. 어느 길을 갈 때 예전에는 길을 모르는 경우 사람을 만나 물어보면서, 사람 간의 만남과 대화와 소통이 있었다. 그러나 지금의 정보 시대는 사람을 만나거나 대화를 할 필요가 없다. 자동차에 설치되어 길을 안내하는 네비게이션(navigation) 기기를 사용하거나, 아니면 손에 들고 있는 스마트폰에서 지도를 검색하여 따라가면 된다. 정보기기가 사람을 대신하는 것이다.

---

27. 그동안 커뮤니케이션이란 단어가 우리 사회에 광범위하게 사용되어 익숙해진 점을 고려하여, 커뮤니케이션이란 단어와 소통이란 단어를 필자의 의도에 따라 혼용함을 밝힌다.
28. Dominique Wolton, *Informer n'est pas communiquer*, p. 13.

그러나 인간과 인간의 관계 속에서 이루어지는 소통은 기계가 대신할 수 없는 것이다. 물론 이런 기기들이 소통을 위한 편리한 수단은 될 수 있지만, 인간 사이의 소통은 근본적으로 사람들과의 만남과 대화와 이해와 교류를 통해서 이루어지는 것이다. 오늘 우리가 사는 인간 사회는 갈수록 소통을 위한 노력과 비례해서 소통을 가로막는 장애물들도 함께 확산되고 있다. 볼통이 이미 지적한 것처럼 우리 모두는 지식과 정보의 양이 많아지고 교류가 더욱 활발해지면 모든 장벽이 무너지고 하나의 지구촌을 이룰 수 있을 것이라고 꿈꿨지만 오히려 현실은 그와는 반대로 혼돈스러운 바벨탑을 목격하고 있는 것이다.[29] 인간과 인간 사이의 장벽, 계층 간의 장벽, 세대 간의 장벽, 전공 영역 간의 장벽, 종교 간의 장벽, 인종 간의 장벽, 각기 다른 언어와 문화와 가치관 등으로 지금 우리의 상황은 더 큰 소통의 단절을 경험하고 있다. 지금 사람들은 다른 사람과의 만남과 대화와 교류보다는 자기 개인의 성을 더욱 높이 쌓아가고 있다.

단순히 "정보만 제공하는 것이 소통은 아니다."[30] 그러나 우리는 그동안 여기에 대해서 오해를 해왔던 것이다. 지금 우리 시대 정보는 넘쳐나지만 소통은 오히려 줄어들고 있다. 단지 정보를 많이 생산하고, 교환하고, 취득하는 것만으로 소통이 충분해지는 것은 아니다. 정보량의 증가와 정보 속도의 가속화는 오히려 현실적으로 오해와 대립을 증폭시키고 있다.[31] 아이러니하게도 정보기기가 발달하고 정보 속도가 빨라질수록 인간이 인간을 서로 이해하는 데는 오히려 시간이 더 걸리고 있다.

이제 우리는 소통은 관계의 문제, 즉 인간 사회 속에서 서로 어떤 관계를 맺고 그것을 어떻게 지속시키느냐에 따라 소통의 성패가 좌우된다는 데 관

---

29. 위의 책, p. 17.
30. 위의 책, p. 11.
31. 위의 책, pp. 18-19. 볼통은 더 많은 정보가 생성될수록 비소통(불통)의 위험은 더욱 증가한다고 하면서, 이는 30년 전만하더라도 상상할 수 없는 일이었다고 한다. 30년 전까지만 하더라도 정보의 발달이 소통을 더욱 원활하게 할 것이라고 사람들은 생각했기 때문이다.

심을 가져야 한다. 소통은 단순한 정보의 교환이 아니라 인간과 인간이 만나고 대화하고 이해하고 타협하고 이를 통해서 함께 공존하는 것이다. 그런 면에서 우리는 소통을 단순히 기술적 차원의 개념으로 이해하지 않고, 문화인류학적 차원을 고려하면서 이해해야 한다.

소통은 사회적 공존(共存)의 필수 요소이며, 그 소통은 인간 상호 간의 공감(共感)을 기반으로 하여 이루어진다는 점도 이해하면서, 개인적 차원뿐만 아니라 사회적 차원, 더 나아가서는 국가적 차원과 전 인류적 차원에서 비소통의 원인과 구조들을 개선하면서 인류공동체가 소통의 원활한 공간이 되도록 해야 할 것이다. 그것은 바로 지금 우리, 그리고 내가 있는 자리로부터 시작되어야 할 것이다.

『동의보감』(東醫寶鑑)의 저자인 허준은 "통즉불통(通卽不痛)이요, 불통즉통(不通卽痛)이라"고 하였다.[32] 즉 몸에 막힌 것이 없이 통하게 되면 아픔(통증)이 없고, 막혀서 통하지 아니하면 아픔(통증)이 있을 것이란 말이다. 이것은 인간의 몸뿐만 아니라 그 인간들로 구성된 사회 역시 마찬가지다. 소통의 사회가 건강한 사회다. 이제 우리 인류는 불통과 단절을 넘어 소통의 장에서 함께 공존할 수 있어야 한다. 이것은 교회 역시 예외일 수 없다.

---

32. 허준, 동의문헌연구실 역, 『東醫寶鑑』 (서울 : 법인문화사, 2007), p. 995.

> 인간은 사회적 존재다. 인간이 사회적 존재라는 말은 곧 관계적 존재라는 의미이다. 인간은 홀로 존재하는 것이 아니라 타자가 있음으로 인해서 자신이 존재할 수 있는 것이요, 다른 사람들과 말하고 소통하고 교제하는 가운데서 삶을 영위할 수 있는 것이다. 사회적 존재요 관계적 존재로서의 인간은 그러기에 공감하는 존재, 호모 엠파티쿠스[homo empathicus]이다.

제3장 설교

설교는 교회가 수행해야 할 가장 중요한 사역 중의 하나다. 특별히 개신교회에서 설교가 차지하는 비중은 아무리 강조해도 지나치지 않을 것이다. 그러나 이렇게 중요한 설교 사역이 현 교회들 가운데서 어떻게 진행되고 있는가? 하나님의 말씀으로서의 설교가 과연 하나님의 말씀으로서의 권위를 가지고 존중되고 있는가? 하나님의 말씀을 전하는 설교자와 그 말씀을 듣는 청중들 사이에 커뮤니케이션은 잘 되고 있는가? 오늘의 설교방법론은 이 시대의 청중들에게 적절한가? 오늘 이 시대의 설교는 어떠해야 하는가? 설교에 대한 구체적인 내용으로 들어가기 전에 먼저 설교에 대한 기본적인 이해부터 하도록 하자.

1. 커뮤니케이션으로서의 설교

하나님께서는 말씀으로 천지를 창조하시고 인간을 창조하셨으며, 지금도 그 말씀으로 우리에게 말씀하신다.[1] 성서는 하나님의 인간에 대한 커뮤니케이션 기록이다. 그러므로 그 성서를 해석하여 전달하는 설교 역시 하나님의 인간에 대한 커뮤니케이션이다. 그러나 설교는 하나님께서 우리 인간에게 직접 말씀하시지 않고, 설교자로 하여금 그 말씀을 해석하여 전달하도록 한다는 점에서 설교자와 그 설교를 듣는 청중들 사이의 커뮤니케이션이기도 하다.

이뿐만 아니라 설교는 전달 방식에 있어서도 커뮤니케이션의 일종이다. 즉 설교는 설교자 단독의 활동이 아니라 설교자와 청중 사이의 쌍방 관계에서 이루어진다는 점에서 커뮤니케이션의 형식을 갖게 되는 것이다. 그러므로 기독교 설교는 하나님의 말씀 자체를 바로 해석하고 이해하는 내용적 측면에서의 커뮤니케이션뿐만 아니라 그것을 청중들에게 바로 전달하는 방법으로서의 커뮤니케이션에 대한 이해와 연구가 언제나 있어야 된다.

커뮤니케이션과 관련하여 오늘 한국교회 설교 현장의 문제는 두 가지로 나타나고 있다. 하나는 본문(text)에 대한 이해와 해석에만 집착한 나머지, 그 말씀을 듣는 청중들의 상황에 대한 무관심과 외면이요, 하나는 지나치게 청중의 상황에 초점을 맞춘 나머지, 본문에 대한 정확한 이해와 해석이 부족하다는 점이다. 전자가 청중들과의 커뮤니케이션에 문제를 갖는다면, 후자는 하나님과의 커뮤니케이션에 문제를 갖는 것이라 하겠다. 하나는 설교자와 청중 사이의 커뮤니케이션 문제라면, 하나는 설교자와 하나님과의 관계에서 갖는 커뮤니케이션 문제라는 것이다.

1) 설교 : 하나님과 설교자와의 커뮤니케이션

기독교 커뮤니케이션에서 먼저 생각해야 할 것은 하나님과 설교자와의

---

1. Robert E. Webber, *God Still Speaks*, 정장복 역, 『그리스도교 커뮤니케이션』 (서울 : 대한기독교출판사, 1991), p. 5.

커뮤니케이션이다. 커뮤니케이션학에서는 '부호화'(encoding)라는 개념을 사용한다. 이것은 전달자가 어떤 정보를 받아 그것을 메시지로 표현하는 과정이라고 할 수 있다. 이때 가장 중요한 것이 전달자가 정보에 대한 정확한 이해와 인식이 있었느냐이다. 이것을 설교학적으로 적용하면 전달자는 설교자가 된다. 이때 설교자에게 가장 중요한 것이 있다. 그것은 설교자가 선택한 본문으로부터 하나님의 뜻(메시지, 커뮤니케이션학의 표현을 빌리자면 '정보')을 바로 인식하고 이해하고 해석(해독)했느냐의 문제다. 이때 만일 설교자가 그 본문을 오해하거나, 자기 주관적 입장에서 잘못 해석을 하게 된다면 그것은 큰 문제가 아닐 수 없다.[2]

그러므로 설교자는 청중과의 관계에서는 전달자가 되지만, 그는 먼저 하나님 앞에서 온전한 수신자가 되어야 한다. 그래서 선택한 본문을 통해 하나님께서 무엇을 말씀하시고자 하는지, 기도와 명상과 본문에 대한 성서적 신학적 이해와 해석을 바로 하여, 그것을 청중에게 전달할 수 있어야 한다.

설교는 하나님의 말씀을 전달한다(communicate)는 점에서 설교자는 성서 본문에 대한 왜곡, 설교자 자신의 사상과 주관적 생각으로 하는 해석과 오류를 조심해야 한다. 설교자는 전달자 이전에 하나님의 말씀에 대한 수신자로서의 자세를 가지고, 그 자신이 올바른 청취자가 되도록 하면서, 하나님이 주시는 메시지를 바로 받아 이를 전달할 수 있어야 할 것이다.

2) 설교 : 설교자와 청중과의 커뮤니케이션

설교자는 하나님의 말씀에 대한 수신자이면서, 동시에 그것을 청중들에게 전하는 전달자다. 그러므로 하나님의 말씀을 바로 이해하고 해석하고 분변(分辨)하면서, 동시에 그 말씀을 청중들에게 바로 전달하기 위한 전달자(communicator)가 되어야 한다. 이를 위해서 설교자는 하나님의 말씀에 대

---

2. 위의 책, p. 30.

한 이해와 함께 청중에 대한 이해를 필수적으로 해야 한다. 어떤 설교자들의 경우 하나님의 말씀에 대한 이해와 풍부한 연구로 말씀의 내용은 매우 깊이가 있는데, 그것을 전달하는 과정에서 실패하는 것을 본다. 그 이유는 바로 자신이 전할 메시지를 듣는 청중들에 대한 이해와 연구가 부족했기 때문이다. 설교자는 하나님의 말씀을 전하는 자로서 하나님과 청중의 중간에 서 있는 존재다. 그러므로 하나님의 음성을 들어야 할 뿐만 아니라 그 음성을 듣는 청중들의 목소리를 들을 수 있는 귀를 가져야 한다. 그리고 똑같은 메시지일지라도 설교자의 커뮤니케이션 능력에 따라서 설교의 전달 효과가 달라질 것이다. 이 말은 설교자가 커뮤니케이션에 대한 이해와 함께 그 방법에 대하여 어느 정도 훈련이 돼 있어야 한다는 의미이다.

설교자가 하나님으로부터 주시는 메시지를 전달자로서 부호화(encoding) 했다면, 청중들은 설교자로부터 들은 메시지를 다시 해석하게 된다(decoding). 즉, 수신자(청중)는 송신자(설교자)로부터 받은 메시지를 자신의 사고 그물망(grid)을 통해서, 다시 걸러내게 된다는 것이다. 이때 수신자의 문화적, 역사적, 언어적, 신학적 개념들이 중요한 요소로 작용하게 된다.[3] 그러므로 설교자는 자신의 설교를 듣는 청중들에 대한 이해가 필수적이라는 사실을 잊지 않아야 한다. 그들의 가치관과 세계관, 신앙과 신학, 문화적 사회적 환경, 그들의 삶의 문제와 필요 등에 대해서 설교자는 사전 이해를 가지고 있어야 한다. 왜냐하면 청중들은 하나님의 말씀을 듣되, 자신들의 삶의 자리와 연결하여 듣기 때문이다.

3) 설교에서의 커뮤니케이션 과정 : 전달자(설교자) - 메시지(말씀) - 수신자(청중)
커뮤니케이션 과정에 관한 가장 대표적인 모델 가운데 하나가 "벌로의 모델"이다. 이것은 1960년 데이빗 벌로(David K. Berlo)가 자신의 저서 『커

---
3. 위의 책.

뮤니케이션 과정』(*The Process of Communication*)[4]에서 하나의 모델을 제시한 것인데, 보통 'SMCR 모델'이라고 한다. 즉 커뮤니케이션 과정은 전달자(Source) – 메시지(Message) – 채널(Channel) – 수용자(Receiver)의 과정을 통해서 이루어진다는 것이다.

그는 이 네 과정을 제시하면서, 각 과정별로 커뮤니케이션에 영향을 미치는 요인들을 함께 언급하고 있는데, 먼저 전달자의 커뮤니케이션에 영향을 미치는 요소들은 전달자의 커뮤니케이션에 관한 기술, 태도, 지식, 그리고 사회체제와 문화 등을 들고 있다. 다음으로 메시지가 커뮤니케이션에 미치는 영향은 메시지의 구성과 내용과 처리 방법 등이며, 채널(커뮤니케이션 통로)에 영향을 미치는 요소로는 인간의 오감, 즉 시각, 청각, 촉각, 후각, 미각 등이라고 한다. 그리고 마지막 수용자의 커뮤니케이션에 영향을 미치는 요소로는 전달자와 마찬가지로, 수신자의 커뮤니케이션에 관한 기술, 태도, 지식, 그리고 사회체제와 문화 등을 열거하고 있다.[5]

설교 역시 하나의 커뮤니케이션 과정이라고 생각할 때 일반 커뮤니케이션 과정은 설교학 분야에도 그대로 적용할 수 있으리라 본다. 그러나 여기서는 로버트 웨버(Robert E. Webber)가 기독교 커뮤니케이션 과정으로 응용하여 제시한 세 가지, 즉 전달자와 메시지와 수용자에 대해서 간단히 살펴보도록 하겠다.[6]

이미 언급했듯이 일반 커뮤니케이션에서의 전달자가 기독교 설교와 관련하여서는 설교자가 된다. 벌로가 언급한 대로 전달자로서의 설교자에게 커뮤니케이션에 대한 기술과 태도, 지식, 사회 체제와 문화적인 영향은 매우 중요할 것이다. 그가 얼마나 커뮤니케이션에 대한 이해와 지식을 가지고 있

---

4. David Kenneth Berlo, *The Process of Communication* (New York : Holt, Rinehart and Winston, 1960) 참조.
5. 오미영, 정인숙, 『커뮤니케이션 핵심 이론』 (서울 : 커뮤니케이션스, 2005), p. 92.
6. Robert E. Webber, *God Still Speaks*, pp. 28–35.

으며, 그것을 실제 적용할 수 있는 기술과 능력이 얼마나 있는가, 그리고 설교자가 속한 사회와 문화적인 요소들은 설교자에게 그대로 영향을 미치게 될 것이다. 그러므로 설교자는 커뮤니케이션에 대한 이해와 함께 그것을 설교 현장에서 적용할 수 있는 능력을 갖추어야 한다. 그리고 그가 살고 있는 시대와 문화를 이해하고, 거기에 적절한 메시지를 전할 수 있어야 한다.

다음으로 설교자가 준비하여 전하는 메시지의 문제다. 커뮤니케이션에서 전달자가 전할 메시지가 어떻게 구성되었느냐, 그 내용은 무엇인가, 그리고 그것을 어떤 방법으로 전달하게 될 것인가는 매우 중요하다. 설교자에게는 어떠한가? 이것은 설교자에게 있어서도 마찬가지다. 똑같은 본문을 가지고 설교를 준비하지만 그것을 어떻게 구성하느냐가 중요하다. 그동안 설교자들이나 설교학자들은 설교의 구성과 형식에 대해서 별로 관심을 갖지 않았다. 그러나 신설교학운동 이후 설교에 있어서 형식은 매우 중요한 주제로 등장하였다. 형식은 내용을 담아내는 그릇과 같다는 점에서, 그것을 어떤 형식에 담느냐 하는 문제는 매우 중요한 일이다.[7] 물을 삼각형 그릇에 담으면 삼각형으로 보일 것이고, 사각형 그릇에 담으면 똑같은 물이 사각형으로 보일 것이다. 이것은 전달자가 전하려고 하는 메시지를 어떤 형식으로 만드느냐와 같은 문제다. 그러므로 설교자는 자신이 준비한 내용을 어떤 그릇, 다시 말하면 어떤 형식으로 전달할 것인가를 언제나 생각해야 한다.

그리고 무엇보다 그 메시지의 내용이 하나님께서 말씀하시고자 하는 것이어야 한다는 사실이다. 메시지의 내용이 성경의 본문을 왜곡하거나, 설교자 자신의 생각과 사상을 앞세우는 것이 되어서는 안 된다. 구약의 선지자들은 언제나 자신의 말이 아니라 하나님께서 전하라고 하신 말씀을 전했다. 그

---

7. 설교에 있어서 형식의 중요성을 강조한 대표적인 학자가 그레이디 데이비스(H. Grady Davis)다. 그는 북미 설교학의 문제점을 지적하면서, 설교형식의 중요성을 언급하였는데, 그의 이런 주장은 북미를 중심으로 하여 일어난 신설교학운동(The New Homiletics Movement)에 커다란 영향을 주었다. H. Grady Davis, *Design for Preaching* (Philadelphia : Fortress Press, 1958) 참조.

래서 그들은 "내가 말하노니……"라고 하지 않고, 언제나 "하나님께서 말씀하시기를……" "주 여호와 하나님께서 이르시되……"라고 하면서, 설교를 하였다. 설교는 하나님께서 말씀하시는 것을 전하는 것이지(God says……), 설교자가 자신의 생각이나 사상이나 신학으로 하나님에 대해서 설명하거나 말하는 것(I say about God……)이 아니다.

또한 설교자는 메시지의 내용과 함께 그것을 어떻게 전달할 것인가에 대해서도 연구하고 준비가 돼 있어야 한다. 아무리 좋은 내용이라도 전달의 방식이 서툴거나 잘못된다면, 그 메시지의 효과는 감소될 수밖에 없는 것이다.

설교자는 전달자로서의 자신과 자신이 전할 메시지에 대해서뿐만 아니라 그 메시지를 듣는 청중들에 대해서 관심을 가져야 한다. 이미 벌로가 언급한 대로 전달자와 수신자는 커뮤니케이션 과정에서 동일한 요소들이 영향을 주게 되어 있다. 즉 커뮤니케이션에 관한 기술, 태도, 지식, 그리고 사회체제와 문화 등이 그것들이다. 설교에 있어서 설교자도 중요하지만 청중 역시 중요하다. 그동안 우리는 설교자의 역할에 대해 지나치게 강조한 나머지 설교를 듣는 청중들에 대한 중요성을 망각하면서 지내왔다. 독일의 현대 설교학자 루돌프 보렌(Rudolf Bohren)은 이런 현상을 다음과 같이 지적하고 있다. "우리는 또한 설교를 듣는 일의 어려움을 대수롭지 않게 보고 있다. 마치 설교를 듣는 편이 설교를 하는 편보다도 쉽고 위험도 적다는 태도이다.[8]

벌로가 전달자와 수신자의 커뮤니케이션에 영향을 미치는 요소들을 동일하게 보았다는 점은 그 시사하는 바가 크다고 하겠다. 그동안 우리는 청중을 가볍게 생각해 왔던 것이 사실이다. 그러나 벌로의 주장에 비추어 본다면, 이제 설교자와 청중은 설교에서 동일한 중요성을 갖는 것으로 보아야 하지 않을까?

---

8. Rudolf Bohren, *Predigtlehre*, 박근원 역, 『說教學原論』 (서울 : 대한기독교출판사, 1996), p. 21.

이제 현대 설교에서 청중은 자신들의 역할의 중요성을 인식해야 한다. 그리고 설교를 피동적으로 듣는 차원을 넘어 보다 적극적이고 능동적으로 청취하려는 노력을 해야 한다. 그러기 위해서 청중들 역시 커뮤니케이션에 대한 이해와 지식을 어느 정도 갖출 수 있어야 하며, 커뮤니케이션 과정에서 자신들의 역할에 충실하고자 하는 태도를 갖도록 해야 할 것이다. 이와 함께 설교자가 청중들이 속한 사회와 문화에 대해서 이해하려는 것처럼 청중들 역시 자신이 속한 시대적 상황과 문화적 현상들을 이해하려는 노력을 해야 할 것이다.

설교가 곧 커뮤니케이션은 아니다. 더욱이 커뮤니케이션이 설교보다 우위가 되어서도 안된다. 커뮤니케이션에 대한 이론과 방법은 하나님의 말씀을 전하는 설교에 있어서 하나의 도구로 적용될 수 있는 부분이다. 그런 의미에서 설교에서의 커뮤니케이션은 그 중요성과 당위성을 갖게 되는 것이다. 오늘의 설교자들과 교회는 이런 세상의 지혜, 인간의 이성을 통해서 연구되고 개발된 학문적 성취들을 기독교적으로 적극 해석하고 적용하는 것이 또 하나의 지혜가 될 수 있음을 고려해야 할 것이다.

2. 설교란 무엇인가

설교가 무엇인가를 정의하는 것은 매우 중요한 일이다. 왜냐하면 설교를 어떻게 또는 무엇으로 정의하느냐에 따라서 그 사람의 설교 내용과 방법이 달라지기 때문이다.[9] 설교를 지식의 전달이나 교훈 정도로 생각하고 정의하는 사람은 자신의 설교를 통해 사람들에게 성경과 신학적 지식을 설명하고 해석하는 데 집중하게 될 것이다. 설교를 사람들로 하여금 보다 도덕적이고

---

9. 이현웅, 『설교학 이야기』(서울 : 예배와 설교 아카데미, 2011), pp. 49-50 참조.

윤리적이며 정의로운 삶을 살도록 안내하는 것으로 생각하는 사람의 설교는 언제나 인간으로서의 도덕과 사회적 정의에 초점을 맞추어서 설교하게 될 것이다.

설교란 무엇인가? 설교는 왜 해야 하며, 그 내용은 어떤 것이어야 하는가? 여기서는 설교의 내용과 기능을 중심으로 하여 간단히 언급하도록 하겠다. 설교에 대한 정의는 설교학에 대한 책들 속에 많이 기술되어 있기 때문에 여기서는 설교의 내용과 기능을 중심으로 하여 언급하도록 하겠다.[10]

1) 하나님의 말씀으로서의 설교

설교는 '하나님의 말씀'이다. 이것은 기독교 설교의 역사를 통해서 변함없는 진리로 오늘까지 이어져 오고 있다. 설교는 인간의 교훈도, 도덕 강의도, 지식의 전달도, 사상 강좌도 아니다. 설교는 무엇보다 하나님께서 오늘 우리에게 말씀하고자 하시는 그 말씀을 전하는 것이다. 그러기 때문에 선포된 하나님의 말씀(spoken Word)으로서의 설교는 철저히 기록된 하나님의 말씀(written Word)인 성경에 근거해야 한다.

종교개혁가 존 칼빈(John Calvin)은 기록된 성경이 하나님의 말씀이듯이 그것을 선포하는 설교 역시 하나님의 말씀이라고 한다. 그러나 그는 모든 설교가 다 하나님의 말씀은 아니라고 한다. 그는 설교가 하나님의 말씀이 되기 위해서는 철저히 성경에 근거해야 한다고 보았다. 즉, 하나님의 말씀인 성경에 철저히 근거할 때만이 설교는 하나님의 말씀이 될 수 있다는 것이다.[11] 대체적으로 기독교 역사에서 설교는 '하나님의 말씀'으로 정의되어 왔지만, 이것이 특별히 강조된 시기가 종교개혁기였다. 중세 교회가 하나님의 말씀을 떠나면서 부패하였고, 여기에 대한 반성으로 개혁가들은 설교가 교회와

---

10. 필자 역시 설교에 대한 정의, 설교 신학, 설교의 기능 등에 대해서는 졸저 『설교학 이야기』에서 설명을 하였다. 위의 책, pp. 49-73 참조.
11. 이현웅, 『21세기에 다시 본 존 칼빈의 설교와 예배』 (서울 : 이레서원, 2009), p. 49.

교회의 예배에서 회복되어야 할 것을 강조하였는데, 그것은 성경 말씀과 함께 그것을 해석하고 전하는 설교 역시 하나님의 말씀이었기 때문이다.

그 후 개신교회는 무엇보다 하나님의 말씀을 강조하게 되었고, 이런 전통은 지금까지 계속 이어져 오고 있다. 18세기 이후 유럽을 중심으로 하여 일어난 자유주의 신학은 인간의 이성과 합리성을 극대화함으로써, 하나님의 말씀에 대한 의심과 회의를 가져오게 하였다. 이때 신정통주의 신학(neoorthodox theology)을 주창하고 나섰던 칼 바르트(Karl Barth) 역시 "말씀 중심의 신학"을 강조하였는데, 그는 설교를 다음과 같이 정의하고 있다. "설교는 하나님 자신이 말씀하시는 하나님의 말씀(the Word of God)이다."[12]

개신교 실천신학자인 폰 알멘(Jean-Jaques von Allmen)은 "설교는 하나님에 대한 (인간의) 말이 아니라 하나님 자신의 말씀"[13]이라고 하였으며, 미국 설교학의 이론적 기초를 쌓은 존 브로더스(John A. Broadus)는 "설교는……하나님의 메시지를 선포하는 것"[14]이라고 정의하고 있다. 이런 모든 학자들의 견해는 '설교는 무엇보다도 하나님의 말씀'이어야 한다는 점이다. 기독교 설교는 그 자체가 하나님의 말씀이라는 것을 기억하면서, 진정한 설교는 하나님께서 말씀하시고자 하는 것을 전할 때 하나님의 말씀이 된다는 것을 오늘의 설교자들은 잊지 않아야 할 것이다.

2) 복음 선포로서의 설교

기독교 설교가 갖는 중요한 본질적 기능은 영혼 구원을 위한 복음 전파, 즉 전도와 선교적 기능이었다. 이런 기능은 예수님 승천 이후 초대교회 사도

---

12. Karl Barth, *Homiletik*, trans. Geoffrey W. Bromiley and Donald E. Daniels, *Homiletics* (Louisville : Westminster/John Knox Press, 1991), p. 44.
13. J-J von Allmen, *Preaching and Congregations* (London : Lutterworth Press, 1962), p. 7.
14. John A. Broadus, *On the Preparation and Delivery of Sermons* (New York : Harper San Francisco, 1979), p. 3.

들의 설교에서부터 분명하게 나타나고 있다.

　베드로는 성령강림사건이 있은 후 바로 예루살렘 거리로 뛰쳐나가 예수 그리스도의 복음을 전하였다(행 2 : 14-41). 온 인류를 죄와 사망에서 구원하기 위해 하나님께서 하나님의 아들 예수 그리스도를 이 땅에 보내셨다. 그러나 사람들은 그분을 알아보지 못하고, 오히려 십자가에 그를 못 박아 버렸다. 그러나 그분은 죽은 후 삼일 만에 다시 부활하셨다. 이제 하나님께서는 누구든지 그의 이름을 부르는 자는 구원을 얻도록 하셨다(행 2 : 21). 이제 자신의 죄를 회개하고 예수 그리스도의 이름으로 세례를 받은 사람은 누구나 죄 사함을 받고 성령을 선물로 받을 것이다. 베드로의 설교는 요약하면 이런 내용이었다.

　베드로의 설교의 중심에는 예수 그리스도가 있다. 그리고 오늘 죄에 빠져 죽어 가는 모든 사람들이 죄 사함을 얻고 구원을 받을 수 있는 길은 자신의 죄를 회개하고 예수 그리스도를 구주로 영접하는 것이다. 스데반 역시 예수 그리스도를 전파하다가 돌에 맞아 순교를 당했다. 사도 바울이 회심하고 그가 유대와 소아시아, 유럽을 다니며 전하였던 것 역시 예수 그리스도와 그분의 복음이었다.

　무엇보다 기독교 최초의 설교자이신 예수 그리스도 자신이 전했던 메시지 역시 하나님 나라의 복음을 전하는 것(preaching the gospel of the kingdom of God, 막 1 : 14)이었다. "때가 찼고 하나님의 나라가 가까웠으니 회개하고 복음을 믿으라"(막 1 : 15).

　오늘 기독교의 설교는 사도적 기원을 갖는다. 다시 말해 사도들로부터 전해오는 전통을 계승하고 있다는 사실이다. 기독교 최초의 설교자들이 무엇보다 예수 그리스도와 그의 복음을 전하는 것을 설교의 최우선 순위에 두었다면, 오늘의 설교 역시 예수 그리스도와 그분의 복음을 전하는 것을 최우선으로 삼아야 할 것이다.

　초대교회 설교를 연구했던 찰스 다드(Charles Harold Dodd, 1884-

1973)는 기독교 설교는 케리그마(kerygma)가 되어야 한다는 것을 강력하게 주장하였다. 그는 자신의 저서『사도적 설교와 그 발전』(The Apostolic Preaching and Its Development)[15]에서 오늘의 많은 설교들이 초대교회에서 보여주었던 케리그마에서 벗어나 있다는 것을 지적하면서, 기독교 설교는 비기독교 세계를 향한 공식적인 선포가 되어야 할 것이라고 강조하고 있다.

설교는 예수 그리스도의 구주되심을 선포하는 것이요, 죄와 사망에서 죽어 가는 영혼들을 구원하는 것이다. 그러나 오늘 우리 설교는 어떠한가? 지식 사회에 파묻혀서 예수 그리스도가 없는 지식과 사상과 화려한 문학적 수식들이 설교를 장식하고 있지는 않는가? 예수 그리스도보다는 눈에 보이는 인간들이 우선되어, 그들이 듣기를 좋아하고, 그들의 기분을 맞추는 종교 심리적 내용들이 설교의 중심을 차지하고 있지는 않는가? 우리의 설교 내용이 심오한 지식으로 도배되고 아무리 의미심장하고 화려한 수식들이 가득한 들 그곳에 예수 그리스도가 없다면 무슨 소용이 있겠는가? 설교의 일차적인 목표와 기능은 예수 그리스도를 선포하는 것(proclamation)이요, 사람들로 하여금 그분을 믿고 구원을 얻도록 하는 것이다. 우리는 이런 설교를 가리켜서 선포적 설교(kerygmatic preaching)라고 한다.[16]

---

15. Charles H. Dodd, The Apostolic Preaching and Its Development (New York : Harper, 1935) 참조.
16. 다니엘 바우만(Daniel Baumann)은 설교를 내용에 따라 네 가지 유형으로 구분하였다. 즉 선포적 설교(kerygmatic preaching), 교훈적 설교(didactic preaching), 치유적 설교(therapeutic preaching), 예언적 설교(social-prophetic preaching)가 그것이다. 선포적 설교는 구세주되신 예수 그리스도께 초점을 맞춰, 그 내용이 예수 그리스도의 생애, 고난과 죽으심, 부활, 승천, 재림과 심판에 대해 설교하는 것이다. 선포적 설교는 믿지 않는 사람을 대상으로 전도하기 위한 목적도 갖고 있기 때문에 전도설교(evangelistic sermon)라고 할 수 있다. J. Daniel Baumann, An Introduction to Contemporary Preaching (Grand Rapids : Baker Book House, 1990), pp. 203-220 참조.

3) 가르침으로서의 설교

사도들의 설교는 예수 그리스도를 선포하는 것만으로 그치지 않았다. 예수 그리스도를 알지 못하고 믿지 않은 사람들에게는 마땅히 예수 그리스도의 복음을 선포해야겠지만, 이미 믿고 구원을 얻은 사람들에게 다시 예수 그리스도를 믿고 구원을 얻으라는 설교를 반복할 수는 없는 것이다.[17]

이미 예수를 구주로 믿고 영접한 사람들에게 필요한 것은 그리스도인으로서 우리가 믿는 신앙의 바른 내용(기독교 교리)과 함께, 그리스도인이 된 사람들이 어떻게 살아야 할 것인가(실천)를 아는 것이다. 그러므로 사도행전과 서신서를 살펴보면, 예수님의 직계 제자였던 베드로 등은 오직 예수 그리스도를 증거하고 선포하는 데에 집중하고 있는 것을 볼 수 있다. 그러나 바로 그 후 사도가 된 바울은 예수 그리스도를 전할 뿐만 아니라 서신서들을 통해서 기독교 교리와 실천에 대해서 많은 내용들을 가르치고 있다. 로마서를 볼 때 1~11장은 "우리가 무엇을 믿는가?" 즉 신앙의 내용, 교리와 신학을 가르치고 있다. 그러나 12~16장까지는 그리스도인이 된 사람들이 "어떻게 살 것인가?" 윤리와 실천의 내용을 가르치고 있다.

이미 초대교회부터 교회가 직면한 큰 문제가 이단 사상이었다. 이들은 교회의 시작과 함께 출현하여 지금까지도 계속 되고 있다. 이런 상황에서 교회는 마땅히 바른 진리를 가르치고 전해야 할 책임이 있는 것이다. 그래서 초대교회부터 교회는 설교를 통해서 우리가 믿는 신앙의 진리를 교인들에게 설교를 통해서 가르쳤던 것이다.

오늘의 교회 역시 교인들을 말씀으로 가르치고 양육하는 것은 매우 중요한 사명이다. 그들이 바른 진리 안에서 믿음이 자라고 그리스도의 사람으로 성장해 가도록 교회는 하나님의 말씀으로 바르게 가르쳐야 한다. 이것이 설

---

17. 물론 이미 믿은 신자들에게도 가끔 그들이 분명한 구원의 확신을 가지고 있는가를 확인하기 위해서 선포적 설교를 할 수도 있다.

교가 갖는 교육적 기능이다. 그리고 이런 내용의 설교를 교훈적 설교(didactic preaching)라고 한다.

4) 치유와 위로의 말씀으로서의 설교

인간들이 사는 시대는 그 어느 때를 막론하고 문제가 없지 않았다. 외적으로는 사회적, 경제적, 정치적 문제들이 끊이지 않았고, 인간 내부적으로는 건강을 비롯한 정신적 문제들로 갈등하고 고통을 당할 수밖에 없는 것이 우리의 실존이다. 그것은 그리스도인이든 비그리스도인이든 누구도 예외가 아니다. 특별히 현대는 더욱 복잡해진 사회 현상들로 인해서, 사람들은 더욱 많은 정신적, 영적 문제들을 안고 고통받고 있다.

하나님께서는 인간들의 이런 고통을 외면하지 않으시고, 말씀을 통해서 그들을 위로하시며, 치유하시고, 회복시키셨다. 그분은 상한 갈대를 꺾지 아니하며 꺼져가는 등불을 끄지 아니하셨다(사 42 : 3). 그리고 선지자들을 보내셔서 "내 백성을 위로하라"(사 40 : 1)고 말씀하신다. 하나님의 말씀인 설교가 치유와 위로의 말씀이어야 할 근거가 여기에 있다. 하나님 자신이 이스라엘의 위로자이실 뿐만 아니라 하나님 자신의 말씀의 종인 선지자들을 통해서 이스라엘 백성을 위로하라고 하신 것이다.

예수님 역시 이 땅에 오셔서 많은 사람들을 치유하시고 위로하셨다. 무엇보다 먼저 죄의 질병으로 고통을 당하는 수많은 사람들에게 말씀으로 용서와 구원의 은혜를 베풀어 주셨다. 예수님은 당시 이스라엘 백성들을 보면서, 목자 없는 양같이 고생하며 지쳐 있는 그들을 불쌍히 여기셨다(마 9 : 36). 그리고 예수님은 "모든 도시와 마을에 두루 다니사 그들의 회당에서 가르치시며, 천국 복음을 전파하시며 모든 병과 모든 약한 것을 고치시니라"(마 9 : 35). 예수님께서 공생애 기간을 통해서 행하셨던 삼중사역이 가르침(teaching)과 설교(preaching)와 치유(healing)였다. 예수님은 말씀을 통해서 천국 복음을 전파하시고, 가르치시고, 백성들을 치유하셨던 것이다. 다니엘 바우만은 현대 그리스도인들에게 왜 치유하는 말씀이 필요한지를 다음과 같이 말하고 있다.

> 많은 크리스천들이 병들어 있다. 어떤 사람들은 신경증 질환에 걸려 있다. 모든 사람들이 결핍증(needs)을 안고 살아간다. 한 유명한 설교자는 "회중석 모든 줄에는 상한 심령(broken heart)이 앉아 있다."고 말한다. 치유 설교(therapeutic preaching)가 오늘보다 더 필요한 때는 일찍이 없었다.[18]

다니엘 바우만은 치유와 위로를 전하는 말씀을 치유 설교라고 하였다. 물론 어떤 사람들은 이런 설교를 목양 설교(pastoral preaching), 상담 설교(counseling preaching), 상황 설교(life-situation preaching)라고 부르기도 한다. 중요한 것은 설교자들이 오늘 자신의 설교를 듣는 사람들의 문제가 무엇인지, 그들이 당하는 고통은 어떤 것인지를 바로 파악하고, 그들에게 진정한 하나님의 말씀으로 위로하고, 상한 심령들을 치유하며 회복하는 것이라는 점이다. 하나님의 말씀은 죽은 영혼을 살릴 뿐만 아니라 상한 심령을 고치기도 하기 때문이다. 따라서 설교가 해야 할 중요한 일 가운데 하나는 말씀을 듣는 사람들을 위로하고 치유하는 것이라는 점을 설교자는 잊지 않아야 할 것이다.

5) 하나님의 사건(God's event)으로서의 설교

설교는 인간의 언어로 전달되는 것이지만 그것은 단지 언어로 끝나는 것이 아니다. 하나님의 말씀인 설교에는 역사가 일어난다. 그래서 설교는 언어의 사건이면서 동시에 하나님의 사건이 되는 것이다. 에스겔의 마른 골짜기에 하나님의 말씀이 임했을 때, 마른 뼈들이 일어나고 살아 큰 군대를 이루는

---

18. J. Daniel Baumann, *An Introduction to Contemporary Preaching*. p. 213.

역사가 일어났다(겔 37장). 베드로의 설교를 들은 3,000명의 사람들은 자신의 죄를 회개하고, 예수 그리스도를 영접함으로써 구원을 얻었다(행 2장). 고넬료의 집에서 베드로가 설교를 할 때, 성령께서 말씀을 듣는 모든 사람들에게 임하셨다(행 10 : 44).

이와 같이 말씀은 죽은 영혼을 살리고, 죄에 빠진 사람들이 회개하고 변화를 받으며, 상한 심령들을 치유하고, 성령의 역사하심이 있도록 한다. 그래서 설교는 하나님의 사건이 되는 것이다. 현대 설교학자인 폰 스캇 윌슨(Paul Scott Wilson)은 왜 하나님의 말씀이 하나님의 사건이 되는지를 다음과 같이 말하고 있다.

> 설교를 통해서 우리는 소망을 새롭게 하며, 믿음을 더욱 강하게 하고, 사명을 재다짐한다. 우리는 (설교를 통해) 하나님을 경험한다. 그래서 설교는 회중들이 살아 계신 하나님을 만나는 하나의 사건이다. 우리가 '사건'(event)이라는 단어를 사용하는 것은 청중들의 삶 속에서 어느 한 순간 일어나는 어떤 행위(action)나 일(occurrence)을 의미하는 것이다.[19]

설교는 설교자와 청중이 만나는 인간의 사건이 아니라, 말씀을 통해서 인간과 하나님이 만나는 영적인 사건이다. 그 말씀을 통해서 우리 인간은 하나님의 사랑을 더욱 깊이 체험하고, 살아 계신 하나님의 능력을 덧입게 된다. 그러면서 하나님과의 더욱 깊은 관계와 교제를 이루게 된다.

오늘의 설교는 만남의 자리가 되어야 한다. 말씀 속에서 그 말씀을 듣는 인간과 그 말씀을 하시는 하나님과의 만남이 이루어지고, 그 결과 말씀을 듣는 청중들의 삶이 변화되고, 하나님과의 관계가 더욱 온전케 되는 역사가 일

---

19. Paul Scott Wilson, *The Practice of Preaching* (Nashville : Abingdon Press, 1995), pp. 20-21.

어나야 한다.

특별히 하나님의 말씀을 전하는 설교는 설교자 혼자 하는 것이 아니다. 거기에는 성령께서 함께 하시고 역사하신다. 성령께서는 말씀을 전하는 자들에게 역사하시며("성령의 충만함을 받고 성령이 말하게 하심을 따라⋯⋯ 말하기를 시작하니라"-행 2 : 4), 말씀을 듣는 자들에게도 역사하신다.("베드로가 이 말을 할 때에 성령이 말씀 듣는 모든 사람에게 내려오시니"-행 10 : 44). 베드로가 하나님의 말씀을 전할 때 성령께서 듣는 사람들의 심령 속에 역사하셨다.

동일하신 성령님께서는 지금도 하나님의 말씀이 선포되는 현장에 함께 역사하신다. 그래서 설교는 인간이 하는 것이면서 동시에 하나님께서 함께 하시는 거룩한 사건(divine event)이 되는 것이다. 비록 연약한 인간이 전하는 설교이지만 성령의 역사에 의해 그것은 하나님의 사건이 된다.

3. 설교의 전환 : 설득(persuasion)에서 공감(empathy)으로

설득은 연설에 의하여 청중들에게 어떤 감정(또는 감동, emotion : pathos)이 느껴질 때 일어난다. 왜냐하면 사람들은 슬프거나 기쁠 때, 우호적이거나 적대적일 때 같은 판단을 하지 않기 때문이다(아리스토텔레스).[20]

기독교 최초 설교학론을 체계화한 어거스틴(St. Augustine) 이후 기독교 설교는 수사학적 영향 아래 있었다. 어거스틴이 수사학을 가르쳤던 교사였음을 생각할 때 그의 설교학 이론과 방법은 수사학적인 기초 위에 세워질 수

---

20. Aristotle, *ΤΕΧΝΗΣΡΗΤΟΡΙΚΗΣ*, John Henry Freese, *The Art of Rhetoric* (Cambridge : Harvard University Press, 1967), pp. 16−17.

밖에 없었다. 그런데 수사학은 그 목적이 듣는 사람들, 곧 연설자(speaker)의 연설을 듣는 청중들을 설득하는 데 있었다. 최초 수사학 이론을 정립한 아리스토텔레스(Aristotle) 역시 "수사학은 설득(persuasion)의 유용한 수단을 찾기 위한 능력(ability)"[21]이라고 정의를 하고 있다. 이와 같이 수사학의 목표는 상대를 설득하는 데 있었기 때문에 대부분의 수사학자 내지 수사가들은 자기의 말을 통해 남을 일방적으로 설득하려는 데 초점을 두었다. 커뮤니케이션의 입장에서 볼 때 수사학의 커뮤니케이션 방식은 일방적 구조인 것이다.

따라서 수사학의 이런 영향을 받은 기독교 설교 역시 자연스럽게 설교를 듣는 청중들을 설득하는 데 목표를 둘 수밖에 없었다. 따라서 설교는 언제나 설교자가 듣는 사람들을 설득하기 위해서, 그 내용을 잘 이해하도록 설명을 하고, 그것을 논리적으로 분석하고 증명하며, 듣는 사람들에게 교훈하는 방식으로 진행되어 왔다. 근대까지 대부분의 사람들은 아직 지식에 대한 수준과 깊이가 없었기 때문에 듣고 배우는 것을 거부감 없이 받아들였다. 이런 현상은 설교에서도 마찬가지였다.

그러나 포스트모던시대로 접어들면서, 우리 사회는 많이 바뀌고 있다. 사람들의 지적 수준과 정보, 전문적 지식들이 놀랍게 발전하였고, 사람들의 사고방식 역시 일방적이고 지시적인 것에 거부감을 보이고 있으며, 모든 체제가 보다 민주적으로 되기를 바라면서 자신들이 함께 참여하기를 원하고 있다. 이런 현상은 기독교 설교에도 마찬가지로 영향을 미치고 있다. 일방적이고 훈계적인 설교에 대해서 청중들이 서서히 거부감을 보이고 있는 것이다.

물론 설교는 일정 부분 듣는 사람들을 설득해야 할 필요가 있다. 그러나 이미 언급했듯이 설득은 말하는 사람이 듣는 사람에게 일방적으로 전달하는

---

21. 위의 책, p. 14.

구조다. 따라서 이런 설교 방식은 오늘의 사람들에게 적절치 않을 뿐만 아니라 오히려 역효과를 가져올 수도 있다. 따라서 설교자들은 이제 일방적 전달보다는 쌍방적 관계에서 설교를 진행하는 데에 관심을 기울여야 한다.

설교자와 청중 상호간에 원활한 커뮤니케이션이 이루어지기 위해서 가장 필요한 것이 바로 공감이다. 서두에서 인용한 아리스토텔레스 역시 설득이 효과적으로 일어나기 위해서는 청중들의 감정 변화가 중요하다는 것을 강조하고 있다. 아리스토텔레스가 '공감'이란 단어를 직접 사용하지는 않았지만 연설에서 청중들의 감정적 변화가 얼마나 중요한가를 파악하고 강조한 것을 볼 때, 그는 이미 공감의 중요성을 확실하게 인지하고 있었음이 틀림없다고 하겠다.

이제 설교는 설교자의 일방적인 설득이 아니라 설교자와 회중 사이의 공감이 형성되면서 진행되어야 한다. 공감이 형성될 때 회중들은 설교에 능동적으로 경청하게 되고, 그 말씀을 들으면서 변화가 된다. 이미 베드로의 설교와 스데반의 설교를 통해서 보았듯이, 청중들의 공감을 얻는 설교는 그들의 삶을 새롭게 변화시킨다.

오늘 우리 강단에서 외치는 소리가 공허하게만 들리는 이유가 무엇인가? 그것은 청중들의 공감을 불러일으키지 못하고 설교자 혼자 강단에서 외치고만 있기 때문이 아닌가?

미국의 저명한 설교가로서 시카고 무디교회의 담임목사를 역임한 워렌 위어스비(Warren W. Wiersbe)는 오늘의 기독교 설교가 마치 한쪽에서 한쪽으로 흘려보내는 수도관과 같은 것이 되어서는 안 된다고 한다.[22] 그러나 지금도 많은 설교자들은 자신을 전문가요 지식의 원천으로 생각하고, 듣는 사람들은 텅 빈 수도관 정도로 여기면서 자기가 알고 있는 것을 그들이 받아

---

22. Warren W. Wiersbe, *Preaching and Teaching with Imagination* (Grand Rapids : Baker Books, 2004), p. 19.

들이기만을 바라고 있다. 그 결과 오늘 교회는 말씀의 생명력을 상실한 채 "강단에는 해골이 서 있고, 회중석에는 송장들로 가득해 있다."[23] 그것은 설교가 청중들의 공감을 불러일으키지 못하고, 여전히 일방적인 지식 전달에 머무르고 있는 결과다.

언어가 단순히 지식 전달만을 위한 수단이 돼 버린다면 이미 그것은 죽은 것이다. 설교자의 언어가 사람들의 가슴에 공감을 불러일으킬 때 그것은 사람들의 가슴에서 살아있는 말씀으로 역사하게 된다. 이제 설교는 단지 언어를 전달하거나 지식을 소개하는 정도의 차원에 머물러서는 안 된다. 설교자의 입에서 나오는 그 언어가 듣는 사람들의 마음을 움직이고, 그 결과 그들의 삶에 변화를 불러일으키는 것이 되어야 한다. 그렇기 위해서 이제 설교는 자신의 지식으로 듣는 사람들을 설득하는 것이 아니라, 진실로 듣는 사람들의 가슴에 공감을 불러일으키는 살아있는 말씀이 되어야 한다.

가장 깊은 호소는 논리에 의한 것이 아니라 상상에 의한 것이며, 지성에 의한 것이 아니라 감성(heart)에 의한 것이다(Hugh Black).[24]

---

23. 위의 책, p. 57. 제 6장 참조. 워렌 위어스비는 오늘 말씀의 생명력을 상실한 교회의 모습을 "강단에는 해골들이, 회중석에는 송장들이"(skeletons in the pulpit, cadavers in the pews) 가득해 있다고 묘사하고 있다.
24. Hugh Black, *Listening to God* (New York : Revell, 1906), p. 17. Warren W. Wiersbe, *Preaching and Teaching with Imagination*, p. 223에서 재인용.

제2부

21세기의 상황과 설교

제4장 변화하는 상황으로서의 21세기 한국 사회와 교회

제5장 시대 현상으로서의 포스트모더니즘과 설교

제6장 새로운 설교 흐름의 등장 : 신설교학에 대한 이해

제4장 변화하는 상황으로서의 21세기 한국 사회와 교회

　설교는 변하지 않는 진리로서의 하나님의 말씀을 선포하는 것이다. 그러나 하나님의 말씀은 변하지 않지만 그 말씀이 선포되는 세상은 언제나 변하고 있다. 하나님의 말씀이 영원불변한 것이라면, 세상은 상시적으로 변화하는 것이다. 이렇게 설교는 변하는 세상에서 변하지 않는 하나님의 말씀을 선포하는 것이라고 할 수 있다.

　지상에 교회가 탄생한 이후 기독교는 2,000년 동안 변하지 않는 하나님의 말씀을 선포해 왔다. 그러나 그 2,000년 동안 그 말씀을 듣는 세상은 말할 수 없을 정도로 변화를 거듭해 왔다. 그것은 비단 시간적 차이뿐만 아니라 공간적 차원에서도 마찬가지다. 복음이 선포되는 지역에 따라서 동일한 복음은 매우 다양한 모습으로 전해지고 꽃을 피우게 된 것이다.

　설교는 언제나 양면성을 갖는다. 하나는 하나님의 말씀인 성경 본문(text)이요, 하나는 그 말씀이 선포되는 자리(context)이다. 그래서 설교는 먼저 본문을 고려하되, 또한 그 말씀이 선포되는 환경과 상황을 고려해야 한다. 본문보다 상황이 앞선다거나, 상황을 도외시하면서 본문만을 고집하는 것은 설교를 위해 결코 지혜로운 일이 아니다. 설교는 두 가지를 언제나 함께 고려해야 한다.

지금 한국교회는 20세기의 거대한 변화를 경험하면서, 21세기로 접어들었다. 지난 한 세기 동안 한국 사회는 정치적, 경제적, 사회적, 문화적, 종교적 측면에서 놀라운 변화들을 일으켰고, 한국교회 역시 그런 변화의 소용돌이를 지나왔다.

이러한 변화는 당연히 교회의 모든 영역들에 영향을 미치게 되었으며, 이는 하나님의 말씀을 전하는 설교 분야에도 예외가 아니다. 이제 한국교회는 하나님의 말씀이 선포되는 현장으로서의 21세기 한국 사회와 교회에 대해서 면밀한 분석과 함께 이에 대한 대응 방안을 강구해야 할 때이다.

1. 사회 문화적 변화

한국의 지난 한 세기는 격동의 시대였다. 근대화 과정으로서의 산업화는 한국 사회 전반에 지대한 영향과 변화를 불러일으켰다. "산업화, 근대화 과정을 통하여 우리 사회는 많은 변화를 겪었고, 그 결과 경제가 크게 성장하고 복지사회, 민주사회로 진일보"[1]하는 놀라운 성과들을 이루었다. 한국교회 역시 이 시기를 함께 하였으며, 사회적인 이런 변화들은 자연스럽게 교회에도 영향을 주게 되었다. 오늘 한국교회가 이 세상과 사회 속에 함께 존재한다는 의미에서 시대적인 현상과 변화들을 이해하는 것은 그래서 매우 중요한 일이 되는 것이다.

한 사회의 변화는 긍정적인 측면과 함께 반드시 그에 따른 부정적 역작용들이 나타나게 되어 있다. 부정부패, 범죄율의 증가, 분배의 불평등, 배금주

---

1. 이원규, 『한국 사회 문제와 교회공동체』(서울 : 대한기독교서회, 2002), p. 5.

의, 이기주의 등은 현재 한국 사회가 안고 있는 매우 심각한 문제들로 등장하고 있다.[2] 따라서 한국교회는 이런 사회적인 현상과 문제들을 통시적(通時的)으로 보면서, 이 시대 한국교회가 해야 할 시대적 사명과 책무가 무엇인가를 인식하고, 이에 적극 대처해 나갈 수 있어야 할 것이다. 그러면 현대 한국의 사회 문화적 변화는 어떤 것들이 있었는가?

먼저 현대 한국 사회의 가장 큰 변화 중의 하나는 정치적 민주화와 개인 권리의 신장을 들 수 있다. 20세기 후반 한국 사회는 군사 독재 체제와 함께 하였다. 1961년 일어난 5·16 군사 쿠데타(coup d'État) 이후 약 30년 간 한국 사회는 군사 독재 아래서 자유를 잃고 탄압과 고통의 시간을 지냈다. 물론 이 시기 한국 사회가 산업화와 근대화 과정을 이루면서 경제적 성장을 달성한 것은 사실이지만, 정치적으로는 개인의 자유가 제한을 당하고, 이로 인한 민주화 투쟁으로 수많은 사람들이 고난과 희생을 치러야만 했었다. 교회 역시 이런 고난의 시기에 함께 하면서, 한국 사회의 민주화를 위해서 투쟁하였다.

그 결과 한국 사회는 20세기 후반 군사 독재 체제를 종식하고, 민주화를 성취하는 새로운 기회를 갖게 되었다. 이제 모든 분야에서 개인의 자유가 보다 확대되고, 그와 함께 개인들의 권리가 크게 신장되었다.

이런 시대적 변화는 오늘의 교회에서도 그대로 나타나고 있다. 교인들의 의식 수준이 향상되면서, 교회가 보다 민주적인 제도 속에서 운영되고, 교회 운영에 교인들의 참여 요구가 높아지고 있다. 그동안 한국교회 역시 성직자 중심으로 운영된 측면이 많았다. 그러나 이제 이런 시대의 변화는 교회의 모든 제도와 운영에 있어서의 변화를 요구하며, 교인 각 개인의 참여를 보다 확대해 줄 것을 바라고 있다. 사회적 민주화가 교회의 민주화를 요구하고 있는 것이다.

---

2. 위의 책.

둘째로 현대 한국 사회의 변화 중의 하나는 고도의 경제 성장과 양극화의 문제다. 한국 사회는 산업화 과정을 거치면서, 놀라운 경제적 성장을 경험하였다. 1차 산업중심의 전통 농경 사회에서 산업화는 한국 사회의 구조를 바꾸어 놓았다. 도시화에 따른 이농(離農) 현상과 함께 인구의 도시 집중, 생산력의 증대로 인한 경제적 성장과 개인적 부의 축적, 부의 증대로 인한 물질적 풍요와 여가 생활 등 산업화는 한국 사회를 또 다른 사회로 진입하도록 만들었다.

그러나 21세기로 접어들면서, 한국 사회는 새로운 문제에 직면하고 있다. 경제 성장 과정에서 나타난 부의 집중 현상, 이로 인한 분배의 불균형, 부익부(富益富)빈익빈(貧益貧)으로 인한 경제적 양극화 현상 등이 날로 심화되고 있는 것이다. 계층 간 소득 격차의 확대, 절대 빈곤층의 증가, 비정규직 노동자의 확산, 농가 부채의 증가 등은 오늘 한국 사회 양극화의 현실을 여실히 보여주는 것들이라 하겠다.[3]

이 시기 한국교회는 경제 성장과 함께 여러 가지 면에서 한국 사회와 비슷한 성장을 이루었다. 교인 숫자의 증가, 교세의 확대, 교회 재정의 증가 등 한국교회는 눈부신 외형적 성장을 이룩하였다. 그러나 이런 성장과 함께 지금 한국교회 역시 심각한 문제에 직면하고 있다. 성장제일주의로 인한 윤리적 문제와 함께 교회에 대한 사회의 비난, 교회 간의 부익부빈익빈 현상, 교회의 본질보다는 외형적 목표를 우선 추구하는 현상 등은 오늘의 한국교회를 오히려 위기로 몰아넣는 요인으로 작용하고 있다.

셋째로는 현대 한국 사회의 지식과 정보 사회로의 발전을 들 수 있다. 근대화라는 것은 과학과 기술의 발전을 빼놓고는 말할 수 없다. 지식에 기반한 과학과 기술의 발전은 사회의 발전에 기폭제 역할을 하였던 것이다.

산업화로 인한 경제 성장과 함께 한국 사회는 산업화 이후 시대, 즉 지식

---

3. 정재영, 『한국교회 10년의 미래』 (서울 : SFC출판부, 2012), pp. 102-107.

과 정보의 사회로 진보하게 되었다. 교육 수준의 향상, 각종 기술 발달로 인한 정보 매체들의 개발 등은 한국 사회를 지식과 정보의 사회로 변화시켜 놓았다. 특별히 인터넷의 확대, 통신 기재의 발달 등은 정보와 지식의 교류를 놀랍게 증대시키고 있으며, 사회 구성원 간의 연결망을 새롭게 확대시키고 있다.

넷째로 현대 한국 사회 특징 중의 하나는 다문화 사회로의 진입이다. 그동안 한국은 문화적으로 단일민족 체제를 형성하고 유지해 왔다. 그러나 최근 국가의 개방 정책과 지구촌화 현상은 이제 더 이상 한국이 단일 민족 체제에 머무를 수 없도록 만들어 버렸다. 무엇보다 국제 결혼(결혼 이주 여성)과 함께 그 자녀들의 수적 증가는 한국 사회가 다문화 사회로 이미 진입하였음을 확실하게 보여주고 있다. 이미 우리 한국 사회에는 2007년 국내 거주 외국인 수가 100만 명을 넘어섰고, 2015년 말에는 그 수가 약 190만 명에 이르러 거의 200만 명의 외국인들이 현재 한국에 함께 거주하고 있다.[4]

무엇보다 다문화 가정의 자녀들이 급속하게 증가하고 있는 것은 미래 한국 사회가 다문화 사회로 급격하게 변화될 것을 예고하고 있다. 교육부의 자료에 의하면 2006년 9,389명이던 다문화 가정 자녀 학생수(초·중·고등학생)가 2010년 31,788명이 되었으며, 2015년에는 8만 명을 넘어서고 있다(2015년 말 현재 82,536명).[5]

이제 한국 사회는 민족 개념이 변하게 되었다. 그동안 단일 민족 사회에서 이제는 다민족, 다문화 사회로 전환되고 있는 것이다. 따라서 한국 사회는 이에 대한 이해와 함께 적절한 대응과 정책을 준비하고 실천할 수 있어야 할 것이다. 한국교회 또한 우리 사회가 다문화 사회로 진입하고 있는 현실을 직시하고, 이런 시대적 전환기에 교회가 해야 할 일이 무엇인지를 파악하고

---

4. 법무부 산하 출입국, 외국인정책본부에서 발간하는 2015년 12월 「통계월보」에 의하면 2015년 12월 말 현재 체류 외국인 수는 1,899,519명이다.
5. 교육부, 「교육통계서비스」 "다문화 학생 현황" 참조.

이에 적절히 대처할 수 있어야 할 것이다.[6]

다섯째로 다문화 사회로의 진입과 함께 한국 사회에는 또 하나의 인구 변동이 나타나고 있는데, 그것은 바로 저출산과 고령화로 인한 인구 구성의 변화다. 2012년 현재 우리나라 출산율은 평균 1.3명으로, 선진국 평균 1.6명에도 못 미치는 세계 최하위 수준이다. 만일 이런 추세라면 2100년에는 인구가 현재의 절반 수준으로 줄어들어 반토막이 난다.[7]

저출산과 고령화 사회는 생산 인구의 감소, 노인 인구 증가로 인한 경기 침체와 여러 가지 노인 문제, 세대 간 갈등 등 각종 사회 문제를 야기할 수 있다. 교회 역시 저출산으로 인한 교회 학교 어린이와 청소년 수의 감소 등으로 교회의 미래를 어둡게 하고 있다.[8]

여섯째로 오늘의 한국 사회는 남북의 분단과 함께 내부적으로는 분열의 사회 현상이 점차 심화되어 가고 있다. 한국은 현재 지구상에서 유일한 분단 국가로서 남과 북이 서로 대치하고 있으며, 전쟁의 위험이 상시적으로 도사리고 있다. 그런가 하면 세대 간, 계층 간, 지역 간 갈등과 분열의 현상 역시 더욱 그 골이 깊어지고 있다.

이런 시대적 상황에서 분단에서 통일로, 분열에서 통합으로 가는 사회적 노력은 매우 절실하며, 한국 교회 역시 이 문제를 심도 있게 다루면서 이에 대한 대책을 마련할 수 있어야 할 것이다.

마지막 일곱째로 오늘 한국 사회는 극단과 절망의 사회 속에서 신음하고 있다. 범죄율의 증가, 특별히 청소년 범죄의 증가와 흉포화, 세계 최고의 자살률(OECD 국가 중 1위, 인구 10만 명당 자살 인구 수는 33.5명으로 OECD 국가 평균의 2.6배)[9], 지나치게 높은 교통사고율, 각종 사회적 중독

---

6. 정재영, 『한국교회 10년의 미래』, pp. 67-84 참조.
7. 서울신문, "현재 출산율 유지땐 2100년 한국 인구 '반토막'"(2013. 8. 10.)
8. 정재영, 『한국교회 10년의 미래』, pp. 21-45.
9. 보건복지부, 『OECD 헬스데이터 2012』.

현상(알코올, 마약, 도박, 게임, 인터넷 중독) 등은 경제 성장 후 한국 사회가 앓고 있는 사회적 병리 현상들이다.

지금 한국 사회는 경제 성장의 이면에서 미래에 대한 희망을 잃고 절망하는 사람들, 배금주의에서 오는 사회적 부패와 타락, 가진 자들의 탐욕, 개인들의 이기주의 등으로 더욱 어두운 터널을 향하여 달려가고 있다. 이런 절망의 사회에서 한국교회가 할 수 있는 일은 무엇일까? 현대 한국 사회의 변화는 한국교회의 사역과 방향에도 변화를 요구하고 있다.

2. 한국교회의 상황

21세기 한국교회는 희망적인가? 지금 한국교회에 이 질문을 한다면 누구도 이에 대해서 긍정적인 답을 하기가 쉽지 않을 것이다. 1960년대 이후 한국교회는 놀라운 성장을 이루었다. 그러나 이런 성장이 1990년대 중반을 넘어서면서부터 서서히 정체하기 시작하였고, 지금은 정체내지는 마이너스 성장으로 돌아서고 있다.

물론 이런 현상은 경제 성장과 함께 한국 사람들의 종교에 대한 관심이 줄어드는 등 교회 외적인 면도 영향이 있지만 가장 큰 원인은 교회 내부적인 데 있었다. 교회가 교회로서의 본질을 추구하기보다는 외적인 성장을 우선 추구하게 되고, 그 결과 세상적인 방식들이 교회 안에서도 똑같이 행해지면서 교회는 세상과 별 다를 바 없는 집단으로 인식이 되고, 더 이상 세상의 빛이 되지 못하는 교회의 비윤리적인 모습들은 오히려 사회의 지탄을 받게 되는 지경에 이르게 된 것이다. 이런 위기 속에서 한국교회의 현실을 직시하고, 한국교회가 지향해야 할 방향을 새롭게 정립하는 것은 시대적으로 절실한 과제가 될 것이다. 그러면 한국교회의 상황은 어떤지 간단히 살펴보도록 하겠다.

1) 교회의 성장과 정체, 그리고 한국교회의 양극화

한국교회는 세계 선교 역사에 그 유래를 찾아보기 어려울 정도의 놀라운 성장과 발전을 이룩하였다. 1885년 한국 땅에 개신교회가 전해지면서 그 후 100년 간 한국교회는 하나님의 은혜 가운데 부흥과 성장을 하게 되었다. 무엇보다 1960년대 이후는 한국교회의 급속한 성장기라고 할 수 있다. 여기에는 복음을 전해준 선교사들의 헌신과 희생, 그리고 한국인들의 종교적 열망과 함께 성직자를 포함한 교인들의 헌신적 수고와 복음 전파가 있었다. 그동안 한국교회의 성장 과정을 살펴보면 다음과 같다.

〈한국교회(개신교) 성장 현황〉[10]

연도	1950년	1960년	1970년	1977년	1985년	1991년	1995년	2005년
교인수 (만명)	50.0	62.3	319.3	500.1	648.9	803.7	876.0	861.6
증가율 (%)		24.6	412.6	56.6	29.7	23.9	9.0	-1.6

* 출처 : 백종구, 『선교와 교회성장』(서울 : 한들출판사, 2003)
통계청, 『1985, 1995, 2005 인구주택 총조사』
통계청, 『1991 한국의 사회지표』

한국교회가 이처럼 놀라운 성장을 한 것은 분명 자랑스러운 면이라고 할 수 있을 것이다. 그리고 이러한 것은 미래 한국교회가 계승해 가야 할 소중한 역사적 유산이라고 하겠다.

그러나 한국교회의 성장 역사를 보면서 생각해야 할 몇 가지 중요한 것들이 있다. 한국교회는 1990년대 전반까지 성장세를 유지해 왔지만, 1990년

---

10. 개신교회 교인 수는 정확히 1950년 500,198명, 1960년 623,072명, 1970년 3,193,621명, 1977년 5,001,491명, 1985년 6,489,282명, 1991년 8,037,464명, 1995년 8,760,464명, 2005년 8,616,438명이다.

대 후반으로 접어들면서 성장이 정체되기 시작했고, 2000년을 지나면서는 오히려 감소세로 돌아서게 되었다. 그리고 감소의 폭도 차츰 확대되고 있다. 예를 들어 대한예수교장로회(통합)의 경우 2010년을 기점으로 교세가 차츰 감소하기 시작하였는데, 2011년에는 전년에 비해 186명이 감소하였는데, 2012년의 교인 수는 전년에 비해 41,596명이 감소(전년 대비 -1.46%)하였고, 2015년에는 전년대비 21,472명이 감소했다.[11]

그동안 한국교회는 나름대로 순수한 복음을 전하고 그 결과 교회 성장이라는 귀한 결실을 거두기도 했지만, 한편으로는 교회 성장이라는 목표에 집착한 나머지 교회의 본질을 벗어난 측면들이 없지 않았다.

그중 첫째로는 상당한 교회들이 성장제일주의에 매달리면서, 기독교 신앙과 정신뿐만 아니라 사회적인 상식까지도 벗어난 행동들을 함으로써 윤리적으로 많은 문제들을 표출하였다. 그 결과 교회는 세상으로부터 비판의 대상이 되기 시작하였고, 심지어 기독교에 대한 반대 세력들이 등장하는 일까지 벌어지게 되었다. 교회 성장제일주의는 오히려 세상 사람들로 하여금 교회에 대한 부정적인 생각을 갖도록 만들었고, 그들을 교회로부터 더욱 멀어지게 만드는 결과를 가져온 것이다.

둘째로 교회가 외형적 성장에 초점을 맞추면서 교회는 자연히 세상을 향한 목회보다는 교회 중심의 목회를 할 수밖에 없었다. 교회가 세상에 대한 봉사와 책임을 잊어버리고, 오직 자신의 교회 성장에 전력함으로써 교회는 세상에 대한 사명을 감당할 수 없게 된 것이다. 교회의 재정적 자원뿐만 아니라 인적 자원들까지도 오직 교회 성장이라는 목표에 투자함으로써, 한국교회는 세상의 빛과 소금이 되라는 주님의 명령에 순종할 수 없게 돼버린 것이다.

---

11. "교인수 3년째 하향세, 전년대비 4만1596명 감소," 『한국기독공보』, 2013. 8. 31, p. 2. 대한예수교장로회(통합), 『2015년 교세통계표』 참조.

셋째로는 교회 성장의 결과 한국에는 수많은 대형교회들이 등장하게 되었는데, 이런 교회의 대형화와 함께 부각되고 있는 문제가 한국교회의 양극화 현상이다. 교회 성장이 멈추면서 나타난 특징 가운데 하나는 새로운 신자에 대한 전도보다는 기존 교인이 다른 교회, 특별히 성장 중심의 대형교회로 이동하게 되는 일들이 많아지면서, 큰 교회는 더욱 커지고 작은 교회는 더욱 작아지는 현상이 나타나게 되었으며, 이런 일들은 목회자들 간의 목회 윤리적인 면에서도 문제로 등장하였다.

2009년 「국민일보」가 실시한 조사에 의하면, 한국교회 52,905개 중 약 93%에 해당하는 49,192개 교회가 소형교회라고 한다. 물론 이것은 교역자 수를 중심으로 한 것으로 교역자(목사, 부목사, 전도사 등) 수가 4명 이하이면 소형교회, 5~9명이면 중형교회, 그 이상이면 대형교회로 분류할 때, 그렇다는 것이다. 크리스천리더십연구소의 자료에 의하면, 한국교회의 80~90%의 교회가 성인 교인수 150명 이하이며, 이중 대부분은 교인수가 30~50명에 불과하다는 것이다.[12]

그리고 정확하지는 않지만 한국교회의 약 40%는 현재 경제적으로 미자립교회 상태에 머무르고 있다. 대한예수교장로회(통합)의 경우 2012년 8,417개 교회 중 34.2%에 해당하는 2,880개 교회가 미자립교회로 파악이 되었다.[13] 대한예수교장로회(통합)와 같이 규모와 제도를 갖춘 큰 교단도 사정이 이러한데, 기타 군소 교단들의 상황은 훨씬 더 심각할 것이라 추정된다.

한국기독교목회자협의회가 (주)글로벌리서치에 의뢰하여 실시한 "2013 한국인의 종교 생활과 의식 조사 보고서"에 의하면, 목회자의 94.2%가 현재 한국교회의 양극화에 대하여 심각한 편('매우 심각하다' 28.8%, '어느 정도 심각하다' 65.4%)이라고 인식하고 있으며, 일반 기독교인들 역시 80.7%가

---

12. 정재영, 『한국교회 10년의 미래』, pp. 218-219.
13. "교인수 3년째 하향세, 전년대비 4만1596명 감소," p. 2.

심각하다고 보고 있다.[14] 이는 한국교회 전체가 현 교회의 양극화 현상에 대해 매우 우려하고 있다는 것을 여실히 보여주는 통계라고 하겠다. 그동안의 한국교회 성장은 영혼 구원이라는 교회 본래적 관점에서 볼 때 매우 긍정적인 것이라고 평가되지만, 한편으로는 성장 중심에 빠진 한국교회가 지금 그 역작용을 맞고 있다는 점에서 오늘의 상황을 심각하게 받아들이고 이에 대한 적절한 대응이 있어야 할 것이다.

무엇보다 목회자요 동시에 설교자들인 교회 지도자들이 이런 상황에 대한 인식을 바로 하면서, 오늘의 목회 현장, 그리고 설교 현장을 새롭게 갱신해 나가야 할 것이다. 이제 한국교회는 교회의 외형적인 성장보다는 교회가 추구해야 할 본질이 무엇인지를 알고, 그 일을 수행하는 데 진력을 다 해야 할 것이다. 그럴 때 오늘의 위기는 한국교회의 새로운 전환점으로 기여하게 될 것이다.

2) 한국교회 신학의 발전

교회의 성장과 함께 한국교회에서 일어난 괄목할 만한 발전은 신학적인 면이라고 할 수 있다. 교회가 성장하고 발전하면서 무엇보다 교회 지도자들의 수준과 자질이 중요시되었고, 그런 현실적 요구가 신학 교육의 발전을 가져오게 하였던 것이다. 과거 한국교회 지도자들은 교육적 수준에 있어서 그렇게 높지 못했던 것이 사실이다. 성경학교나 단기 신학 과정을 마치고 목회자가 되는 경우가 대부분이었다. 그러나 교회가 성장 발전하면서 신학대학(학부)들이 목회자들을 본격적으로 양성하는 데 중요한 역할을 하게 되었으며, 1980년대 이후에는 학부 과정보다는 신학대학원들이 각 교단 신학교에 생기면서, 이제는 목회자 교육과 양성 과정이 신학대학원 중심으로 격상되

---

14. 한국기독교목회자협의회, 『한국 기독교 분석 리포트 : 2013 한국인의 종교 생활과 의식 조사 보고서』 (서울 : 도서출판 URP, 2013), p. 363.

었다. 그 결과 지금 한국교회 목회자들의 수준은 세계 어디에 내놓아도 손색이 없을 정도로 높아졌다. 또한 이 시기에 목회자들의 교육 수준뿐만 아니라 신학자들의 수준이 높아진 것도 눈에 띄는 일이다. 학문적 역량이 우수한 신학생들이 국내외적으로 계속 신학 분야에서 공부하고 연구를 하여, 대부분 우수한 신학자들로 성장하여 배출된 시기가 바로 이때였다.[15] 따라서 한국교회는 지금 그 어느 때보다도 수준 높은 목회자들과 신학자들, 그리고 교회 지도자들을 갖게 되었다. 그리고 이런 변화는 미래 한국교회와 신학의 발전을 위해서 매우 희망적인 징조라고 하겠다.

그러나 목회자와 신학자들의 교육적 신학적 수준이 향상된 것이 긍정적인 면도 있지만 부정적인 면 또한 없지 않다. 목회자들이 수준 높은 전문 지식을 가지고 전문가적 식견을 갖는 것은 좋은 일이지만, 자칫 이론에 치중함으로써 실천적 적용을 소홀히 하거나 그런 능력을 상실하게 될 수 있기 때문이다.

그것은 마치 설교에 대한 이론과 지식은 뛰어난데, 실제 설교는 그 수준을 따르지 못하는 설교자의 경우를 생각하면 쉽게 이해가 될 것이다. 목회가 실천적인 장이라는 점에서 목회자는 이론과 지식을 기초로 하되, 실천 현장에서 적용하는 능력 또한 중요한 것이다. 신학적 수준이 향상되고 목회자들이 전문화되는 것은 중요한 일이지만, 신학은 지식만이 아니고 교회를 위한 봉사, 즉 교회에서의 실천적 능력이 중요하다는 것을 잊지 않고, 이에 대한 훈련과 준비도 철저히 할 수 있어야 할 것이다. 그런 점에서 과거 한국교회 목회자들은 교육적 수준이 그리 높지 않았지만, 철저한 기도와 성경 연구, 봉사와 헌신과 희생의 실천을 통해서 오늘의 한국교회를 이룰 수 있었다는 점에서 높이 평가해야 할 것이다.

---

15. 이 시기의 신학적 성과로는 서구 신학에 대한 더 깊은 이해와 함께 한국적 상황에 기반한 몇 가지 신학들이 연구되고 제기되었다.

3) 한국교회의 세계 선교

한국교회의 성장은 국내에서뿐만 아니라 이제 국외로 그 영향력을 넓히게 되었다. 그것은 다름 아닌 한국교회가 세계 선교에 적극 참여하게 된 것이다. 100년 전 복음을 받아들여 놀라운 성장을 이룬 한국 개신교회는 이제 자신들이 선교사들로부터 받은 그 복음을 직접 들고 선교사가 되어 세계 각국으로 나가게 된 것이다. 그 결과 지금은 미국에 이어 세계에서 두 번째로 선교사를 많이 파송하고 있는 나라가 되었다. 기록된 통계에 의하면 1970년대 불과 몇 명의 선교사가 파송되기 시작하여, 80년대에는 그 수가 1,000명을 넘어서고, 90년대 후반에 들어서면서 5,000명 이상의 선교사가 파송되게 되었다. 그리고 2000년을 지나면서 한국교회 선교사의 숫자는 10,000명을 돌파하게 되었고, 그로부터 불과 10년이 못되어 20,000명이 넘는 선교사가 파송되었으며, 2015년 현재 27,205명의 선교사가 171개국에서 복음을 전하고 있다.[16]

한국교회의 성장은 몇 가지 후유증을 가져오기도 했지만, 이와 같이 한국교회 선교사들이 직접 복음을 들고 세계 곳곳에 나가 그리스도의 복음을 전하는 놀라운 역사도 이루게 하였다. 이것은 하나님께서 이 시대 한국교회에 맡기신 중요한 사명이요 특권이라고 하겠다. 따라서 오늘 한국교회는 이런 시대적 선교 사명을 제대로 인식하고, 이를 잘 감당함으로써 한국뿐만 아니라 세계적으로 복음의 선한 역사를 이루는 도구로 귀하게 쓰임 받도록 해야 할 것이다.

4) 교회의 세속화

세상 사람들은 교회와 교인들이 자신들과는 뭔가 다르기를 원하고 있다. 그러나 오늘 한국교회는 목사와 교인들, 그리고 교회가 하는 모습들이 세상

---

16. 한국세계선교회, 「한국선교」(2003년 봄호), 「2915 한국 선교사 파송 현황」 참조.

사람들과 별로 다르지 않다. 성(聖)과 속(俗)의 구별이 차츰 없어지면서, 교회는 이 세상에 왜 존재해야 하는가에 대한 의문을 자아내고 있다. 교회는 세상의 빛이요 세상의 소금이다. 그러나 빛이 빛을 잃어버리고, 소금이 그 맛을 잃어버린다면 그것은 더 이상 존재 이유를 상실하게 된다(마 5 : 13-15). 예수 그리스도는 그를 따르는 그리스도인들을 향하여, "이같이 너희 빛을 사람 앞에 비치게 하여 저희로 너희 착한 행실을 보고 하늘에 계신 아버지께 영광을 돌리게 하라"(마 5 : 16)고 말씀하셨다.

그러나 오늘 한국교회, 한국교회 크리스천, 한국교회 지도자들의 모습은 어떠한가? 세상 사람들과 다름이 없는 가치관을 가지고 세상 사람들과 차이가 없는 비도덕적 행위들을 함께 하면서 살아가고 있지는 않는가? 교회가 세상을 구원하고 변화시켜야 할 텐데, 오히려 교회가 세상에 휩쓸리고 세상을 오염시키고 있지는 않는가?

한국교회는 성장기를 거치면서 물량주의, 배금주의, 성공주의, 기복적 신앙 등 교회의 본질을 벗어난 세속적 가치관이 지배를 하게 되었다. 이것은 비단 평신도들만의 문제가 아니고, 교회 지도자들 역시 마찬가지였다. 성공과 명예에 대한 욕망이 금권 선거 등을 부추기면서 한국교회는 타락의 길을 걷게 되었고, 그 결과는 세상의 빛이 되어야 할 교회를 오히려 어둠 속으로 몰아넣고 말았다.

세상과 별 차이가 없는 교회는 이제 더 이상 세상 사람들의 희망이 되지를 못하고 있다. 세상을 변화시킬 능력도 상실해 버렸다. 오히려 교회는 더 약화되고 쇠퇴해지는 현실 속에서 이제 교회 스스로도 자신에 대한 희망을 잃어버리고 있다. 교회는 세상을 위한 곳이 아니라 자신들을 위한 이기적인 집단이 되었으며, 그런 교회 안에 있는 교인들 역시 헌신과 희생과 공동체성보다는 개인주의적이고 이기적인 신앙인들로 전락해 버렸다.

물론 모든 교회가 다 그런 것은 아니지만, 오늘 한국교회의 위기는 내부적으로 교회가 교회로서의 본질을 상실해버리고 세속적 가치가 교회를 지배하면서부터 시작된 것은 아닌지 깊이 생각해야 할 것이다. 그리고 교회 본연의 모습을 회복하면서 세상의 소금과 빛으로서의 교회적 사명을 다시 감당할 때, 한국교회는 새로운 희망을 갖게 된다는 것을 잊지 않아야 할 것이다.

5) 교회에 대한 사회적 비판과 반감

교회가 교회의 본질을 잃어버리고 세상에 대한 사명과 책임을 바로 감당하지 못하면서, 교회는 오히려 세상으로부터 비판의 대상이 되어 버렸다. 사람들은 교회를 신뢰하지 않으며, 역시 교회지도자들이나 교인들의 말을 신뢰하지 않는다. 교회가 사회의 공신력을 잃어버린 것이다.[17] 이미 이런 현상은 1990년대 후반에 들어서면서부터 나타나기 시작하였다. 1997년 한국갤럽 조사에 의하면 종교를 갖지 않는 사람(비종교인)들의 눈에 볼 때 한국 개신교는 천주교에 비해 사회적 구제와 봉사 활동이 부족하며('구제/봉사활동 등 사회적 역할을 잘 한다'는 항목에서 천주교에는 44.8%, 개신교에는 37.8% 응답), 종교 지도자의 자질 역시 낮게 나왔다('종교 지도자의 자질이 우수하다'는 항목에 대해 천주교에는 40.8%, 개신교에는 22.8% 응답). '지나친 헌금을 강요한다'는 항목에서는 개신교가 70.8%, 천주교가 28.7%였으며, '참 진리를 추구하기보다는 교세 확장에 더 관심을 가진다'는 항목에는 개신교에 76.0%, 천주교에 35.1%가 그렇다고 응답을 하였다.

한국 사회의 비종교인들이 볼 때 한국 개신교회는 다른 종교들보다 사회적 역할을 제대로 못하고 있으며, 지나치게 교세 확장에만 매달리고 있고, 헌금을 너무 강요한다는 이미지가 팽배해 있는 것이다. 그리고 이런 점들이 바로 교회에 대한 사회적 비판의 대상이 되고, 교회에 대해서 일반인들이 좋지 않게 평가를 하는 것이다. 참고로 1997년 갤럽이 조사한 『한국 종교와

---

17. 이원규, 『한국교회 어디로 가고 있나』 (서울 : 대한기독교서회, 2000), p. 287

종교 의식』에 나타난 응답 현황을 보면 다음과 같다.[18]

〈비종교인을 대상으로 한 종교별 이미지 평가〉 (단위 : %)

이미지 내용	개신교	천주교	불 교
구제. 봉사 등 대사회적 역할을 잘함	37.8	44.8	25.3
시대의 변화에 빠르게 적응	44.6	32.7	21.6
종교 지도자의 자질이 우수함	22.8	40.8	26.7
참된 진리를 추구하기보다는 교세확장에 더 관심	76.0	35.1	36.6
지나치게 헌금/시주를 강요함	70.8	28.7	33.6
규율이 너무 엄격함	38.4	29.2	23.8

교회가 사회에 대한 책임과 사명을 다하지 못할 때, 교회는 그 사회로부터 지탄을 받을 수밖에 없으며 교회의 사회적 존재 근거 또한 잃어버리게 된다. 물론 사회 일반인들의 오해도 없는 것이 아니지만 오늘의 한국교회가 이 지경이 되기까지에는 다른 누구보다 교회 자신의 책임이 크며, 교회 지도자들과 교인들 역시 그 책임은 마찬가지다.

이제 한국교회는 성장이라는 목표가 아니라 교회의 본질을 회복하는 것이 목표가 되어야 한다. 교회가 본질적인 일을 제대로 감당하고, 초대교회처럼 세상 사람들로부터 칭송을 받을 때 교회는 자연스럽게 성장하게 되는 것이다. 세상 사람들로부터 칭송을 받으니, "주께서 구원 받는 사람을 날마다 더하게 하셨다"(행 2 : 47). 여기에 진정한 교회의 모습이 있고, 교회가 성장해 가는 길이 있다. 따라서 21세기 한국교회는 이제 더 이상 외형적 성장을 위해서가 아니라 교회가 세상으로부터 칭송을 받는 일을 위해서 매진

---

18. 이 자료는 1997년 한국 갤럽에서 실시한 것으로, 1998년『한국 종교와 종교 의식』으로 출판이 되었다. 여기에 인용한 자료는 이원규,『한국교회 어디로 가고 있나』, p. 292에서 재인용한 것이다.

해야 할 것이다.

　오늘 한국교회의 현실과 미래 전망은 그리 밝지 못하다. 만일 오늘 한국교회가 처한 문제들을 바로 인식하여 그것들을 개선하고 변화시키지 않는다면, 미래 한국교회는 지금 일어나고 있는 현상들이 더욱 가속되면서, 교회는 양적 질적 위기의 심화 과정을 겪게 될 것이다. 교인의 수는 계속 줄어들게 될 것이고, 교회의 기능과 역할들이 축소될 것이며, 교회의 사회에 대한 설득력과 공신력 역시 약화되게 될 것이다.[19]

3. 설교의 위기 현상들

　한국교회 설교는 어떤가? 강단에서 선포되는 하나님의 말씀이 살아 운동력이 있어("하나님의 말씀은 살아 있고 활력이 있어 좌우에 날선 어떤 검보다도 예리하여 혼과 영과 및 관절과 골수를 찔러 쪼개기까지 하며 또 마음의 생각과 뜻을 판단하나니"-히 4 : 12), 사람들의 영혼을 깨우치고 변화시키며 회개와 구원과 결단의 역사를 이루고 있는가? 아니면 한국교회 강단에서 선포되는 말씀이 차츰 그 힘을 잃고, 사람들로부터 외면을 당하며, 강단에는 점점 더 어두운 그림자가 짙게 드리우고 있지는 않는가?

　지금 한국교회 강단은 여러 면에서 위기의 징조들을 보이고 있다. 성경 본문을 통해서 주시는 하나님의 말씀보다는 인간들의 소리가 난무하고, 청중들은 차츰 설교를 경시하면서 들으려고 하지 않는다. 설교 전문가로 변한 설교자들은 화려한 수사와 수준 높은 지식을 설교에 담아내고 있지만 사람들은 그 설교에 별로 감동을 받지 못하고 있다. 차츰 설교가 왜소해지고, 그 강단은 초라해지고 있지 않는가?

---

19. 이원규, 『한국교회 어디로 가고 있나』, p. 293.

1) 본문을 벗어난 설교와 본문의 왜곡

오늘 한국교회 설교의 문제 중 가장 심각한 것은 설교자들의 설교가 본문을 벗어나거나 본문을 왜곡하고 있다는 데에 있다. 어떤 설교자들은 본문을 하나의 통과의례 정도로 생각한다. 그래서 성경 본문을 읽고 난 후 그 설교의 내용은 전혀 딴판이다. '성경 따로 설교 따로' 식의 설교를 많은 설교자들이 하고 있다. 성경(본문)은 읽었지만, 설교는 완전히 자기 소리다. 설교자는 그날 본문을 통해 하나님께서 하시고자 하는 말씀을 찾아 그것을 전해야 할 것인데, 하나님의 음성이 아니라 설교자의 소리로 요란하다. 또 어떤 경우는 본문에 대해서 설교 중에 언급은 하지만, 본문 자체가 주는 말씀과 의미보다는 설교자 자신의 생각으로 그것을 왜곡한다. 본문을 빙자해서 자기 사상과 주장을 펼치는 것이다.

설교가 하나님의 말씀인 성경(본문)을 떠날 때, 그 설교는 더 이상 하나님의 말씀이 아니다. 그것은 인간의 소리요, 울리는 꽹과리에 불과하다. 초기 한국교회 설교자들은 한결같이 "설교란 성경에 수록된 하나님의 말씀을 받아 그 말씀을 우리의 언어로 옮겨 전하고 해석하여 삶의 새로운 방향을 제시하는 것으로 이해하였다."[20] 그리고 그런 원칙을 충실하게 지키려고 노력을 했었다. 그 결과 한국교회는 말씀의 부흥과 함께 교회의 부흥을 이룰 수가 있었다. 그러나 지금 한국교회 설교 현장은 성경을 벗어나 차츰 인간들의 소리가 높아지고 있다. 이것은 한국교회의 미래를 위해서 비극적인 현상이다. 강단에서 하나님의 말씀이 사라지고, 대신 인간들의 지식이 열거되고 인간들의 사상이 난무할 때 교회는 생명력을 잃고 어두운 나락으로 빠져들게 될 것이다. 이런 시대에 선 설교자들을 향해 외치는 한 설교학자의 말에 우리는 겸손히 귀를 기울여야 할 것이다.

---

20. 정장복, 『한국교회의 설교학 개론』(서울 : 예배와 설교 아카데미, 2005), p. 96.

대부분의 설교자들은 설교가 성경적(biblical)이기 위해서 노력하고 있다. 왜냐하면 성경이 하나님의 말씀(God's Word)이요, 모든 그리스도인들은 자신들의 삶이 성경의 가르침을 따라 살기를 원하기 때문이다.……좋은 설교자들은 자신의 역할이 하나님의 말씀을 전하는 것이지 자신의 말을 하는 것이 아니라는 사실을 안다.[21]

2) 청중으로부터 외면당하는 설교 : 공감 부재의 설교

오늘 우리는 설교의 홍수 시대를 살고 있다. 지금 설교는 교회 안에서뿐만 아니라 교회 밖에서도 넘쳐나고 있다. TV나 라디오를 통해서 흘러나오는 방송 설교, 인터넷을 통해 쉽게 보고 들을 수 있는 설교자들의 다양한 설교, 수많은 집회들을 통해서 접하게 되는 유명 강사들의 설교 등 우리는 언제 어디서나 쉽게 설교를 보고 들을 수 있게 되었다. 그러나 문제는 이런 설교가 그렇게 사람들의 관심을 끌지 못한다는 데 있다. 설교가 넘칠수록 사람들은 오히려 설교로부터 멀어지고 있다. 이제 사람들은 설교 듣는 것을 귀찮게 생각하기까지 한다. 설교를 잔소리쯤으로 여기기도 한다. 그래서 사람들은 훈계나 긴 잔소리를 들을 때 "설교하고 있네." 또는 "제발 설교하지 마."라고 말하기도 한다.

설교는 넘쳐나는데 사람들은 서서히 설교를 외면하고 있다. 교회에 나가 회중석에 앉아서 설교를 듣는 것을 따분해 하고 지루해 한다. 많은 사람들이 설교에 식상해 있다. 왜 오늘의 설교가 이런 취급을 받아야 되는가? 왜 이런 일들이 일어나야 하는가? 그것은 오늘 한국교회 강단에서 외쳐지는 설교가 듣는 사람들의 가슴에 와 닿지 않기 때문이다. 강단에서 설교자는 열심히 외쳐대지만 그 말씀이 사람들의 가슴에 공감을 불러일으키지 못하고 허공에서

---

21. Paul Scott Wilson, *Preaching and Homiletical Theory* (St. Louis : Chalice Press, 2004), p. 7.

맴돌다가 끝난다. 우리의 삶과는 별 관계가 없는 주제, 성경을 오늘의 언어로 풀어내지 못하고 과거 몇 천 년 전의 이야기로만 만들어 버리는 설교 내용, 별 새로운 것도 없이 계속 반복되는 고리타분함, 감동이 없는 지식 중심의 냉랭함, 강단에 서기만 하면 훈계하고 가르치려고만 드는 설교자의 태도 등은 듣는 사람들로 하여금 설교에 대한 흥미와 관심을 잃도록 하고 있다.

워렌 위어스비(Warren W. Wiersbe)는 자신의 책 『상상이 담긴 설교』에서 매우 의미 있는 예화를 들려주고 있다.[22] 그것은 대처(Thatcher)라는 할머니가 자신의 교회에서 설교를 통해 느낀 경험을 기록한 것이다. 자신의 교회 담임 목사인 바우어스(Bowers)는 매주 창세기를 강해하고 있었다. 그 주일날도 창세기를 강해하였는데, 그날의 설교 제목은 "하나님께서 노아에게 말씀하시다"였다. 목사는 항상 그랬듯이 그날도 본문을 가지고 매우 지적으로 잘 짜여진 틀에 맞춰 설교의 개요를 설명하기 시작하였다. 자신의 지적 수준을 자랑스럽게 과시하는 듯하면서……. 몇몇 교인들은 의무감에 못 이겨 주보 뒷면에 그 개요를 받아 적기 시작하였다. 대처 할머니는 매주 반복되는 똑같은 모습을 보고 "지난 주와 비슷한 타령을 오늘도 또 하겠군." 하면서 실망과 함께 한숨을 내쉬었다. 그리고는 설교의 서론이 끝나기도 전에 마음의 문을 닫아버렸다. 목사는 아랑곳하지 않고 설교 시간 내내 성경 지식만을 잔뜩 교인들에게 가르쳐 주었다.

그런데 몇 주 후 담임 목사가 출타하게 되어, 오랫동안 남미 안데스 산맥에서 선교를 했었던 은퇴한 선교사가 그 교회에서 설교를 하게 되었다. 그 선교사의 설교 제목은 "늘 무지개를 찾으라"였다. 대처 할머니는 그 설교 제목만 보면서도, 뭔가 마음을 끌어당기는 것이 있음을 느꼈다. 선교사는 자신이 선교지 어느 산중에서 만났던 혹독한 비바람에 대한 경험을 말하면서

---

22. Warren W. Wiersbe, *Preaching and Teaching with Imagination*, 이장우 역, 『상상이 담긴 설교』(서울 : 요단출판사, 2004), pp. 79-84.

설교를 시작하였다. 그리고는 우리 인생에 닥쳐오는 비바람에 대해서 이야기하였다. 회중들은 그의 말을 들으면서 그가 적지 않은 인생의 풍파를 겪어 왔다는 것을 함께 느꼈고, 그의 목소리에 모두 공감하기 시작하였다.

계속하여 선교사는 성경에서 무지개를 본 세 사람이 누구인가를 물은 후, 노아와 에스겔과 사도 요한에 대해서 말하였다. 그리고 그는 우리가 천국에 이를 때까지 비바람은 경험하게 될 것이라고 하면서, 그러나 늘 무지개를 바라보는 것을 잊지 말라고 하였다. 신실하신 하나님께서는 비바람 후에 무지개를 보여주실 것이기 때문이다. 그날 설교를 듣고 나서 대처 할머니뿐만 아니라 심지어는 십대 학생들까지도 하나님을 만나고 가는 확신이 마음에 가득 찼었다. 그리고 모두 오늘 주신 하나님의 말씀을 따라 살아야겠다는 믿음이 가슴에서 솟구쳤다.

오늘 한국교회 설교 현장은 어떤가? 수많은 대처 할머니들이 매주 똑같은 방식의 설교에 실망하면서, 설교 듣기를 포기하고 의무적으로 나와 회중석에 앉아서 설교가 빨리 끝나기만을 바라고 있지는 않는가? 그 교회 담임목사처럼 한국교회 설교자들도 수준 높은 지식으로 가득 찬 설교를 매주 자랑스럽게 하고 있지만 오히려 회중들은 귀를 닫아버리는 설교를 매주일 반복하고 있지는 않는가? 구태의연한 설교 방식, 머리에 지식만을 전달하고 가슴에는 와 닿는 것이 없는 메마른 설교, 회중들과는 어떤 교감도 없이 설교자 혼자 떠들다 끝나는 설교, 바로 이런 것들이 오늘 한국교회 회중들이 설교를 외면하는 이유가 아닌지 깊이 생각해 보아야 할 것이다.

3) 설교자의 문제

미국 설교의 대가였던 필립스 브룩스(Phillips Brooks)는 설교가 단지 진리인 '하나님의 말씀을 전하는 것'이라고 하지 않고, 설교는 설교자의 "인격을 통해서 전달되는 진리(truth through personality)"[23]라고 정의하였다. 설교는 메시지 내용과 함께 그것을 전하는 설교자가 그만큼 중요하다는 것이다. 오늘 한국교회 설교의 문제는 설교자의 문제라 해도 틀림이 없을 것이다. 설교자로서의 전문성, 설교자로서의 신앙과 인격, 설교에 대한 성실한 준비, 그리고 자신이 선포한 말씀대로 살아가는 언행(言行)의 일치의 삶 등은 설교자에게 매우 중요한 것들이다. 먼저 설교자가 설교에 대한 기본적인 훈련과 준비가 되어 있지 않다면, 그는 하나님의 말씀을 바로 전할 수가 없다. 그러기에 설교자는 설교자로서의 전문성을 갖추어야 한다. 성서에 대한 깊은 이해와 연구, 신학적 지식을 기본적으로 갖추어야 할 뿐만 아니라 설교에 대한 이론과 방법 등에 대해서도 훈련이 되어 있어야 한다. 그러나 이런 것들이 부족할 때, 설교자는 성서를 자기 마음대로 해석하고, 잘못된 신학과 사상을 설교를 통해 함부로 말할 수 있으며, 설교의 내용이나 방법 역시 서투를 수밖에 없다. 오늘 한국교회 설교 현장이 혼란스러운 것은 바로 설교자들의 전문성 부족에 가장 큰 원인이 있지 않은지 생각해 보아야 할 문제다.

다음으로 설교자들의 인격적 문제를 심각하게 생각하게 된다. 오늘 한국교회 목회자들에 대한 신뢰도는 크게 떨어져 있다. 지금 한국교회는 목회자들의 신앙과 삶의 괴리, 언행의 불일치, 목회자들의 도덕적, 윤리적, 탈선들로 인해 사회적으로 지탄을 받고 있다. 설교를 듣는 사람들은 메시지의 내용보다 메시지를 전하는 사람에 더 큰 관심을 갖게 된다. 따라서 아무리 그 내용이 뛰어난 설교라도 그 메시지를 전하는 사람의 삶이 그렇지 못하다면, 그 설교는 듣는 사람들에게 감동을 줄 수 없다. 오늘 한국교회와 사회에서 설교가 외면을 당하는 것은 설교자들 때문이 아닌지, 설교에 대한 기대가 낮아진 것은 설교자에 대한 기대가 낮아졌기 때문이 아닌지 돌아볼 일이다. 끝으로 설교자들의 성실성의 문제다. 한 편의 설교를 위해 설교자는 얼마만 한 준비

---

23. Phillips Brooks, *The Joy of Preaching* (Grand Rapids : Kregel Publications, 1989), p. 27.

와 노력을 하고 있는가? 한 편의 설교를 위해 얼마만 한 산고를 감내하고 있는가? 불성실한 설교자의 설교는 강단을 오염시킨다.

어떤 설교자들의 경우 심지어는 남의 설교를 베껴서 그것을 가지고 설교를 한다. 내용뿐만 아니라 전달하는 모양새까지도 그대로 흉내를 낸다. 물론 초보자들로 뛰어난 설교자들의 설교를 배우고 훈련하는 것은 문제될 것이 없다고 본다. 그러나 자신이 할 수 있는 준비를 하지 않고 남의 것을 가지고 하는 것은 바르지 못한 태도다. 오늘 한국교회 강단이 빛을 잃어가는 것은 이런 설교자들의 불성실함 때문이 아닌지 성찰해 보아야 할 것이다.

설교자는 설교자로서의 자신을 성실하게 준비해야 할 뿐만 아니라 한 편의 설교를 위해서도 최선의 준비를 할 수 있어야 한다. 설교자의 기도와 땀과 눈물을 통해서 잉태된 한 편의 설교는 분명 그 열매가 놀라울 것이다. 하나님께서는 그런 설교자를 향하여 말씀하신다. "눈물을 흘리며 씨를 뿌리는 자는 기쁨으로 거두리로다 울며 씨를 뿌리러 나가는 자는 정녕 기쁨으로 그 단을 가지고 돌아오리로다"(시 126 : 5-6).

4) 시대의 변화를 따르지 못하는 설교

최초의 설교학 이론을 정립한 성 어거스틴(St. Augustine, 라틴명 Aurelius Augustinus)은 자신의 저서 『기독교 교설』에서 다음과 같은 말을 하고 있다.

허위를 펴는 자들은 자신들이 허위를 말하면서도 그것을 간결하고 명료하고 그럴듯하게 이야기하는 데 비해서, 이 사람들(진리를 전하는 기독교 교사, 즉 설교자들-역자 주)은 진리를 말하면서도 듣기에 지루하고 이해하기 어렵고 끝에 가서는 믿기에 힘들도록 해서야 되겠는가? ……저자들은 듣는 이들의 마음을 오류에로 유도하고 떠밀면서도 그 말주변으로 사람을 두려워 떨게 하고 울리 고 웃기며 뜨겁게 달아오르게 하는데, 이 사람들은 진리에 이바지하면서도 느리고 냉담하고 졸게 하도록 해서야 되겠는가?[24]

어거스틴의 시대는 수사학이 매우 광범위하고 활발하게 연구되고 적용되었으며, 어거스틴 자신도 원래는 수사학 교사였다. 당시 수사학은 법정에서 논쟁을 하는 일로부터 학문적 사상적 논쟁을 하는 데에도 적극 사용되었다. 이런 수사학은 좋은 목적을 위해 선용되기도 했지만, 한편 궤변론자(sophist)들에게서는 이것이 악용되기도 하였다. 즉, 자신들의 거짓과 허위를 마치 사실인양 수사학 기법을 통해 사람들을 현혹하기를 서슴지 않았던 것이다. 이런 배경에서 어거스틴은 이런 허위를 말하는 궤변론자들(또는 거짓 교사들)도 그럴듯하게 말을 하여 사람들의 마음을 움직이는데, 하물며 하나님의 진리를 전하는 교사(설교자)들은 더 잘해야 할 것이 아닌가를 강조하고 있다. 그러면서 기독교 설교에서도 당시 언어를 구사하는 데 중요한 이론과 방법을 제시한 수사학의 응용이 필요하다는 것을 역설하고 있는 것이다.

이것은 오늘의 설교자들도 깊이 생각해 볼 문제다. 설교는 하나님의 진리를 인간의 말을 통해서 사람들에게 전하는 것이다. 즉 설교는 하나님의 진리의 말씀을 인간의 언어를 통해서 전달한다. 그리고 그 말씀은 사람들에게 전달한다. 그러기에 설교는 인간의 언어에 대한 이해와 연구, 그리고 언어를 활용하는 기법을 알아 그것을 설교에 응용할 수 있어야 한다. 그리고 그 설교를 듣는 사람들과 그들이 사는 시대를 이해해야 한다. 그럴 때 설교는 오늘의 사람들에게 오늘의 언어로 보다 친밀하게 전달될 수 있을 것이다.

설교를 듣는 사람들의 시대적 상황이 바뀐다는 점에서 기독교 설교도 이에 적절히 대응할 수 있어야 한다. 그러나 어떤 경우 시대는 바뀌었는데, 그 방법은 과거의 것에 얽매여 시대를 따르지 못하는 일들이 많다. 오늘 한국교

---

24. Aurelius Augustinus, *De doctrina christiana*, 성염 역, 『그리스도교 교양』(왜관 : 분도출판사, 1989), p. 301.

회의 구태의연한 설교는 차츰 사람들로부터 외면을 당하고 있다. 그래서 어거스틴이 말한 것처럼 사람들은 설교를 들으면서 지루하게 되고 졸리게 되는 것이다.

매주 동일한 형식과 매번 비슷한 내용의 설교, 몇 십 년 전부터 해오던 설교 방식에 전혀 변함이 없는 모습들은 이 시대의 청중들에게 외면을 당할 수밖에 없다. 예를 들어 지금은 설교 형식에 있어서도 이야기식 설교, 대화식 설교, 매체들을 이용한 다양한 방식의 설교 형식들이 개발되어 있다. 그러나 이런 변화를 알지 못하고, 그저 전통적으로 해왔던 '첫째로, 둘째로, 셋째로'로 시작하는 삼대지 설교 형식만을 몇 년, 몇 십 년 계속하고 있다면, 그런 설교에 사람들이 얼마나 관심과 흥미를 갖게 될까?

다시 말하지만 설교는 시대의 변화를 읽고 이에 적절히 대응할 수 있어야 한다. 설교의 형식과 방법, 그리고 그 내용에 이르기까지 설교자는 어떻게 하는 것이 이 시대의 청중들에게 공감을 얻고 호소력을 가질 수 있는지를 생각하면서, 언제나 그것을 연구하고 또한 설교 현장에서 적용할 수 있어야 한다.

5) 설교의 사회적 영향력 약화

현대 설교학자인 데이빗 버트릭(David G. Buttrick)은 오늘의 설교가 과거보다 더 이상 중요한 것이 되지 못한다고 하면서, "기독교 강단이 세상에 대한 공적 영향력(public influence)을 잃어버렸다."고 말하고 있다.[25]

미국은 과거 제1, 2차 대각성운동(Great Awakening Movement)을 거치면서, 말씀의 놀라운 능력과 그 영향력을 경험했었다. 청교도 조상들의 신앙적 열정이 식어 갈 때, 하나님께서는 조나단 에드워즈(Jonathan Edwards), 드와이트 무디(Dwight L. Moody) 같은 위대한 설교자들을 통해서 미국 교

---

25. David G. Buttrick, "Preaching Today : The Loss of a Public Voice," in Michael P. Knowles, ed. *The Folly of Preaching* (Grand Rapids : William B. Eerdmans Publishing Co., 2007), p. 3.

회뿐만 아니라 사회를 변화시켰다. 말씀에 영향을 받은 수많은 사람들이 예수 그리스도께로 돌아왔고, 술과 도박을 끊고 새로운 삶을 시작하였다. 무엇보다 말씀을 통해 감동을 받은 수많은 젊은이들이 하나님께 자신의 일생을 헌신하기로 결단하면서, 그들은 세계 곳곳으로 나아가 복음을 전파하는 선교의 대역사를 이루었다.

영국의 설교자 요한 웨슬레(John Wesley)는 산업혁명 이후 사회적으로 부패와 타락에 빠져 어두워져 가던 영국 사회를 하나님의 말씀으로 고치고 회복하는 놀라운 일들을 이루었다. 복음이 이 땅에 전해진 초창기 한국에도 길선주, 김익두 목사 같은 뛰어난 설교자들이 하나님의 말씀으로 세상을 구원하고 변화시키는 역사들을 이루었다.

그러나 지금 구미뿐만 아니라 한국교회 역시 세상에 대한 말씀의 영향력은 계속 약화되고 있다. 설교가 더 이상 세상에 대해 괄목할 만한 의미를 갖지 못하고 있다. 물론 설교가 이렇게 된 데에는 설교만의 책임이 아닐 것이다. 그동안 한국교회가 모든 사역의 초점을 세상에 대한 관심보다는 교회 내부적인 데 더 쏟아 부었던 것이 첫째 원인일 것이다. 오직 교회의 성장에 초점을 맞추며 교회를 위한 교회가 되어버림으로써, 교회는 세상으로부터 스스로를 고립화시켜 버린 것이다. 다시 말하면 세상에 있으면서 세상과는 별 관계가 없는 교회가 되어버린 것이다. 뿐만 아니라 현 한국교회는 초대 교회 성도들처럼 세상 사람들의 칭송을 받는 것(행 2 : 47)이 아니라 오히려 세상의 비판의 대상이 되고 있다. 목회자들을 비롯하여 기독교인들의 삶과 윤리가 세상 사람들로부터 오히려 비판을 받는 상황이 되어버린 것이다. 그러니 세상 사람들이 이런 교회의 설교자, 이런 교회 교인들의 말을 듣거나 신뢰를 할 수 있겠는가?

설교학적 측면에서 한국교회 설교가 영향력을 잃게 된 원인을 분석하면, 그동안 한국교회 설교 역시 그 내용과 초점이 교회 안에, 교회 안의 교인들에게 거의 맞추어졌기 때문이다. 교회는 세상의 빛이 되어야 하지만 한국교회는 세상의 빛이 아니라 교회 안의 빛으로 머물러 버린 것이다. 그 결과 말씀 역시 교회 안에서만 맴도는 상황이 되어버렸고, 그런 설교는 세상에 아무런 영향을 줄 수 없게 되었다.

하나님의 말씀은 전능하고, 하나님께서는 말씀으로 천지를 창조하셨다는 것을 기억할 때, 오늘 한국교회 강단은 그 말씀이 교회 안에서뿐만 아니라 교회 밖 세상에서도 살아있는 말씀, 세상을 구원하고 변화시키는 능력의 말씀이 되도록 해야 한다. 그러기 위해서는 교회 밖 세상에 대한 관심을 가지고, 세상의 문제들에 대해 하나님의 말씀으로 경고하고 치료할 수 있어야 하며, 세상과 보다 밀접한 관계를 가질 수 있어야 한다.

이제 한국교회 설교는 교회 안에 제한된 것이 아니라 "설교의 초점을 보다 넓히고 사회적 존재로서의 인간들(human beings as social beings)을 향하여 하나님의 말씀을 외칠 수 있어야"[26] 할 것이다. 그럴 때 하나님의 말씀은 세상을 변화시키는 능력의 말씀임을 온 세상에 보여 주게 될 것이다.

---

26. 위의 책, p. 12.

"
설교는 말씀 이전에 관계라는 사실, 그리고 그 관계는 설교 현장에서의 공감으로 연결된다는 사실, 그리고 그 공감이 설교의 성패에 지대한 영향을 주게 된다는 사실을 설교자가 인식하는 것, 이것이 공감설교의 시작이다.

제5장 시대 현상으로서의 포스트모더니즘과 설교

포스트모던(postmodernity)은 오늘의 설교를 위한 시대적 배경(context)이다…… 우리가 그것을 좋아하든 좋아하지 않든 포스트모던은 우리 시대를 나타내는 가장 적절한 용어 중의 하나가 되고 있다.[1]

설교는 공간적 상황과 함께 시간적 상황, 즉 시대적 상황과 긴밀하게 관련되어 있다. 오늘 우리에게는 설교와 관련하여 한국이라는 공간적 상황이 있는가 하면, 21세기라는 시간적 상황이 있다.

제4장에서 공간적 상황으로서의 한국에 대한 사회적 문화적 현상들을 개관해 보았다면, 본 장에서는 이제 우리 시대가 처한 시대적 현상으로서의 포스트모더니즘(postmodernism)에 대해 설교학적 관점에서 살펴보고자 한다.

20세기 후반을 들어서면서 사회적으로는 포스트모던의 물결이 일어나기

---

1. Ronald J. Allen, Barbara S. Blaisdell, and Scott B. Johnston, *Theology for Preaching : Authority, Truth, and Knowledge of God in a Postmodern Ethos* (Nashville : Abingdon Press, 1997), pp. 28–29.

시작하였고, 이 무렵 기독교 설교 진영에서는 그동안 지속되어 왔던 전통적 설교 방식을 개선하여 이 시대에 적합한 설교를 개발하고자 하는 새로운 설교학 운동(또는 신설교학 운동, the New Homiletics Movement)[2]이 일어나게 되었다. 그리고 이 운동은 그 출발과 함께 많은 관심과 주목을 받았으며, 현대 기독교 설교에 지대한 영향을 미치게 되었다.

포스트모던과 새로운 설교학 운동은 그 시대를 함께 하고 있다는 점에서 상호간 영향을 주고받을 수밖에 없었다는 것은 분명한 사실이다. 물론 신설교학 운동이 지역적으로 북미를 중심으로 하여 일어났다는 차이는 있지만, 북미 역시 포스트모던의 물결이 지대한 영향을 주고 있었다는 점에서 서로의 상관관계는 충분하다고 하겠다. 따라서 이 둘의 관계를 살펴보고, 설교학과 관련하여 포스트모던에 대한 이해를 하는 것은 중요한 일이라 생각한다.

1. 모던에서 포스트모던으로

인류의 역사는 어떤 계기를 통하여 전환을 거듭해 왔다. 고대와 중세, 그리고 근대를 거치면서, 지금 인류는 "근대 이후 시대"(postmodern, 후기 근대, 근대 후기, 탈근대)라는 새로운 시대에 들어서게 되었다. 그리고 이런 시대적 현상을 가리켜서 우리는 포스트모더니즘이라는 말로 설명을 하고 있다. 그러면 포스트모더니즘은 어떤 배경을 통해서 등장하게 되었는지 그 배경을 살펴보도록 하겠다. 이를 위해서 먼저 근대에 대한 이해를 간단히 한 후, 포스트모던(postmodern)에 대한 등장 배경을 알아보도록 하겠다.

---

[2] the New Homiletics Movement는 1990년대 후반 북미를 중심으로 하여 설교학계에서 일어난 운동이다. 이에 대한 자세한 사항은 다음 장에서 언급하게 될 것이다.

1) 근대에 대한 이해

교회의 역사에서 16세기는 매우 중요한 의미를 가진다. 중세를 거치면서 교회는 그 본질을 상실하고 타락함으로써, 세상에서 빛이 아니라 오히려 어둠을 조장하는 세력이 돼 버렸다. 당시 교회 지도자들의 부패, 성직의 매매, 면죄부 판매 등은 그 시대 교회의 모습이 어떠했는지를 잘 보여주고 있다. 그러나 하나님께서는 이런 교회를 그대로 버려두지 않으시고, 마틴 루터(Martin Luther), 울드리히 쯔빙글리(Huldrich Zwingli), 존 칼빈(John Calvin) 등 교회를 개혁할 사람들을 세우셔서 종교개혁을 이루도록 하셨다(1517년).

이 시기 교회는 종교개혁을 통해 내부적으로 새로운 개혁이 이루어졌는가 하면, 교회 밖 세상에서는 14세기에서 16세기에 걸쳐 일어난 르네상스 인문주의(the Renaissance humanism)의 영향으로 거대한 사상적 변화가 이루어지고 있었다. 그동안 중세는 신(神)중심의 시대였다. 그러기에 인간의 개성이나 창조성은 극도로 억압된 상황이었다. 그러나 르네상스 인문주의는 이런 상황을 반대하면서, 인간의 가치, 즉 인간의 개성과 창의성 등을 존중하고 강조함으로써, 유럽 사회의 사상과 문화, 정치, 예술 분야 등에 획기적인 변화를 가져오게 한 것이다. 이러한 인문주의 영향은 그 후 17~18세기를 거치면서 계몽주의로 발전하게 되었고, 인류 역사에는 인간 이성을 중심한 근대(近代, modern period)라는 시대가 열리도록 하였다.

그러면 근대는 어떤 특징을 갖는 시대였는가? 소위 말하는 근대성(modernity)이란 어떤 것인가? 물론 많은 것들을 논할 수 있겠지만 여기서는 간단히 그 특징들을 살펴보도록 하겠다.

먼저 근대는 인간이 중심된 사회였다. 이미 언급했듯이 중세는 신중심의 사회였다. 그러나 르네상스 인문주의(또는 인본주의)는 신중심의 사고와 사회 체계를 인간이 중심되도록 변화시켰다. 따라서 중세를 신본주의(神本主義) 시대라고 한다면 근대는 인본주의(人本主義) 시대라고 할 수 있을 것이다.[3] 따라서 이러한 경향은 자연스럽게 인간의 존엄과 자유, 개인의 자율성 등을 강조하게 되었고, 그 영향은 후에 개인주의와 정치사회적 민주화를 가져오도록 하였다.[4]

둘째로 근대는 이성(理性) 중심의 시대(the age of reason)였다. 근대 철학의 아버지라 불리는 데카르트(Rene Descartes, 1596-1650)의 "나는 생각한다. 고로 존재한다."(Cogito, ergo Sum)는 말은 근대 철학의 표어가 되었다.[5] 데카르트가 여기서 말하는 자아는 이성적 존재로서의 자아이다. 따라서 인간은 이성적 주체요, 모든 만물은 이성적 사유의 대상이다. 이런 영향은 그 후 영국의 계몽주의(Enlightenment), 독일의 관념론(idealism), 그리고 영국의 경험론(empiricism) 등으로 이어지면서,[6] 인간은 이성의 빛으로 모든 진리를 이해하고 파악하고 분별할 수 있다는 확신을 갖게 되었고, 인간의 이성은 진리를 판단하는 기준이 되었다. 이러한 현상은 그 후 기독교 안에서 인간의 이성이 하나님의 계시를 앞서는 이성적 합리적 신앙과 신학을 출현토록 하였다. 그리고 인간 이성의 강조는 자연스럽게 합리주의적 사고(reasonable thinking)를 강조하게 되었고, 이런 것들은 서구 사회에 지적인 발전을 가져오게 하였다. 특별히 계몽주의는 이런 진보를 위해서 교육을 매우 중요시하였으며, 교육을 통해서 인류는 얼마든지 발전할 수 있다는 낙관적 세계관을 갖도록 하였다.

---

3. humanism을 '인문주의' 또는 '인본주의'(人本主義)라고 번역하는데, 인본주의라고 번역을 하는 사람들은 대부분 하나님이 아니라 인간이 그 중심에 서게 되었다는 점에서 상대적 개념으로 그렇게 사용하고 있다. 그리고 이 용어는 기독교에서 보수적인 입장의 사람들이 하나님에 대한 신앙보다는 인간적인 생각을 앞세우는 현상을 말할 때 이에 대한 부정적 용어로 사용하기도 한다.
4. 이형기, 『모더니즘과 포스트모더니즘, 그리고 기독교 신학』(서울 : 장로회신학대학교 출판부, 2003), pp. 41-45.
5. 신국원, 『포스트모더니즘』(서울 : 한국기독학생회출판부, 2007), p. 54.
6. Thomas C. Oden, "The Death of Modernity and Postmodern Evangelical Spirituality," in David S. Dockery, ed. *The Challenge of Postmodernism* (Grand Rapids : Baker Academic, 2001), p. 24.

셋째로 근대는 지식과 함께 과학과 기술의 발전을 가져왔다. 인간의 이성과 가능성을 확신한 근대는 중세까지 내려온 과학적인 원리와 방법들에서 완전히 벗어나 전혀 새로운 차원의 과학 이론과 방법론들을 발전시켰다. 가장 대표적인 것은 지구가 우주의 중심이라는 중세 가설을 뒤엎은 코페르니쿠스의 이론을 들 수 있는데, 이것은 지금까지 인류가 가져왔던 우주관에 대변화를 가져온 사건이라고 할 수 있을 것이다. 이 시대를 대표하는 과학자들은 코페르니쿠스(Nicholaus Copernicus, 1473-1543), 프랜시스 베이컨(Francis Bacon, 1561-1626), 갈릴레오 갈릴레이(Galileo Galilei, 1564-1643), 요한네스 케플러(Johannes Kepler, 1571-1630), 아이작 뉴턴(Isaac Newton, 1642-1727) 등이다.

근대 이후 인류는 가히 과학의 시대라고 해도 틀림이 없을 정도로 수많은 과학과 기술 영역에 획기적인 발전들을 가져오게 되었다. 근대 과학의 발전은 인류로 하여금 새로운 세계를 발견하고(1492년 콜럼버스의 신대륙 발견, 1522년 마젤란의 세계 일주 등), 자연에 대한 지배와 우주의 정복을 가능하게 할 정도로 놀라운 결과를 안겨주었다.

넷째로 근대는 객관적 진리의 시대라고 할 수 있다. 인간의 이성에 근거하여 합리적이고 객관적이며 과학적인 것은 절대 진리로 받아들여졌다. 인간은 이성을 통하여 진리를 깨달을 수 있으며, 경험과 실험을 통한 과학적인 방법으로 진리를 파악할 수 있는 것이다. 따라서 합리적 이성에 따라 인정된 사실은 모든 사람들에게 진리로 인정이 되고 받아들여졌다.

요약하면 근대는 하나님의 계시를 인간의 이성이 대신한 시대, 인간에 대한 존중과 권리가 새롭게 인식되고 강조된 시대, 합리적 이성이 지배한 사회, 지식과 과학과 기술의 발전 시대, 이성과 과학적 원리에 타당한 보편적 진리가 인정된 시대라고 할 수 있을 것이다.

2) 근대의 위기와 포스트모더니즘의 등장

근대는 그 기여와 함께 한편으로는 모순과 위기도 안고 있었다. 특별히 20세기에 들어서면서, 근대가 갖는 특성(modernity)들은 그 한계를 분명히 드러내게 되었다. 근대정신은 이성에 기반하였다. 그리고 그 이성을 통해서 인류는 얼마든지 발전할 수 있다는 가정과 함께 인류에 대한 지나친 낙관론이 지배를 하였었다. 그러나 인류의 이런 기대는 1, 2차세계대전을 거치면서 여지없이 무너지고 말았다. 이성적이고 도덕적으로 변해 있어야 할 인간이 보여준 야만성, 과학과 기술의 발전으로 인한 더 참혹한 살상과 파괴 등은 르네상스 휴머니즘과 계몽주의 이후 형성된 근대정신으로서의 이성에 대한 기대와 신뢰를 한꺼번에 무너뜨려 버렸다. 이것은 근대정신의 위기였다.

> 두 차례 세계 대전의 비극은 이념 분쟁으로 이어졌고, 전대미문의 문화적, 정치적, 사회적 혼란이 찾아왔다. 도덕적 쇠퇴와 과학의 한계에 대한 의식, 그리고 자원 고갈, 인구와 환경 문제는 위기의식을 부추기기에 충분했다.[7]

포스트모더니즘은 세계 대전을 거치면서 유럽의 지성 사회에 팽배한 근대주의적 이상에 대한 환멸에서 비롯되었다. 그들은 근대의 이성과 과학이 만들 유토피아를 기대했지만, 결과는 오히려 인류 전체 문명이 멸망으로 치닫게 되는 것이 아닌가 하는 근본적 불안에 휩싸이게 되었다. "중세의 어둠을 이성의 빛으로 밝히겠다던 계몽의 불꽃이 알지 못하는 사이에 꺼지고, 낙관적 진보의 꿈이 깨어진 것을 뒤늦게 발견한 것이다."[8]

이제 근대 사회는 더 이상 인류에게 희망이 되지를 못했다. 그러면서 등장한 것이 바로 포스트모던 시대이며, 포스트모던 시대를 대표하는 정신을

---

7. 신국원, 『포스트모더니즘』, p. 40.
8. 위의 책.

포스트모더니즘이라고 한다. 포스트모던(postmodern)이란 '근대 이후' 또는 '탈근대', '후기 근대'라고 번역된다. 그러나 포스트모던을 쉽게 정의하거나 번역할 수 없는 것은, 용어가 갖는 특성과 배경 때문이다. 포스트모던 앞에 붙는 "post"라는 접두사는 세 가지 의미를 함축하고 있다. 먼저는 '이후'(after)라는 의미요, 다음으로는 '반대'(anti)라는 의미요, 마지막으로는 '넘어서'(trans)라는 의미다. 따라서 어떻게 보느냐에 따라서 포스트모던에 대한 이해는 달라질 수 있다.

이것을 포스트모더니즘에 적용해도 마찬가지다. 포스트모더니즘은 첫째로 근대 이후의 사유 체계를 받아 이어가는 것이라 할 수 있으며, 둘째로 포스트모더니즘은 근대의 사유 체계를 반대하는 것이요, 셋째로 포스트모더니즘은 근대 사유 체계가 지니는 긍정적인 측면은 수용하면서 동시에 그것이 갖는 문제를 극복하는 사유 체계, 즉 수용과 극복, 초월적 극복이란 의미로 이해할 수 있다.[9] 어떤 시대라는 것은 그 전 시대와의 단절이 아니라 연속선상에 있다는 점에서 포스트모더니즘은 근대를 계승하면서 그 한계를 극복하고자 하는 우리 시대의 정신이라고 할 수 있을 것이다.

그러면 포스트모더니즘은 어떤 역사적 과정을 통해서 발전되었을까? 포스트모더니즘은 가장 먼저 문학 분야에서 그 용어가 사용되었는데, 1934년 스페인 작가 페데리코 데 오니스(Federico De Onis)가 『스페인과 라틴 아메리카 시선집』에서 당시 사람들이 시 분야에서 모더니즘을 거부하는 현상을 나타내기 위해서 사용하였다. 그리고 1940년대 서구 역사에 새로운 시대가 태동되고 있음을 직감한 역사학자 아놀드 토인비(Arnold J. Toynbee)가 자신의 저서 『역사의 연구』에서 이 용어를 사용하고 있다.[10]

---

9. 신승환, 『포스트모더니즘에 대한 성찰』(파주 : 살림출판사, 2003), pp. 12-13.
10. Charles Jencks, *What is Post-Modernism* (London : Academy Editions, 1995), p. 8.

그 후 포스트모더니즘이란 용어는 건축 분야와 예술 분야, 나아가서는 철학, 미학, 사회학, 신학 분야까지 널리 사용되게 되었으며, 이것은 20세기 후반에 나타나기 시작한 사회적, 문화적 모든 현상을 포괄적으로 지칭하는 용어로 사용되고 있다.

포스트모던 시대가 언제부터 정확히 시작이 되었는지는 말하기가 쉽지 않다. 대부분의 학자들은 1900년대 후반부터 시작된 것으로 보며, 특별히 1968년 프랑스의 문화 혁명, 그리고 그 이후 유럽과 미국 등을 중심으로 하여 일어난 반전, 반핵 운동, 여성 해방 운동, 탈식민주의 운동 등 근대 문화 전반에 대한 반성과 극복을 시도한 것이 포스트모던 시대의 출발이라고 본다.[11]

포스트모더니즘의 특징은 무엇인가? 이미 언급했듯이 포스트모더니즘은 근대에 대한 반동과 회의에서 출발한 것이다. 그러므로 포스트모더니즘은 자연스럽게 근대에 대한 반발과 극복의 성격을 함께 가질 수밖에 없다. 무엇보다 먼저 포스트모더니즘은 이성주의에 대한 근본적 회의를 갖는다. 근대 사회는 이성(理性)에 대한 절대적 신뢰와 함께 출발하였다. 그리고 이런 이성에 대한 신뢰는 지식과 과학의 발전을 가져왔다. 또한 이성은 우리 인간을 보다 도덕적으로 만들어 인류 사회는 행복하게 될 것이라 믿었다.

그러나 이런 기대는 시간이 흐르면서 서서히 무너지게 되었다. 계몽된 인간은 더 도덕적이어야 하지만 결과는 그렇지 않았다. 과학과 기술의 발전은 인류에 크게 기여한 면도 있지만 오히려 인류를 파괴하는 도구로 전락하기도 하였다. 존엄해야 할 인간은 오히려 더 비인간화(非人間化)되어 갔다. 인간 이성의 한계가 노출된 것이다. 따라서 포스트모던 사회는 이제 이성 중심의 한계를 극복하고 새로운 가치와 사회 체계를 시도하려는 이런 시대적 요구에 따라 출현하게 된 것이다.

둘째로 이성이 중시된 근대 사회는 자연스럽게 지식과 지성이 중심된 사

---

11. 신승환, 『포스트모더니즘에 대한 성찰』, pp. 8-9.

회였다. 그래서 근대 사회는 인간에 대한 계몽에 힘썼고, 그 결과 지식의 발전에 진력하면서 거대한 지적 진보를 성취하였다. 이런 현상은 사회적으로 뿐만 아니라 개인적 차원에서도 중요시 되었는데, 가장 대표적인 것이 개인의 능력을 평가하는 기준으로서 IQ, 즉 지능지수(intelligence quotient)가 강조된 것에서도 볼 수 있다.

그러나 포스트모더니즘의 사회는 인간의 지성이 갖는 한계를 보면서, 지성보다는 감성을 중요시하게 되었다. 근대 사회는 감성을 지성보다는 하위(下位) 개념으로 보고 해석을 하였지만, 포스트모던 시대는 감성을 지성과 동등하거나 아니면 그 우위(優位)의 개념으로 보기 시작한 것이다. 이런 현상은 인간의 감성에 대한 적극적 관심과 많은 연구 발전을 가져오게 하였으며, 개인에게 있어서도 감성 지수(EQ, emotional quotient)를 중요시하는 경향을 불러오게 하였다.

셋째로 포스트모더니즘은 진리에 대한 상대화와 함께 다원주의, 해체주의를 그 특징으로 한다. 근대는 객관적 진리(objective truth)가 인정되고 중요시된 사회였다. 인간의 이성과 합리성, 그리고 과학적 기준은 진리를 판단하는 중요한 준거(準據)가 되었고, 이런 객관적 기준에 따라 인정된 것은 곧 사회적 진리로 공동체가 받아들였다. 그러나 포스트모던 사회는 이런 진리에 대한 의문을 제기하였고, 아무리 그것이 객관적 진리라 할지라도 자신의 주관적 판단에 옳지 않은 것은 진리로 받아들이지 않게 되었다. 이런 객관적 진리에 대한 거부는 사회적으로 합의된 진리를 부정하고, 그동안 사회가 가졌던 수많은 개념들이나 구조와 체제들을 해체하면서, 이제 포스트모던 사회는 다양한 의견들, 다양한 사상들, 다양한 체제들이 공존하는 다양성과 다원주의적 세계로 진입을 하게 된 것이다.

넷째로 이런 다양성과 다원주의적 사회는 자연스럽게 관용(tolerance)의 가치와 중요성을 인식하고 강조하는 사회적 분위기를 형성하게 되었다. 진리가 하나인 사회, 즉 절대적 진리가 존재한 사회는 오직 그것을 인정하고 그것을 수호하는 것이 사회적으로 중요한 일이었다. 그리고 이 진리에 반(反)하는 것은 가차 없이 배격하였다.

그러나 이제 절대적 진리를 거부하고 진리 자체가 상대적인 것으로 인식하는 사회와 가치 체계는 다양한 사상과 의견들을 존중하고 인정하고 받아들여야만 하게 되었다. 그래서 여기서 강조된 것이 바로 관용(寬容)이란 것이며, 이런 사고는 자신이 믿는 것을 절대적으로 주장하는 태도에 대해 그것을 편협하거나 독선적인 것으로 평가하도록 한다.

2. 포스트모던 시대와 오늘의 설교적 상황

그러면 포스트모던 시대는 오늘 기독교 설교에 어떤 영향을 미치고 있는가? 오늘의 포스트모던 사회에서 기독교 설교는 어떠해야 하는가? 그리고 기독교 설교가 고려해야 할 것들은 무엇인가? 여기서는 포스트모더니즘, 또는 포스트모던 사회의 특징을 설교와 관련하여 생각해 보도록 하겠다.

1) 근대적 사고에 대한 반동으로서의 포스트모던 : 진리의 상대화
우리가 잘 알다시피 근대(modern era)는 17세기 계몽주의(Enlightenment)와 함께 시작되어 과학의 발전이 함께 한 시대라고 할 수 있다. 이성적 합리적 사고와 과학 혁명을 통해서 근대는 인류 역사에 커다란 족적을 남겼었다. 그러나 20세기를 접어들면서 인류는 또 다른 변화에 직면하게 되었다. 소위 근대 이후 시대(postmodern era) 또는 탈근대, 또는 근대 후기라고 부르는 시대로의 전환을 경험한 것이다.

이제 이 시대는 근대적 사고(modernity)에 대한 반동으로서 이성적, 합리적, 과학적인 것보다는 감성적이고 직관적인 것을 더욱 추구하게 되었다. 근대는 이성과 과학의 잣대로 모든 것을 판단하고 객관화하여 그것을 절대

적 진리로 인정하려 했지만 이제 포스트모던 시대는 그것을 거부한다. 포스트모던에서 "절대 진리란 없다."[12] 진리라는 것은 모두 상대적인 것이다. "진리란 객관적 사상이 아니라 인간이 구성한 것, 즉 개인들이 만들어 낸 어떤 것"[13]에 불과할 뿐이다. 로날드 알렌(Ronald J. Allen) 등이 말한 대로 이제 "포스트모던 사고방식의 중심은 인간의 모든 사고와 행동의 상대성(relativity)을 자각하는 것이다."[14] 근대 사회가 절대적, 객관적, 보편적 진리(objective truth)를 추구했다면 이제 포스트모던 사회에서는 주관적 진리(subjective truth), 즉 자기 사고에 옳은 것만이 진리로 받아들여지게 되었다. 그러므로 이제 절대 진리라는 개념은 약화되고 진리는 상대화되어 버린 것이다.

이러한 변화는 설교학적 관점에서 볼 때 기독교 복음을 선포하는 데 있어서 두 가지의 도전이 되고 있다. 하나는 기독교가 절대적 진리로 믿는 하나님의 말씀에 대한 근본적 의문과 함께 또 하나는 구세주로서의 예수 그리스도에 대한 유일성을 인정하려 하지 않는다는 것이다. 근대 서구 기독교 사회에서 기독교의 진리는 절대적인 것으로 인정을 받았다. 그러나 이제는 그것을 다른 모든 진리들 가운데 하나로 보려는 경향이다. 기독교의 진리는 이제 서구 사회에서 특권적 지위를 잃고 다른 모든 종교들 가운데 하나로 취급되기 시작하였다.[15] 특별히 포스트모더니즘의 특징 중의 하나인 관용적 자세(tolerance)는 기독교가 오직 유일한 진리를 갖고 있다는 주장에 대해서 그것은 매우 편협한 것이라며 비판을 가한다.

진리에 대한 상대화는 결국 종교 다원주의(pluralism)에 이르도록 함으로

---

12. Gene Edward Veith, *Postmodern Times* (Wheaton : Crossway Books, 1994), p. 16.
13. Graham Johnston, *Preaching to a Postmodern World* (Grand Rapids : Baker Books, 2001), p. 31.
14. Ronald J. Allen, Barbara S. Blaisdell, and Scott B. Johnston, *Theology for Preaching : Authority, Truth, and Knowledge of God in a Postmodern Ethos*, p. 9.
15. Graham Johnston, *Preaching to a Postmodern World*, pp. 34-35.

써, 모든 종교는 근본적으로 같다는 생각을 하도록 하였으며, 이는 기독교 신앙에 대한 회의를 갖게 만들었다. 그동안 기독교는 예수 그리스도만이 구원에 이르는 유일한 길(the way)이라고 믿고 선포해 왔지만 이제 포스트모던 시대에서의 예수는 많은 길 가운데 하나(a way)로 여겨지고 있다. 이제 설교자들의 설교는 포스트모던 사람들이 보기에 "하나의 개인적 관점"을 말하는 것이며, 그것은 설교자 개인의 성경 해석으로 치부되기에 이르렀다. 포스트모더니즘의 한복판에서 기독교 설교는 지금 새로운 도전에 직면하고 있는 것이다.

2) 권위에 대한 회의론

포스트모더니즘은 진리에 대한 상대화와 함께 권위(authority)에 대한 회의를 갖도록 함으로써 어떤 절대적 권위를 인정하려 하지 않는다. 이런 시대적 현상에 대해서 로날드 알렌(Ronald J. Allen)은 포스트모던 시대는 이제 "권위의 집(the house of authority)이 붕괴"되어 버렸다고 표현하고 있다.[16]

과거 근대 사회에까지 진리는 절대적 규범으로서 그 권위를 인정받았다. 그러나 이제 그 진리를 상대적으로 보는 포스트모던 사회는 진리에 대한 권위를 인정하려 하지 않는다. 이제 이 시대는 "모든 진리라고 하는 것은 상대적인 것에 불과하기 때문에 어떤 사람이 절대적인 진리를 소유하고 있다고 하면 이를 경계하게 된다."[17] 이와 같이 진리에 대한 권위를 인정하려 하지 않는 포스트모던의 경향은 기독교 설교와 관련하여 두 가지 문제를 생각하

---

16. Ronald J. Allen, Barbara S. Blaisdell, and Scott B. Johnston, *Theology for Preaching : Authority, Truth, and Knowledge of God in a Postmodern Ethos*, p. 36. 알렌은 여기서 전통적 권위는 성서 시대와 근대 이전 기독교 공동체에서는 중요하게 기능했지만, 계몽주의와 함께 근대 사회에서는 그 중요성이 조금 떨어지게 되었고, 포스트모던 시대에서는 그것이 붕괴되었다고 주장하고 있다.
17. Graham Johnston, *Preaching to a Postmodern World*, p. 31.

게 한다. 먼저는 설교의 텍스트로서 하나님의 말씀인 성경의 절대 권위를 인정하지 않는 것이며, 이와 함께 그 말씀을 전하는 설교자의 권위도 함께 인정하려 하지 않는다는 것이다.[18]

이제 사람들은 성경을 더 이상 하나님의 권위 있는 말씀으로 받아들이려 하지 않는다. 거기에 따라 그 말씀을 전하는 사람 역시 권위를 가진 존재로 여기려 하지 않는다. 포스트모던에서 권위라고 하는 것은 각 개인이 그 내용을 듣고 자신의 가치나 사상, 판단, 직관, 경험 등을 통해서 옳다고 수용될 때만이 인정받을 수 있게 된다. 이는 오늘의 설교자들로 하여금 권위에 대한 인식을 새롭게 할 것을 요구하고 있다. 이제 설교자의 권위는 외적으로 주어진 것, 즉 단지 그가 하나님의 말씀을 전하는 설교자이기 때문에 인정되는 것이 아니라 진정으로 하나님의 진리의 말씀을 바로 전할 때 듣는 사람들로부터 그 권위를 인정받게 된다는 사실을 인식해야 한다.

3) 지성에서 감성, 직관, 경험으로

근대 사회는 이성적 합리적 사고의 시대였다. 여기서 중요한 것은 합리적 이성과 과학적 지식이었으며, 이것은 모든 사물을 판단하는 데 있어서 중요한 기준으로 작용하였다. 그리고 이런 기준에 의해서 그들은 어떤 객관적 진리를 판단하고 선정할 수 있었다. 한마디로 근대 사회는 지성중심의 사회였었다. 따라서 기독교 설교 역시 이런 경향을 가지고 진행되었다. 어떤 보편적, 객관적, 절대적 진리를 제시하고, 이것을 분석하고 설명하며 사람들에게 이해시키고 적용하면서 설득을 했었던 것이 이 시대 설교들의 주된 특징이었다.[19] 그러므로 설교 형식은 먼저 진리를 말하고 그것을 합리적으로 분

---

18. 미국 설교학자 프레드 크래독은 오늘의 설교 현장과 설교자를 생각하면서 『권위 없는 자처럼』이란 매우 의미심장한 책을 발간하였다. 이 시대 설교 상황을 반영한 제목이라 하겠다. Fred B. Craddock, *As One without Authority* (St. Louis : Chalice Press, 2001).
19. Lucy Atkinson Rose, *Sharing the Word : Preaching in the Roundtable Church* (Louisville : Westminster John Knox Press, 1997), pp. 14-21. 루시 로즈는 여기서 이

석하고 논리적으로 설명하는 연역적 방법이 주로 사용되었으며, 그런 설교는 대부분 사람들의 머리(지성)에 호소하는 것이 특징이었다.

그러나 포스트모던 시대는 새로운 변화가 사람들에게 일어나도록 하였다. 이들의 사고의 주관적인 경향은 자기가 원하는 것, 자기가 하고 싶은 것만을 선택하도록 하며, 자기가 옳다고 하는 것만을 진리로 믿도록 하고, 이를 위해서는 자신이 직접 느끼고 체험을 하는 것이 중요하게 되었다. 그 결과 포스트모던 시대의 사람들은 경험을 매우 중요시하게 되었다. 이러한 현상은 그동안 전통적으로 지속되어 왔었던 지성중심의 설교에 대한 한계를 보도록 하였다. 이성에 기반한 합리적 설교는 사람들의 지적 호기심을 충족하고, 그들의 머리를 키우는 역할, 즉 지적 수준의 향상에는 많은 기여를 하였다. 그러나 그 말씀들은 가슴으로 느끼도록 하는 것이 부족했으며, 그 결과는 사람들의 삶의 변화를 가져오는 데 제한적일 수밖에 없었다. 사람들은 머리로만 아니라 가슴으로 느낄 때 비로소 행동하게 된다. 그러나 전통적 설교는 이 점에서 부족했던 것이다.[20] 최근 새로운 설교 형식에서 과거의 논리적 분석이나 전개 방법보다는 이야기식으로 설교를 전개하여 그것을 가슴으로 느끼도록 하는 시도는 이런 배경도 있음을 알 수 있을 것이다.

그리고 포스트모던 시대의 사람들은 자신이 피동적으로 듣고 앉아 있는 것에는 만족하지 않는다. 이들은 그것이 무엇이든 간에 참여하고 함께 경험하기를 원한다. 따라서 설교 역시 단순히 듣는 피동적 존재가 아니라 설교의 파트너로 참여하기를 원한다. 비록 강단에 서는 것은 아니지만 설교자와 함께 그 내용을 공유(sharing)하면서, 설교를 느끼고 그 말씀 속에서 자신의 경험을 함께 하기를 원한다. 최근 신설교학(New Homiletics)의 대표적 학자로서 프레드 크래독(Fred B. Craddock)의 귀납법적 설교 형식은 삶의 경험

시대의 설교(전통적 설교라고 함)에 대한 특징을 자세히 설명하고 있다.
20. 그래함 존스톤은 여기에 대하여 "근대의 위기는 머리가 가슴의 문제를 말하는데 실패한 것"이라고 말한다. Graham Johnston, *Preaching to a Postmodern World*, p. 14.

으로부터 설교를 시작함으로써 회중들과 함께 그 경험을 공유하면서 말씀으로 접근하고자 하는 의도를 가지고 만들어진 형태라고 할 수 있을 것이다.[21] 이 시대의 설교는 설교자가 일방적으로 전하고 청중은 단순한 수동적 존재로 머무는 것이 아니라, 설교가 청중과 함께 하는 여행(journey)이 되어야 할 것을 요구하고 있다.

4) 이미지의 시대

포스트모던 시대를 특징짓는 것 가운데 하나는 영상 매체의 발전과 그 활용이다. 특별히 이 시대의 사회적 변화 가운데 하나는 미디어에 관한 것이다. 그동안 구텐베르크(Johannes Gutenberg, 1397-1468) 이후 인쇄 매체에 익숙해 있던 사람들이 이제는 영상 매체의 발달로 인해서 문자(word) 대신 그림, 즉 이미지(image)를 선호하고 있다는 사실이다. 설교학자 클라이드 팬트(Clyde E. Fant)의 지적대로 인쇄술 발명 이후 오랜 동안 "설교는 구텐베르크의 은하계 안에 갇혀 있었다."[22] 그러나 현대 사회는 영상 매체의 위력이 극대화되어 있다. 텔레비전, 영화, 인터넷 등을 통해서 현대인들은 매일 필요한 정보를 얻기도 하고 보내기도 하면서 커뮤니케이션 활동을 하고 있다. 따라서 포스트모던 문화의 가장 두드러진 특징 중의 하나는 '이미지 생산'이라고 할 수 있다.[23]

이러한 문화적 변동은 설교에 있어서도 새로운 변화, 즉 문자 중심에서 이미지 중심으로 언어적 구사가 바뀌어야 할 필요성을 제기하였다. 설교는

---

21. Fred B. Craddock, *Preaching* (Nashville : Abingdon Press, 1985), *As One without Authority* (St. Louis : Chalice Press, 2001) 등 참조.
22. Clyde E. Fant, *Preaching for Today* (New York : Harper & Row, Publishers, 1975), p. 112. 물론 팬트는 여기서 글로 써서 전달하는 것보다는 말로써 하는 전달이 더 효과적임을 강조하기 위해서 이 말을 하고 있지만, 오늘 우리 시대가 지나치게 문자 의존적 사회라는 것은 정확한 지적이라고 본다.
23. 이정호, 『포스트모던 문화 읽기』 (서울 : 서울대학교 출판부, 1995), p. 22. 저자는 여기서 오늘의 포스트모던 문화적 상황에서는 "이미지를 만드는 자가 세상을 좌우한다."고 까지 표현하고 있다.

물론 언어라는 도구를 통해서 전달된다. 그러나 이제 그 언어는 단순히 의미를 전달하는 기능으로 마치는 것이 아니라 그 의미를 이미지와 함께 전달하는 그림 언어(picture language)가 될 수 있어야 한다. 즉 사람들이 그 말을 들으면서 이미지를 그릴 수 있도록 하는 것이다.[24] 그럴 때 사람들은 그 말을 훨씬 생생하게 받아들이고 기억하게 된다.

프레드 크래독은 "우리 마음의 화랑은 이미지들로 채워져 있다."[25]고 하였다. 현대 설교자들은 풍부한 상상력을 가지고 설교할 수 있어야 한다. 그래서 자신의 설교를 통해서 전달되는 언어들이 청중들의 가슴에 그림처럼 새겨지고 살아있는 말씀으로 역사하도록 해야 한다. 이제 설교는 '듣는 설교에서 보는 설교'로 바뀌어져야 한다. 그러기 위해서는 먼저 설교자의 언어에 변화가 와야 한다는 사실을 잊지 않아야 한다. 그리고 때로는 오늘의 영상매체들을 하나님의 말씀에 적극 활용하는 것도 고려해야 할 것이다.

3. 설교 현장으로서의 교회적 상황의 변화

변한 것은 세상만이 아니다. 세상의 변화와 함께 교회의 상황도 많이 변하고 있다. 북미 교회는 1960년대부터 새로운 상황에 직면하게 되었다. 그동안 꾸준하게 성장해 오던 교회가 이때부터 주류 교단을 중심으로 교인 수의 감소를 경험하기 시작하였다. 그뿐만 아니라 사회에 대한 교회의 역할 역시 서서히 축소되어 갔고, 교회는 이런 징후들을 보면서 위기의식을 느끼기

---

24. 이러한 이미지를 전달하는 언어로서 기능하는 대표적인 것이 메타포(metaphor)이다. 메타포는 말을 통해서 사람들로 하여금 이미지를 상상하도록 하는 작용을 한다. 데이빗 버트릭은 이미지와 메타포의 관계를 설명하면서, 설교는 메타포를 만드는 것이요, 설교자는 말로 그림 언어(word picture)를 그릴 수 있어야 한다고 말하고 있다. David Buttrick, *Homiletic : Moves and Structure* (Philadelphia : Fortress Press, 1987), p. 113.
25. Fred B. Craddock, *As One without Authority*, p. 64.

시작하였다.[26]

뿐만 아니라 산업화 이후 교인들의 교육 수준 향상과 함께 민주주의 발달로 인한 의식의 변화는 교회의 여러 구조나 제도에 대한 변화를 불가피하도록 하였다. 특별히 이런 상황은 말씀을 외치는 교회 강단에도 영향을 주었다. 설교자들의 전통적 설교에 대한 한계와 이에 대한 교인들의 흥미 감소는 미국교회로 하여금 뭔가 설교에 대한 갱신이 있지 않고는 안된다는 공감대를 형성하기에 이르렀다.[27] 이런 분위기는 북미 교회로 하여금 그 돌파구로서 새로운 설교학 운동(the New Homiletics Movement)을 탄생시키기도 하였다.[28]

신설교학 이론은 그 동안의 설교가 너무 논증적 방식으로 현대 청중들의 상황에 적합한 것이 아님을 발견하고 그 대신 이야기 형식을 설교에 도입함으로써 청중들이 설교에 흥미를 갖도록 하였다. 그리고 민주주의와 탈권위

---

26. 이 당시 미국교회의 상황에 대해서 분석한 책으로 Dean R. Hoge and David A. Roozen, ed., *Understanding Church Growth and Decline : 1950-1978* (New York : The Pilgrim Press, 1979)가 있다. 이 책은 역사적, 사회적, 교회적 측면에서 다양한 자료와 함께 분석을 시도하고 있다.
27. 이 시기에 미국 설교의 위기적 상황을 경고하는 많은 의견과 책들이 나오기 시작하였는데, 대표적인 것으로 Clyde Reid, *The Empty Pulpit* (New York : Harper & Row, Publishers, 1967)를 들 수 있겠다.
28. 미국에서 설교의 갱신을 위해 시작된 신설교학 운동은 그레디 데이비스(Henry Grady Davis) 이후 1970년대로 접어들면서 본격적으로 전개되기 시작하였고, 1980년대에는 북미 설교학계에 넓게 확산되었고 많은 영향을 강단에 주게 되었다. 대표적인 설교학자들로는 찰스 라이스(Charles L. Rice), 프레드 크래독(Fred B. Craddock), 유진 라우리(Eugene L. Lowry), 데이빗 버트릭(David Buttrick) 등을 들 수 있다. 이들이 신설교학 이론과 방법론 등에 대해서 쓴 책들은 다음과 같다. Edmund A. Steimle, Morris J. Niedental, and Charles L. Rice, *Preaching the Story* (Philadelphia : Fortress Press, 1980). Charles L. Rice, *Interpretation and Imagination : The Preacher and Contemporary Literature* (Philadelphia : Fortress Press, 1970). Fred B. Craddock, *As One without Authority* (Nashville : Abingdon Press, 1974), *Overhearing the Gospel* (Nashville : The Parthenon Press, 1978), *Preaching* (Nashville : Abingdon Press, 1985). Eugene L. Lowry, *The Homiletical Plot : The Sermon as Narrative Art Form* (Atlanta : John Knox Press, 1980), *Doing Time in the Pulpit : The Relationship between Narrative and Preaching* (Nashville : Abingdon Press, 1985), David Buttrick, *Homiletic : Moves and Structures* (Philadelphia : Fortress Press, 1987), *A Captive Voice : The Liberation of Preaching*. (Louisville : Westminster/John Knox Press, 1994).

적 포스트모던 사회의 사람들에게 지나치게 설교자의 권위와 설교자 중심의 설교 방식은 잘 어울리지 않는 것으로 보고, 청중을 설교의 파트너로 인정하면서 설교에서의 청중의 역할을 중요시하도록 하였다. 그리고 영상 매체가 대중화된 사회에서 이미지(image)를 통한 설교의 전달에 관한 방법론적 연구를 하게 되었고, 설교를 연역적 방법보다는 귀납법적으로 전개함으로써 하나님의 말씀과 청중들의 삶을 연결시키고자 노력하였다.

1960년대부터 시작된 미국교회의 위기적 현상은 30년이 지난 1990년대 후반부터 한국교회에서 거의 동일한 형태로 나타나고 있다. 특별히 한국교회는 여러 가지 면에서 위기의 징후들이 뚜렷하다. 1990년대 후반부터 한국개신교회는 성장을 멈추기 시작하였고, 2006년 통계청 발표에 의하면 개신교는 1995~2005년 십 년 동안 876만 명에서 861만 명으로 1.6% 마이너스 성장을 기록하게 되었다(2006. 5. 26. 통계청 발표 자료).[29]

왜 한국교회는 이 시기부터 성장이 둔화 혹은 감소되기 시작했는가? 이에 대해서 1990년대 한국교회에 대해 연구 분석한 이원규는 먼저 상황적 요인으로 여가 산업의 발달로 인한 사람들의 교회에 대한 참여와 헌신의 약화, 사회경제적 측면에서 경제 성장으로 인한 생존 문제로부터의 절박성이 사라지고 생활적 여유를 갖게 된 점, 사회정치적으로 민주화와 사회 복지로 인한 사회적 불안과 소외 심리의 해소로 인한 종교 의존감의 약화, 그리고 무엇보다도 교회가 사회적으로 공신력을 상실해 가고 있는 것이 큰 원인이라고 분석하고 있다.[30] 그러면서 이런 현상이 지속된다면 미래 한국교회는 교인 수의 양적인 감소, 교회 기능의 축소, 교회의 사회적 설득력과 공신력의 약화를 경험하면서, 교회는 양적, 질적 위기의 심화과정을 겪게 될 것이라고 주

---

29. 1985-1995년 동안에 한국개신교회는 약 649만 명에서 876만 명으로 35%나 성장을 하였다. 통계청, 『1985 인구주택 총조사보고서』(1987), 『1995 인구주택 총조사보고서』(1997) 참조. 그러나 1990년대 후반으로 들어서면서 정체와 마이너스를 기록하게 된 것이다.
30. 이원규, 『한국교회 어디로 가고 있나』(서울 : 대한기독교서회, 2000), p. 280.

장하였다.³¹⁾

2000년대로 접어든 현재 한국교회의 상황은 결코 긍정적이지만은 않다. 인구의 자연적 감소와 노령 인구의 증가, 경제적 성장에 따른 사람들의 영적 무관심, 교회에 대한 사회의 거센 비판, 이에 적절하게 대응하지 못하는 교회 지도력과 행정, 교회 내부의 분열, 그리고 교인 숫자의 감소 등 한국교회의 현 상황은 실로 어려운 국면에 처해 있다.³²⁾ 설교학적 입장에서 볼 때도 오늘의 한국교회는 여러 가지 변화와 위기의 조짐들이 함께 나타나고 있다. 하나님의 말씀을 선포하는 오늘의 설교가 급변하는 사회적 교회적 상황에 바로 대응하지 못한다면 이는 강단의 위기요, 곧 교회의 위기로 이어질 것이 분명해 보인다. 그러면 설교의 현장인 오늘의 한국교회 안에 일어나는 변화는 어떤 것들인가?

이미 언급했듯이 포스트모던적 사고와 문화는 이 시대 모든 지역과 나라와 세대를 초월하여 하나의 보편적 현상으로 자리 잡고 있다.³³⁾ 우리가 사는 사회뿐만 아니라 설교를 듣고 앉아 있는 교회 안의 회중들에게까지 그 영향은 지대하다. 교인들은 교회 안에서는 신앙의 사람이면서 동시에 교회 밖에서는 세상의 문화 속에서 살아간다. 그들은 TV를 보고, 영화를 감상하며, 인터넷을 통해서 많은 정보들을 습득하고, 노래를 들으며, 책을 읽으면서 이 시대를 살아간다. 그런 가운데 그들이 의식하든 의식하지 못하든 포스트모더니즘은 그들의 삶 속으로 스며들게 되는 것이다. 지성과 이성 중심의 사고 대신 감성과 직관적 사고, 진리에 대한 자기 주관적 판단, 권위에 대한

---

31. 위의 책, p. 293.
32. 이현웅, "기독교 예배의 본질회복을 통한 부흥," 『신학과 실천』, 제14호(2008. 2), p. 73.
33. 밀러드 에릭슨(Millard J. Erickson)은 이 시대의 특징을 가리켜, 포스트모더니즘은 마치 비자카드와 같이 어느 곳에나 존재하고 있으며, 차이가 있다면 우리가 원하지 않는 곳에도 포스트모더니즘은 존재하고 있다는 사실이다. 포스트모더니즘은 마치 공기와 같이 너무나 일상적으로 자리하고 있기 때문에 우리가 그것을 의식하지 못할 수 있다고 한다. Millard J. Erickson, *The Postmodern World : Discerning the Times and the Spirit of Our Age* (Wheaton : Corssway Books, 2002), p. 11.

회의, 윤리와 도덕에 대한 모호성, 미디어에 대한 흥미 등 포스트모더니즘으로 대표되는 사고와 삶의 방식들이 이미 이들 속에 깊이 자리 잡기 시작한 것이다.

둘째로 한국교회 설교와 관련하여 나타난 또 하나의 큰 변화는 설교를 듣는 교인들, 즉 청중들의 교육적 수준의 향상이다.[34] 과거에는 대학 교육을 받은 사람이 드물었지만 지금은 대학을 나오지 않은 사람이 드물 정도의 세상으로 바뀌었다. 과거에는 대부분 목회자들이 신학 분야뿐만 아니라 다른 지적 영역에서도 그 교회에서 최고 수준에 있었다. 그러나 그것은 꼭 목회자의 수준이 높아서라기보다는 교인들의 수준이 너무 낮았기 때문이라고 보는 것이 타당할 것이다. 하지만 지금은 달라졌다. 설교를 듣는 청중들 중에는 신학 이외의 다른 영역에서 많은 전문가들이 있으며, 심지어 신학을 한 사람들의 숫자도 교인들 가운데 계속 늘어가는 추세다. 설교자는 이제 이런 변화들을 깊이 생각해야 한다. 교인들의 지적 수준이 변하고 있다면 설교자의 설교 수준 역시 변해야 한다. 그러한 변화에 따르지 못하는 설교는 이 시대의 청중들에게 외면을 받을 수밖에 없을 것이다.

셋째로 일어나는 변화는 설교 형식의 변화(paradigm shift)이다. 그동안 우리는 수십 년 동안 대지설교 중심의 전통적 설교에 익숙해져 왔었다. 이런 설교의 특징은 논리적, 분석적, 연역적이다. 무엇이 진리인가를 정의하고 그것을 설명하고 그것을 사람들에게 가르치고 설득하려는 데 설교의 목적이 있다.[35] 이러한 것은 지적이고 이성적인 특징을 갖고 있으며, 근대 이성 사회에 속한 사람들에게 적합한 특징을 가지고 있었다.

---

34. 설교학자 정장복은 현대 한국교회 교인들의 특성 가운데 하나가 "높은 교육 수준에서 스스로의 정체성을 확립"하려 하는 것이라고 한다. 정장복, 『한국교회의 설교학 개론』(서울 : 예배와 설교 아카데미, 2005), p. 21.
35. 전통적 설교에 대한 이해는 루시 로즈의 책에서 잘 정리되고 있다. 물론 이것은 새로운 설교학적 입장에서 본 것으로 전통적 설교의 문제를 주로 언급한 내용이다. Lucy Atkinson Rose, *Sharing the Word : Preaching in the Roundtable Church*, pp. 14-33 참조.

그러나 현대인들은 이제 이런 형식의 설교에 흥미를 느끼지 못하고 차츰 그런 설교를 들으려 하지 않는다. 이것은 시대의 흐름과도 무관치 않다. 포스트모던 사회의 특징은 사람들이 보다 감성적이고 직관적이며 경험적인 것을 선호하기 때문이다. 머리로만 이해하고 받아들이는 것에 대해서 이들은 별 흥미를 느끼지 못한다. 북미에서 일어난 새로운 설교학 운동(the New Homiletics Movement)은 바로 이런 배경에서 나오게 된 것이다. 연역적인 방법보다는 귀납법적인 방법(inductive method)으로 회중들의 삶과 관련된 설교를 하고, 논리나 분석적인 방법보다는 이야기(story) 형식을 통한 설교를 전개하고, 설교자가 일방적으로 가르치고 설득하는 방법보다는 청중이 함께 능동적으로 듣고 참여하는 설교를 시도하게 되었다. 설교자는 청중들이 어떤 방식으로 듣기를 원하는가에 대해서 관심을 가져야 한다. 듣든지 아니 듣든지 무조건 전하는 것은 커뮤니케이션의 입장에서 심각한 문제를 발생케 한다. 좋은 설교는 그 내용과 함께 청중들이 듣기에 좋은 형식으로 전달될 수 있어야 한다.

넷째로 한국 교회 역시 설교와 관련하여 이 시대에 깊이 생각할 문제가 바로 권위(authority)에 관한 것이다. 포스트모던 시대의 사람들은 권위에 대해서 쉽게 인정하지 않으려는 경향이 있다. 더욱이 민주화를 경험한 세대들에게 전통적 권위는 다시 생각해 보아야 할 문제다. 특별히 한국은 군사독재 체제 이후 급속한 민주화 과정을 경험하고 있다. 사람들의 민주화된 의식은 교회 구조와 설교에 대해서도 새로운 변화를 요구한다.

정장복은 커뮤니케이션의 관점에서 현재 한국 사회의 변화에 대한 특징을 다음과 같이 기술하고 있다. "수직적 개념으로서 진리를 외치던 시대는 이미 사라졌다. 이제는 개체의 인격을 존중하고 거기에 가치를 부여하면서 진리의 커뮤니케이션을 시도해야 하는 시점에 도달하였다."[36] 프레드 크래

---

36. 정장복, "한국교회 설교사역과 커뮤니케이션 환경 이해" 한국실천신학회 엮음, 『실천신학

독(Fred B. Craddock)은 "민주주의의 활발한 발전 과정은 강단을 포함한 높은 지위(권위)들을 서서히 약화시키고 있다."[37]고 지적하면서, 설교자 역시 이제 더 이상 성직자로서의 권위나 성경의 권위 등에 대한 사람들의 일반적인 인정을 기대해서는 안 된다고 말하고 있다.[38]

과거 설교자들은 하나님의 말씀을 전하는 자로서 특별한 권위를 인정받았다. 그러나 지금 세대는 그 권위를 쉽게 인정하려 하지 않는다. 이러한 현상은 오늘의 설교자들에게 자신의 정체성과 위치, 그리고 청중들과의 관계에 대한 재정립을 요구하고 있다.

오늘의 교인들은 예배를 드리기 위해서 예배당을 찾아가지만 강단에서 외치는 설교 때문에 오히려 실망을 안고 돌아오는 경우가 적지 않다.[39] 청중의 상황과 무관한 설교, 사회의 변화를 읽지 못하는 설교, 지루하고 낡은 설교 방식 등은 오늘 한국 강단의 심각한 문제가 아닐 수 없다. 시대의 변화, 곧 설교를 듣는 사람들의 변화는 이제 설교의 변화를 요구하고 있다. 이런 상황 앞에서 오늘 우리 설교는 어떠해야 할 것인가? 이제 설교학자들과 설교자들은 이 시대에 적합한 설교는 어떤 것이어야 하는가에 대한 진지한 질문과 함께 그 해답을 찾으려는 보다 적극적인 시도들이 있어야 할 것이다.

『논단』(서울 : 대한기독교서회, 1995), pp. 191–192.
37. Fred B. Craddock, *As One without Authority*, p. 15.
38. 위의 책, p. 14.
39. 정장복, 『한국교회의 설교학 개론』, p. 21.

제6장 새로운 설교 흐름의 등장 : 신설교학에 대한 이해

미국 설교학자인 토마스 롱(Thomas G. Long)은 20세기 후반 미국에서 설교의 변화가 일어나기 시작한 배경을 다음과 같이 말하고 있다.

1950년대 북미 강단은 매우 교훈적(didactic)이었다.······설교자들은 어떤 명제에 근거하여 요지를 설명하는 지적인 설교 방식에 익숙해 있었다. 회중석은 가득 채워져 있었다. 그런데 어느 순간부터 설교자들은 자신의 청중들이 설교를 경청하지 않는다는 것을 깨닫게 되었다.······회중들이 우리의 설교 방식에 싫증을 느끼게 된 것이다. 긴급 전화가 설교학 분야에 걸려왔고, 설교학 분야에서는 새로운 설교 스타일을 개발하기 시작하였다.[1]

'신설교학운동'(the New Homiletics Movement, 또는 '새로운 설교학운

---

1. Thomas G. Long, "Taking the Listeners Seriously as the People of God," In *The Folly of Preaching*, ed. Michael P. Knowles (Grand Rapids : William B. Eerdmans Publishing Company, 2007), p. 45.

동')은 북미를 중심으로 하여 일어나게 되었다. 그동안 미국교회는 두 번의 영적 대각성운동을 거치면서, 말씀을 통해서 놀랄 만큼 부흥하며 성장하게 되었다. 그러나 20세기 중반을 지나면서, 강단에는 뭔가 이상 징후들이 나타나기 시작하였다. 그동안 해왔던 설교 방식들에 대해 사람들은 서서히 흥미를 잃어 가고 있었다. 그리고 설교를 잘 듣지 않거나 차츰 설교에 무관심하기 시작하였다. 청중들의 이런 변화는 그동안 해왔던 전통적 설교 방식에 변화를 요구하는 것이었다. 자신들이 흥미를 가지고 들을 수 있는 새로운 설교를 보여 달라는 것이었다. 이런 배경에서 등장하게 된 것이 바로 신설교학 운동이다.

본 장에서는 이와 같은 신설교학이 북미를 중심으로 하여 등장하게 된 배경과 발전 과정, 신설교학에 대한 대표적 이론과 방법론들, 그리고 신설교학의 기여와 한계 등에 대해서 알아보도록 하겠다.

1. 설교학 이론의 새로운 등장 : 신설교학 운동의 배경

새로운 설교학이 어떤 배경에서 나오게 되었는가를 살펴보는 것은 신설교학을 이해하는데 있어서 선행되어야 할 과제라고 본다. 이를 위해서는 먼저 그동안 기독교 강단을 지배해 왔던 '전통적 설교'(traditional preaching)에 대한 이해가 있어야 할 것이다. 따라서 여기서는 전통적 설교가 갖는 설교의 목적, 형식, 내용 등을 알아보고, 이에 대한 비평과 함께 신설교학이 나오게 된 내외적인 요인과 그 배경들을 살펴보도록 하겠다.

1) 전통적 설교에 대한 이해
전통적 설교란 수사학에 근거한 고전적 이론으로써 기독교 설교 역사에서 가장 오랫동안 지배적 위치를 차지해 왔었다.[2] 이 전통적인 설교 방식은 기독교 설교를 고전 수사학에 연결시켰던 성 어거스틴(St. Augustine)으로부터 시작되어 오늘날까지 계속 되어 오고 있다.[3] 물론 전통적 설교 형태가 전부 부정적인 면만을 갖는 것은 아니다. 기독교 역사상 적어도 1,500년 이상을 이런 형태의 설교가 지속될 수 있었다는 것은 이 설교 형태가 갖는 장점들이 그만큼 많다는 것을 증명한다. 그러나 문제는 현대 사회로 접어들면서 이런 설교 형태가 사람들로부터 외면을 받으면서 설교에 대한 흥미를 차츰 잃게 하고 있다는 데에 있다. 다시 말하면 사회적 문화적으로 변화된 환경이 변화된 설교 방식을 요구하게 되었고, 이는 필연적으로 기독교 설교의 패러다임(paradigm)에 있어서 변화를 촉발할 수밖에 없도록 하였다는 것이다. 먼저 전통적 설교의 특징을 살펴보면, 토마스 롱은 그 형태가 수사학과 긴밀한 관계에서 이루어지고 있다는 것을 말하며, 설교학자 데이빗 버트릭(David Buttrick)은 전통적 설교는 '석의 – 주해(설명) – 적용'이라는 틀 속에서 설교가 진행된다는 점을 그 특징으로 언급하고 있다.[4] 그러므로 성서 본

---

2. Unyong Kim, "Faith Comes from Hearing"(Ph. D. Dissertation, Union Theological Seminary and P. S. C. E., 1999), p. 99.
3. 어거스틴이 A. D. 400년 경 저술한 『기독교 교설(教說)』(De doctrina christiana)은 기독교 최초의 설교학 이론서라고 할 수 있다. 어거스틴은 이 작품을 통하여 고전 수사학을 설교 이론에 도입함으로써, 수사학과 결합된 기독교 설교에 관한 이론을 최초로 정립하였다. 물론 책의 내용 전체가 설교학에 관한 것만은 아니다. 제1권은 그리스도인이 어떻게 성서를 대할 것인가 하는 방법에 관해서, 제2권과 3권은 성서 해석학에 관해서, 그리고 마지막 4권에서 그는 그리스도교 교사(설교자)가 하나님의 말씀을 다른 사람에게 어떻게 전달할 것인가 하는 설교학적 방법과 기술과 태도 등에 대해서 말하고 있다. 어거스틴 자신이 회심 전 수사학 교사였다는 점에서 그가 가진 수사학적 지식이 그의 설교학에 관한 이론과 방법을 정립하는 데 있어서 지대한 영향을 주었으리라는 것은 충분히 짐작할 수 있다. 그리고 『기독교 교설』에 제시된 그의 설교에 대한 이론과 방법론은 그 후 약 1,500년 동안 기독교 설교의 중요한 틀로서 기능하게 되었다. Aurelius Augustinus, De doctrina christiana, 성 염 역, 『그리스도교 교양』(왜관 : 분도출판사, 1989). 참고로 필자는 『기독교 교양』이란 제목보다는 『기독교 교설』이란 제목으로 번역하였는데, 그 이유는 이 책 자체가 하나님의 말씀에 대한 해석과 그것을 설교하는 방법에 관한 내용이 주를 이루고 있기 때문이며, 교양이라는 사회적 통념 자체가 이 책의 내용과 어울리지 않다고 보기 때문이다.
4. 토마스 롱은 전통적 설교에 대하여 설교학(homiletics)과 수사학(rhetoric)이 행복하게 만나 결혼을 한 것으로 비유하면서, 이것은 설교의 내용(content)은 성서와 신학에서, 설교의 형태(form and style)는 수사학의 법칙(rules and fashions)에서 찾게 되는 것이라고 한다. 데

문에 대한 철저한 석의(exegesis)와 거기에 대해 회중들이 이해할 수 있도록 하는 논리적 설명(exposition), 그리고 그것을 회중들의 삶에 적용(application)하는 것은 전통적 설교에서 필수적인 요소가 된다.

전통적 설교에 대하여 종합적으로 가장 잘 정리를 한 학자 중의 한 사람은 여성 설교학자인 루시 로즈(Lucy Atkinson Rose)이다.[5] 그는 전통적 설교의 목적과 내용, 형식 등에 대해서 그 특징을 말하고 있는데, 먼저 전통적 설교의 목적은 수사학이나 웅변에서처럼 설득하는 것(persuasion)이라고 한다.[6] 전통적 설교는 설교자를 사람들에게 "무엇을 믿을 것인가와 왜 믿어야 하는가를 전하는(to tell) 의무를 가진" 권위자로 여긴다. 설교자는 "하나님의 말씀을 가르치기 위한(to teach)" 목적을 가져야 하며, 그들의 진정한 목적은 "하나님의 말씀을 사람들에게 가르치고(teaching) 권면하는 것(exhorting)"에 있어야 한다. 여기서 설교자가 해야 할 일은 메시지를 분명하고 효과적으로 보내서, 회중들로 하여금 그것을 "이해하고, 믿고, 느끼고, 행동하도록" 설득하는 것이다.

전통적 설교론은 설교 내용에 있어서도 자신의 정해진 이론을 가지고 있다.[7] 전통적 설교의 내용은 '하나님의 진리'(divine truth) 혹은 '신앙생활에 맞는 의미 있는 진리'를 담는 것이다. 그리고 설교의 주제를 이루는 이 진리는 '성경의 일반적 교훈과 일치하는 것'이어야 한다. 따라서 설교자는 여기

  이빗 버트릭은 이 설교의 특징은 본문을 세 가지 단계, 즉 석의적으로(exegetically) 이해하고, 신학적으로 설명하고(explicated theologically), 그리고 적용하게(applied) 된다고 한다. Gail R. O'Day and Thomas G. Long, ed., *Listening to the Word* (Nashville : Abingdon Press, 1993), pp. 172-173., Richard L. Eslinger, ed., *Intersections : Post-Critical Studies in* Preaching (Grand Rapids : William B. Eerdmans Publishing Co., 1994), p. 95. Unyong Kim, "Faith Comes from Hearing," p. 100.

5. Lucy Atkinson Rose, *Sharing the Word : Preaching in the Roundtable Church* (Louisville : Westminster John Knox Press, 1997). 로즈는 여기서 전통적인 설교 이론은 설교의 목적, 내용, 언어와 형식 등의 기술적인 요소에서 특별한 규범을 가지게 된다고 주장한다.

6. 위의 책, pp. 14-16.
7. 위의 책, pp. 16-17.

서 두 가지의 과업을 수행해야 한다. 첫째는 설교자가 현대 상황에 계시된 진리를 찾기 위해서 성경 본문에 대한 연구를 철저히 해야 한다. 그리고 두 번째는 이 성서에서 발견한 진리를 설교의 핵심 아이디어로 만들어야 한다. 그렇게 함으로써 회중들에게 분명하게 전달하고, 교류하고, 나누어 줄 수 있어야 하기 때문이다.

다음으로 로즈는 전통적 설교 형식에 대해 말하면서 우리가 일반적으로 삼대지 형식의 설교를 생각하는데 꼭 그렇게 하나의 형식으로 말할 수는 없다고 한다.[8] 단순히 전통적 설교를 "세 개의 대지와 하나의 시" 정도로 간주하는 것은 옳은 것이 아니다. 전통적 설교는 이 외에도 여러 가지 형식들을 취하고 있기 때문이다.[9] 전통적 설교가 갖는 장점은 성경의 진리를 보다 분명하고 정확하게 논리적으로 전달할 수 있다는 점이다. 그리고 청중들 역시 그 메시지를 쉽고 분명하게 이해할 수 있다. 특별히 계몽주의 이후 이성 중심의 사회에서 수사학적 논리와 성경 해석에 대한 치밀함 등은 지적인 청중들의 관심을 끌기에 충분했었다. 이런 분위기는 설교자에 대한 이미지도 '많은 지식을 가진 학자' 또는 '많이 배운 사람'으로서 그 권위를 인정받을 수 있었다.

그러나 계몽주의 이후 근대 사회가 이성적 합리적 과학적 논리적 특성을 가진 지성 중심의 사회였다면 근대 이후의 사회, 즉 포스트모던(postmodern) 시대는 지성적이기보다는 감성적이고 영성적인 것을 추구하는 경향이 편만해지고 있다. 따라서 전통적 설교가 지성 중심의 사회에서는 적합한 스타일이었지만, 포스트모던 시대에서는 차츰 그 매력을 잃을 수밖에 없게 된 것이다. 그리고 무엇보다도 전통적 설교의 특징 중의 하나인 지적 설교는 듣는 사람들의 머리를 키울 뿐 가슴에 와 닿거나 삶을 변화시키는 데는 한계를 가

---

8. 위의 책, pp. 18-21.
9. 그러나 삼대지 설교가 전통적 설교의 대표적 유형인 것만큼은 분명하다.

질 수밖에 없었다.[10] 이제 사람들은 뭔가를 따지고 분석하고 지적이고 권위적이며 사람들을 훈계하고 가르치고 명령하려는 설교 형태에 대해서는 거부감을 갖게 되었다. 심지어 하나님의 말씀을 전하는 사람으로서의 설교자들에 대한 권위에도 회의적이며 그것을 쉽게 인정하려 하지 않는다. 이제 이 시대의 사람들에게 전해지는 설교는 뭔가 변하지 않고는 안 될 상황에 직면하게 된 것이다.

2) 새로운 설교학 운동의 동인(動因)

최근 300여 년 동안 기독교 설교는 "합리주의자의 덫"에 묶여 있었다.[11] 설교자들은 명제(preposition)와 예화를 주로 사용하는 설교를 계속하여 왔다. 그러나 설교 현장의 상황적인 변화, 즉 청중들의 의식과 사회 문화적인 변화, 그리고 신학적 토대의 차이 등은 이러한 설교적인 틀이 차츰 비효과적인 것으로 여겨지게 되었고, 급기야 이것은 설교의 위기 요인으로까지 등장하게 되었다. 이제 옛날의 설교 방식은 비효과적이고, 지루하며, 낡은 구식으로 취급받게 되어 버렸다.[12] 이러한 상황은 설교학자들로 하여금 자연스럽게 이 시대에 적합한 새로운 방법의 설교를 모색하지 않을 수 없도록 하였던 것이다. 그러면 이와 같이 설교의 새로운 방식을 탐구하도록 한 주된배경은 무엇이었는지 살펴보도록 하겠다.

(1) 사회적 변화 : 포스트모던 시대로의 전환

밀러드 에릭슨(Millard J. Erickson)은 이 시대의 포스트모더니즘의 위치

---

10. 루터교 설교자인 토마스 스웨어는 그의 저서에서 이 시대의 설교가 더 이상 사람들의 머리에만 주어지는 설교가 되어서는 안 된다고 지적한다. 이제 현대의 설교는 사람들의 머리와 가슴에 함께 전해지는 것이어야 한다고 주장하고 있다. Thomas R. Swears, *Preaching to Head and Heart* (Nashville : Abingdon Press, 2001).
11. David Buttrick, "Preaching the Christian Faith," *Liturgy 2* (Summer 1982), p. 54.
12. Unyong Kim, "Faith Comes from Hearing" pp. 102-103.

와 영향에 대해 "우리가 있는 모든 곳에는 포스트모더니즘이 자리하고 있다."고 하면서, 그것은 우리가 원하는 곳이든 원하지 않는 곳이든 이제 모든 영역에서 보편적(ubiquitous) 현상이 되었다고 언급하고 있다.[13] 20세기 후반에 등장한 포스트모더니즘은 이제 우리 사회의 모든 영역에 중요한 영향을 미치게 되었고, 이 시대를 특징짓는 문화적 현상이 되다시피 하였다. 이는 음악과 미술, 문학과 건축 등의 영역에서뿐만 아니라 철학과 신학 등에서도 마찬가지이며, 기독교 설교 역시 예외가 아니다. 포스트모더니즘의 결과로 "교회는 이 시대 사람들에게 복음을 선포하는 데 있어서 새로운 도전에 직면"[14]하게 된 것이다.

포스트모더니즘의 발원 배경은 근대적 사고(modernity)에 대한 반발에서부터 시작되었다. 16세기 계몽주의 이후 등장한 이성적 합리주의, 과학의 증명을 통한 객관적 진리, 절대적 진리와 권위에 대한 신뢰 등에 대해서 포스트모던 시대는 의문을 품으며 이에 대해서 반동하였다. 그러면서 이성적 합리주의와 과학적 사고보다는 직관적이고 경험적인 사고를 선호하고, 객관적인 진리(objective truth)를 거부하는 대신에 자신의 주관적 진리(subjective truth), 즉 자신이 판단하고 경험하여 인정할 수 있는 것을 진리로 받아들임으로써 절대적 진리를 상대적 진리로 바꾸고 있다.[15] 포스트모더니즘에서는 절대적 진리를 인정하지 않는 것만큼 절대 권위 또한 인정하지 않으면서 탈권위적 태도를 취하게 된다.

사람들은 지성보다는 감성과 경험적인 것을 선호하고, 이런 현상은 명상

---

13. Millard J. Erickson, *The Postmodern World* (Wheaton : Crossway Books, 2002), p. 11.
14. David S. Dockery, ed., *The Challenge of Postmodernism* (Grand Rapids : Baker Academic, 2001), p. 13.
15. 포스트모던 시대에 관한 책을 저술한 유진 베이쓰는 포스트모던 시대에 "절대 진리는 없다"(There are no absolutes.)고 하면서, 이 시대는 모든 진리를 상대화(the relativism of truth)하고 있다고 말한다. Gene Edward Veith, *Postmodern Times* (Wheaton : Crossway Books, 1994), pp. 15–17.

이나 영성 수련, 동양 종교에 대한 관심 등으로 나타나고 있다. 특별히 근대 사회가 구텐베르크의 인쇄술의 발명으로 인쇄 매체를 중심으로 한 문자 시대를 구축해 왔다면, 이제 포스트모던 시대는 문자 매체보다는 미디어의 발전으로 인한 영상 매체 중심, 즉 이미지(image)를 선호하는 시대로 접어들었다.

세상의 이런 변화는 지금까지 이어온 기독교의 전통적 설교 방식에 대해서도 의문을 제기하게 하였고, 한편으로는 이에 대한 한계를 분명하게 인식하도록 하였다. 이제 기독교 설교 형식도 변하지 않으면 안 될 상황에 직면하게 되었다. 시대의 변화가 설교 패러다임의 변화를 요구하게 된 것이다.

새로운 설교학 운동은 바로 이런 배경에서 태동하게 되었다. 그동안 근대 사회의 특성에 맞게 기독교 설교 역시 이성에 근거한 합리적이고 논리적이며 지성적인 설교가 주를 이루어 왔었다. 그러나 그런 설교는 사람들의 머리는 채워주었지만 더 이상 사람들의 가슴에는 다가오지를 못했었다. 설교학자 그래함 존스톤(Graham Johnston)이 지적한 대로 "근대(modernity)의 위기는 머리가 가슴의 문제를 말하는데 실패"하였던 것이다.[16] 포스트모던 시대의 사람들은 지성(머리)보다는 감성과 직관(가슴)을 통해 하나님의 말씀을 경험하기를 원하고 있다. 그래서 새로운 설교학 이론을 통해서 개발된 이야기식 설교는 하나님의 말씀인 복음이 듣는 회중들에게 경험되어지도록 하라고 강조하고 있다.[17]

다음으로 포스트모던 시대의 탈권위적 경향은 권위에 대한 문제, 즉 절대 진리로서의 하나님의 말씀에 대한 권위와 함께 그 말씀을 전하는 설교자의

---

16. Graham Johnston, Preaching to a Postmodern World, 최종수 역, 『포스트모던 시대의 설교 전략』(서울 : 한국기독교연구소, 2006), p. 25.
17. 한 예로 귀납법적 설교(inductive method)를 제시한 프래드 크래독은 설교는 보편적 진리를 먼저 선포하고 이를 설명하는 연역적 방법보다는 인간의 삶의 상황으로부터 시작함으로써 청중들이 말씀을 경험 속에서 함께 공유(sharing)하도록 해야 함을 강조하고 있다. Fred B. Craddock, *Preaching* (Nashville : Abingdon Press, 1985), *As One without Authority* (St. Louis : Chalce Press, 2001) 등을 참조.

권위에 대한 재정립을 요구하게 하였다. 그동안 전통적 설교에서 설교자의 권위는 매우 중요한 것으로 설교자나 청중이 함께 그것을 인정했었다. 그러나 포스트모던 시대의 사람들은 그 권위에 대해서 의문을 갖는다. 그들은 자기가 보고 듣고 경험을 하면서 받아들일 수 있는 것에 대해서만 인정하려 한다. 이제 설교자의 위치에 대한 새로운 인식이 필요하게 된 것이다. 따라서 이러한 변화에 대한 대응으로서 새로운 설교학에서는 과거 외형적으로 가졌던 권위적 존재로서의 설교자보다는 '권위 없는 자로서의 설교자'(as one without authority)상을 제시하고 있다.[18]

설교자의 권위에 대한 새로운 인식은 청중들의 위치에 대해서도 다시 생각하도록 하였다. 과거에는 설교자가 일방적으로 전하면 청중은 피동적으로 그것을 듣는 존재에 불과하였다. 그러나 포스트모던 시대의 사람들은 참여와 경험을 중요시한다. 이제 설교도 단순히 좌석에 앉아서 듣는 것보다는 그 설교에 함께 참여하기를 원한다.[19] 그래서 새로운 설교학에서는 "설교는 청중과 함께 하는 여행"이라고 한다. 설교자가 일방적으로 하는 것이 아니라 청중을 설교의 파트너로 생각하면서, 그 설교를 함께 완성해 가는 것이다. 새로운 설교학 이론이 기여한 가장 큰 성과 중의 하나는 설교에서의 청중과 그의 역할을 새롭게 발견하였다는 점을 들 수 있다.

그리고 포스트모던 시대의 영상 매체 발달이 준 영향은 그동안 설교가 문자와 단순한 언어 중심으로 전달되었던 데 비해서 이제는 이미지를 통한 메시지의 전달이 중요하게 부각되었다는 사실이다. 언어를 통해서 말씀을 전달하되 듣는 청중이 그것을 이미지로 마음에 그릴 수 있도록 하는 시적 언어와 메타포(metaphor), 상상력 등이 설교에서 매우 중요한 요소로 등장하게

---

18. Fred B. Craddock, *As One without Authority* 등 참조.
19. 물론 이것은 청중이 직접 설교를 만들거나 설교를 한다는 의미가 아니다. 설교를 듣되 설교자와 함께 그것을 공유하며 파트너로서의 기능을 하기를 원한다는 의미이다. 여기에 적절한 방법 중의 하나가 귀납법적 설교로서 이것은 설교자와 회중이 설교를 통해서 삶의 경험을 함께 나눌 수 있는 전개 방식이다.

되었다.[20)]

이상과 같이 볼 때 포스트모더니즘이 새로운 설교학 태동의 전체 배경이라고는 할 수 없지만 기독교 설교 방식을 새롭게 하는 데 중요한 요인이 되었던 것만큼은 부인할 수 없으리라 본다.[21)]

(2) 신학적 토대의 변화

성서해석학과 설교학 사이에 다리를 놓으려고 시도했던 시드니 그레이다누스(Sidney Greidanus)는 『현대 설교자와 고대의 본문』이라는 책의 서문에서 오늘의 성서해석학과 설교 형식의 변화를 다음과 같이 언급하고 있다.

> 최근 성경 연구 분야는 새로운 세계로 접어들었다. 즉 성경 연구가 역사적 연구로부터 문학적 연구로 패러다임이 변한 것이다. 성서학의 학문적 관심은 이제 역사적인 측면보다는 성서의 문학적 장르(genres)에 더 많은 초점이 맞추어져 있다. 이러한 변화와 더불어 설교학 분야 역시 이제 설교의 형식(form)으로 많은 관심을 기울이고 있다.[22)]

설교는 신학에 기초한다. 무엇보다도 설교 자체가 성경의 본문을 가지고 하나님의 말씀을 선포한다는 점에서 성경 해석은 설교 이전에 필수적인 작업이다. 본문에 대한 해석이 잘못된 설교라면 이미 그것은 하나님의 말씀으로서의 당위성을 상실하고 말 것이다. 그러기 때문에 성서해석학과 설교학

---

20. 워렌 위어스비는 자신의 저서에서 오늘의 설교자들을 향하여 "마음의 화랑에 그림을 그려라"고 말하고 있다. Warren W. Wiersbe, *Preaching and Teaching with Imagination*, 이장우 역, 『상상이 담긴 설교 : 마음의 화랑에 그림을 그려라』(서울 : 요단출판사, 2004).
21. 포스트모더니즘과 신설교학 모두 시기적으로 20세기 동일한 시기에 등장하였다는 것도 시사하는 바가 크다고 하겠다. 포스트모던의 출현은 20세기 전반기로 보지만 본격적인 확산은 20세기 후반에 이루어졌으며, 신설교학 역시 20세기 후반 본격화되었다.
22. Sidney Greidanus, *The Modern Preacher and the Ancient Text : Interpreting and Preaching Biblical Literature* (Grand Rapids : William B. Eerdmans Publishing Company, 1988).

은 긴밀한 관계일 수밖에 없으며, 설교학은 성서해석학의 도움을 필요로 하게 된다.[23]

신설교학의 중요한 관심 중의 하나는 설교의 형식에 관한 것이었다. 즉 성경에 나타난 많은 문학적 양식이 이야기 형식(narrative form)으로 전개된 것을 보면서, 성경 본문 양식이 이야기라면 이것을 설교에도 그대로 적용할 수 있지 않겠는가에 착안해서 만들어진 것이 소위 말하는 이야기 설교 형식(narrative preaching)이다. 그런데 이런 형식에 관심을 갖게 된 배경이 바로 성서학 분야에서 일어난 변화와 무관하지 않다는 점이다. 즉 그 동안의 역사 비평학적 방법에서 문학적 수사학적 방법으로 성서해석학 분야에서 일어난 변화가 설교학 분야에 바로 영향을 주게 되었던 것이다.[24]

또 하나 신설교학의 이야기식 설교에 영향을 준 것은 1970년대 북미를 중심으로 일어난 이야기 신학(narrative theology)이라 할 수 있다. 이들은 기존의 신학 또는 해석학이 명제적 논리적 체계로 모든 내용을 설명하려는 것을 비판하면서, '이야기'를 신학을 표현하는 데 있어서 가장 적절한 양식으로 보았다.[25] 그러면서 그들은 성경 자체가 이야기라는 점을 강조하고, 하나

---

23. 성서의 문학 양식과 설교의 긴밀성을 연구한 토마스 롱은 자신의 저서에서 "설교자들은 언제나 성서학자들의 노고에 힘입어 왔으며, 그들의 수고가 없이는 참된 설교가 생겨날 수 없다."고 하였다. Thomas G. Long, *Preaching and the Literary Forms of the Bible* (Philadelphia : Fortress Press, 1989), p. 7.
24. 1960년 이후 성서에 대한 새로운 해석학적 동향은 자연스럽게 설교학에도 그 영향을 줄 수밖에 없었다. 이러한 결과에 대하여 버트릭은 새로운 설교학을 "20세기의 성서 신학 운동이 낳은 아이들"(the children of a twentieth-century biblical theology movement)이란 표현으로 설명하고 있다. David Buttrick, *A Captive Voice : The Liberation of Preaching : The Liberation of Preaching* (Louisville : Westminster / John Knox Press, 1994), p. 5. 근 200년 동안 계몽주의와 과학의 발달로 인해 기독교 성서 해석학은 역사 비평적인 방법(historical-criticism)이 도입되어서 전성을 이루게 되었다. 그러나 1970년대에 들어서면서 해석학 분야에서는 역사 비평적인 방법론의 한계를 느끼면서 새로운 방법을 추구하게 된 것이다. 그 결과 성서 해석학은 합리적 역사적 방법에서 문학적 수사학적 방법으로 변화가 오게 되었다.
25. 이야기 신학의 대표적 신학자들로는 한스 프라이(Hans Wilhelm Frei) 조지 린드벡(George Lindbeck), 스텐리 하우워스(Stanley Hauerwas), 제임스 맥클랜던(James McClendon) 등을 들 수 있다.

님이나 신앙적 체계 역시 설명하려(explain) 하기보다는 묘사하는(describe) 것이 효과적이라고 주장하였다. 이들은 설화(narrative) 혹은 이야기(story) 는 계몽주의의 여러 가지 질병들, 즉 합리주의, 일원주의, 결정론, 객관주의 와 기타 '주의(ism)'들을 치료하는 치료제가 될 것으로 보았다.[26]

기독교 설교 역시 그동안 논리적, 분석적, 연역적 방법을 주로 구사해 왔 었다. 그러나 하나님의 존재를 증명하고, 하나님의 진리를 분석하여 논리적 으로 설명하는 설교 스타일은 20세기 후반의 교회에 더 이상 적절한 방법이 되지 못했었다. 이런 상황에서 북미 중심으로 일어난 이야기 신학은 신학에 서의 이야기를 회복하는 계기가 되었고, 이 영향을 받은 북미 설교학계는 이 야기를 통해서 하나님의 복음을 전하려는 시도를 하게 되었다.

(3) 교회 상황의 변화 : 위기의 징조들

20세기 후반 북미에서 일어난 신설교학 운동은 당시 북미 교회의 상황과 무관하지 않다. 20세기 후반은 북미 교회들의 상황에 새로운 도전과 위기의 징조들이 나타나기 시작한 때였다. 미국 교회들은 대각성운동 이후 계속적 인 증가와 성장을 가져왔었고, 이런 현상이 쉽게 멈추게 될 것이라고는 생각 하지 못했었다. 그러나 1960년대를 들어서면서 미국 교회는 성장의 추세가 서서히 멈추기 시작했고, 교회 안에는 뭔가 위기감이 고조되기 시작하였 다.[27] 이와 함께 급격한 사회적 변화, 즉 산업화와 도시화, 이에 따른 세속화 의 물결, 지식과 정보의 발전, 근대 사고 체계의 붕괴 등이 진행되면서 그동

---

26. Stanley Hauerwas and L. Gregory Jones, ed., *Why Narrative? : Reading in Narrative Theology* (Grand Rapids : Eerdmans Publishing Co. 1989), p. 1. 김운용, 『설교의 새로운 패러다임』 (서울 : 장로회신학대학교 출판부, 2005), p. 123에서 재인용.
27. 유니온 신학교 교회사 교수인 제임스 스마일리는 "미국 교회의 성장과 감소"라는 글에서 미국 주류 교단들이 1960년대부터 교인들의 심각한 감소를 경험하기 시작했다고 언급하고 있다. James H. Smylie, "Church Growth and Decline in Historical Perspective" in Dean R. Hoge and David A. Roozen, ed. *Understanding Church Growth and Decline : 1950–1978* (New York : The Pilgrim Press, 1979), p. 70.

안 사회에 대하여 가졌던 교회의 역할 역시 서서히 위축되기 시작하였다.

또한 설교학적 측면에서 산업화 이후 많은 교육적 영향으로 교인들의 교육 수준이 높아짐으로써 강단에서 선포되는 설교 역시 새로운 변화가 요구되어질 수밖에 없도록 하였다. 무엇보다도 그동안 전통적으로 해왔었던 설교 형식에 대해서 회중들의 흥미가 감소하면서, 이제 설교는 무언가 변하지 않고는 위기에 직면할 수밖에 없다는 데 많은 사람들이 공감하기 시작하였다. 따라서 새로운 설교학 운동은 미국 교회가 이런 설교 현장의 변화를 자각하는 데서 출발하게 되었으며, 이러한 시대적 상황 속에서 하나님의 말씀을 보다 효과적으로 전하고자 하는 하나의 새로운 시도로 나타난 것이라고 하겠다.[28]

말씀이 세상을 변화시키기도 하지만 때로는 세상의 변화가 설교 방식을 변화시키기도 한다. 신설교학 운동은 현대 교회가 처한 상황과 무관한 것이 아니었다. 근대 이후 포스트모던 사회의 영향, 최근 일어나고 있는 신학적 성서해석학적 변화, 그리고 설교 현장으로서의 교회적 상황과 강단의 위기 등은 하나님의 말씀을 전하는 설교의 형식에 새로운 변화의 동인이 되었던 것이다. 신설교학은 이런 배경 속에서 탄생되었으며 이제 기독교 설교 형식의 새로운 한 대안으로 그 영역을 확대해 나가고 있다.

2. 신설교학의 역사적 발전 과정

신설교학이 등장하게 된 배경과 함께 그것이 발전된 역사적 과정을 이해

---

28. 지금 한국교회는 1970년대 미국교회가 경험한 현상을 1990년대 후반부터 경험하고 있다. 교인 숫자의 감소, 교회의 사회에 대한 역할 축소, 교인들의 교육적 수준 향상, 전통적 설교에 대한 흥미 감소 등 미국교회에서 30년 전 일어난 일들이 지금 일어나고 있다. 이것은 한국교회 설교 사역의 위기로도 작용하고 있음을 볼 때, 한국 교회의 설교 역시 북미를 중심으로 일어난 신설교학운동으로부터 많은 교훈을 얻을 수 있어야 하리라 본다.

하는 것은 신설교학 이론과 방법을 이해하는 데 도움을 제공할 것이다. 20세기 후반으로 막 들어서면서 북미 설교에 대한 문제의식을 가지고 이를 최초로 제기한 사람은 설교학자 헨리 그레이디 데이비스(Henry Grady Davis)였다. 그는 1958년 자신의 책 『설교를 위한 구상』(Design for Preaching)을 통해서 현 북미 설교의 문제점을 보면서 새로운 대안의 필요성을 제기하였다.[29] 그 후 그의 이런 주장은 많은 공감대를 불러일으키면서, 북미를 중심한 신설교학 운동(the New Homiletics Movement)의 도화선으로 작용하게 되었다.

북미의 신설교학 운동의 발전 과정을 시대적으로 세분하자면 세 단계로 나눌 수 있다. 즉 1970년 이전의 초보기(rudimentary stage), 1970년대의 개화기(flowering stage), 그리고 1980년대 이후의 성숙기(ripening stage)로 구분할 수 있다.[30] 먼저 1970년 이전 초보기는 미국에서 설교의 형태가 급속히 변화하기 시작한 시기로서, 이때의 대표적인 설교학자는 그래이디 데이비스(H. Grady Davis)와 데이빗 랜돌프(David James Randolph)를 들 수 있다.[31] 이들은 비록 초보적이기는 했지만 이야기의 중요성을 발견하고 이것을 설교에 적용하려고 하였으며, 성경 본문의 형식이 설교의 형식으로 적용될 수 있다는 주장을 하였었다.

데이비스는 그의 작품 『설교를 위한 구상』을 통해서 복음의 대부분은 이야기 형식(narrative)으로 되어 있다고 하면서,[32] 오늘의 설교 역시 말로 하는 설명이나 논증보다는 이야기 형식을 취하는 것이 좋다고 주장했었다. 그

---

29. Henry Grady Davis, *Design for Preaching* (Philadelphia : Fortress Press, 1958).
30. 김운용, 『설교의 새로운 패러다임』, pp. 126–142.
31. Unyong Kim, "Faith Comes from Hearing" pp. 114–117. 이들의 대표적 작품으로는 H. Grady Davis의 *Design for Preaching*과 David James Randolph, *The Renewal of Preaching : A New Homiletic Based on the New Hermeneutic* (Philadelphia : Fortress Press, 1969)이 있다.
32. Henry Grady Davis, *Design for Preaching*, p. 157.

러면서 그는 설교의 구조는 본문의 형태(shape)에 따라 결정되어야 한다고 했는데, 데이비스의 이런 주장들은 이야기와 설교의 관계를 새롭게 탐구하는 문을 열도록 하였다.[33] 데이빗 랜돌프 역시 "설교의 구조는 본문의 구조를 따라야 한다."고 말하면서, "좋은 설교의 구조는 본문의 형태에 충실한 것"이라고 주장하였다.[34] 초기 이 두 사람의 공헌은 성경 속에서 이야기의 중요성을 새롭게 발견하고, 설교와 이야기의 관계를 새롭게 조명하면서 이를 설교에 적극 도입하고자 하는 노력이라고 하겠다.

다음으로 북미의 새로운 설교학 운동은 1970년대를 맞으면서 본격적인 연구와 발전의 시기를 맞게 되는데, 이 시대를 대표하는 설교학자들로는 찰스 라이스(Charles L. Rice)와 프레드 크래독(Fred B. Craddock)을 들 수 있다.[35] 라이스는 자신의 저서 『해석과 상상력』(Interpretation and Imagination)에서 실제 이야기 설교 형식(narrative form)을 소개하고 있는데, 이를 계기로 북미의 많은 설교자들로 하여금 이야기 설교에 관심을 갖도록 하는 전기를 마련하였다.[36] 특히 그는 이 책을 통해서 좋은 복음은 좋은 설교 형식(Good News in Good Form)을 통해서 전달된다고 하면서, 그것이 바로 이야기 설교 형식이라고 하였다. 또한 설교자야말로 이 이야기를 전하는 사람으로서, 그는 성경에 나타난 복음뿐만 아니라 우리가 사는 세상 삶에 대해서도 설교를 통해 함께 이야기할 수 있어야 한다고 주장하였다.[37] 찰

---

33. Unyong Kim, "Faith Comes From Hearing," p. 116.
34. 김운용, 『설교의 새로운 패러다임』, p. 128, David J. Randolph, *The Renewal of Preaching : A New Homiletic Based on the New Hermeneutic*, pp. 123-124.
35. 이들의 대표적인 작품은 Charles L. Rice, *Interpretation and Imagination : The Preacher and Contemporary Literature* (Philadelphia : Fortress Press, 1970)와 Fred B. Craddock, *As One without Authority* (Nashville : Abingdon Press, 1974), *Overhearing the Gospel* (Nashville : The Parthenon Press, 1978), *Preaching* (Nashville : Abingdon Press, 1985) 등이 있다.
36. 김운용, 『설교의 새로운 패러다임』, p. 131.
37. Charles L. Rice, *Interpretation and Imagination : The Preacher and Contemporary Literature*, pp. 66-67.

스 라이스가 설교에 있어서의 이야기 활용을 연구하는 창문을 열었다면, 프레드 크래독은 주로 설교의 방법론에 관심을 가지면서, 귀납법적 설교 형식(inductive preaching)과 설교에 있어서 청중의 역할(the role of the listener)에 초점을 맞추었다.[38] 그동안 전통적 설교는 주로 연역적인 방법이었다. 어떤 보편적 진리나 성경의 사실 또는 교리를 언급한 후 그것을 대지 등을 통해서 분석하고 논리적으로 전개하면서 사람들을 가르치고 설득하려 했었다. 자연히 설교는 그것을 준비하고 말하는 설교자 중심이 되었고, 청중들은 그것을 듣는 피동적 존재에 불과하였다. 그러나 크래독은 바로 여기에 설교의 문제점들이 있다고 보았던 것이다. 연역적인 설교는 사람들의 삶과 무관해지기 쉬웠고, 함께 공감하는 것이 쉽지 않았다. 또한 설교자 일방의 설교는 청중들로 하여금 무엇을 생각하게 한다거나 설교에 참여하는 것을 원천적으로 차단하였다. 그래서 크래독은 설교가 청중들의 공감을 불러일으키기 위해서는 청중들의 삶의 정황으로부터, 즉 귀납법적으로 전개가 되어야 한다는 것을 주장하게 되었고, 청중들 역시 일방적으로 듣기만 하는 존재가 아니라 설교의 파트너로서 설교에 함께 참여하는 역할을 해야 한다고 강조하였다.[39]

1970년대 신설교학의 진전은 이야기에 의한 설교의 형식과 거기에 따른 구체적 방법의 하나로 귀납법적 설교 형식이 제시되었다는 점이다. 무엇보다 프레드 크래독의 설교론에 있어서 청중의 역할에 대한 새로운 발견은 이 시대가 기여한 값진 성과였다. 1970년대까지의 신설교학에 대한 관심과 연구의 결과는 1980년대로 들어서면서 본격적인 결실들로 나타나기 시작한다. 이 시기에는 보다 구체적이고 체계적인 다양한 이론과 방법론들이 제시

---

38. 김운용, 『설교의 새로운 패러다임』, p. 134.
39. 크래독은 자신의 저서 『권위 없는 자처럼』에서 오늘의 설교가 위기에 직면한 것은 설교의 시대착오적인 면 때문이라고 하면서, 설교가 힘을 얻기 위해서는 설교자와 청중이 선포되는 말씀을 함께 공유할 때 가능하다고 주장한다. Fred B. Craddock, *As One without Authority*, p. 4, 18.

되면서 북미의 신설교학은 한 단계 높은 발전을 이루게 되었다. 이 시대를 대표하는 설교학적 작품으로는 에드문드 스타이믈(Edmund A. Steimle), 모리스 니덴탈(Morris J. Niedenthal), 찰스 라이스(Charles L. Rice)의 『이야기 설교법』(Preaching the Story), 리차드 젠센(Richard A. Jensen)의 『이야기 설교하기』(Telling the Story), 엘리자베스 악트마이어(Elizabeth Achtemeier)의 『창조적 설교』, 그리고 유진 라우리(Eugene L. Lowry)의 『설교의 구성』 등을 들 수 있다. 그리고 1980년대 중반에는 유진 라우리의 『강단에서의 시간』과 데이빗 버트릭(David Buttrick)의 『설교학』 등이 출판되었다.[40]

스타이믈, 니덴탈, 라이스는 『이야기 설교법』에서 설교를 "이야기를 나누는 것", 즉 설교자나 청중이나 성경에 나오는 다양한 이야기들을 나누는 것이 설교라고 하면서, 설교의 능력은 곧 이야기를 잘하는 능력과 같은 것으로 보고 있다.[41] 젠센은 세 가지 형식의 설교(선포 설교, 교훈 설교, 이야기 설교)를 소개하고 있는데, 그의 이야기 설교의 방법은 찰스 라이스의 이야기 설교와 그 형식이나 내용이 비슷하다고 할 수 있다.[42] 악트마이어는 자신의 저서 『창조적 설교』에서 언어와 창조성(language and creativity)에 대하여 언급을 하면서, 설교의 언어와 형식 속에서 보다 효과적인 전달을 이루기 위한 노력을 주장하고 있다.[43] 무엇보다도 유진 라우리와 데이빗 버트릭은 이

---

40. Unyong Kim, "Faith Comes From Hearing," pp. 122–126. 이 시기 대표적 설교학자들의 저서는 다음과 같다. Edmund A. Steimle, Morris J. Niedental, and Charles L. Rice, Preaching the Story (Philadelphia : Fortress Press, 1980), Richard A. Jensen, *Telling the Story* (Minneapolis : Augusburg Publishing House, 1980), Elizabeth Achtemeier, *Creative Preaching : Finding the Words* (Nashville : Abingdon Press, 1980), Eugene L. Lowry, *The Homiletical Plot : The Sermon as Narrative Art Form* (Atlanta : John Knox Press, 1980).Eugene L. Lowry, *Doing Time in the Pulpit : The Relationship between Narrative and Preaching* (Nashville : Abingdon Press, 1985), David Buttrick, *Homiletic : Moves and Structures* (Philadelphia : Fortress Press, 1987).
41. Edmund A. Steimle, Morris J. Niedental, and Charles L. Rice, *Preaching the Story*, p. 134.
42. Unyong Kim, "Faith Comes From Hearing," pp. 124.
43. Elizabeth Achtemeier, *Creative Preaching : Finding the Words*, p. 11.

시기에 이야기식 설교와 관련하여 새로운 이론과 방법론을 제시하게 되는데, 그들의 설교론에 관한 내용은 다음에 살펴보도록 하겠다.

1980년대 이후는 북미 설교학계에서 이야기식 설교가 새로운 설교 패러다임으로 서서히 자리를 굳혀가는 시기라고 볼 수 있다. 초보기와 개화기를 거쳐서 이제 한 차원 더 높은 이론과 형식들이 제시되면서, 그 방법들도 보다 정밀하고 다양하게 나타난 시기가 바로 이때였었다. 그러면서 1990년대 이후는 이야기식 설교의 장점과 함께 그 한계에 관한 논의가 시작되기도 하는데, 이에 관한 논의는 다음 장에서 하도록 하겠다.

3. 대표적 설교 이론과 방법로

1960년대 이후 신설교학 운동과 함께 그에 관한 설교학적 이론을 제시한 학자들은 수없이 많다. 그러나 여기서는 그중 가장 대표적이라고 할 수 있는 인물 세 사람, 프레드 크래독과 유진 라우리, 그리고 데이빗 버트릭의 설교에 관한 이론과 방법론을 간단히 살펴보도록 하겠다.[44]

1) 프레드 크래독의 귀납법적 설교 : 삶으로부터 출발하는 설교

프레드 크래독(Fred B. Craddock)은 무엇보다도 새로운 설교학 운동이 일어난 후 거기에 따른 설교 방법을 구체적으로 제시한 첫 인물이다. 설교가 논증을 벗어나 이야기로 복음을 전할 수 있어야 한다는 이전 설교학자들의 주장이 있었지만, 그들은 아직 구체적인 어떤 방법론을 제시하지는 못했다. 그러나 크래독은 귀납법적 설교(Inductive Preaching)라는 보다 분명한

---

44. 이들 세 학자의 설교학에 관한 이론과 방법론도 그 내용에 있어서 방대하지만 여기서는 지면상 그 특징들을 중심으로 간략하게 정리하도록 하겠다.

방법론을 주장함으로써, 이 분야에서 또 하나의 진보를 이루도록 하였다.

그동안 기독교 전통적인 설교 방식은 대부분 연역적이었다. 그래서 설교 전개방식 또한 먼저 보편적 진리나 설교의 핵심 아이디어에 대한 결론을 언급한 후에 그것을 논리적으로 분석하고 증명해서 사람들에게 설명하고 교훈하는 식이었다. 이런 형식은 듣는 사람들에게 어떤 진리를 이해시키고 설득하는 데는 매우 유효했었다. 그러나 문제는 이런 내용들이 실제 회중들의 삶과는 무관한 것이 되기 쉽다는 점이다. 추상적이고 극히 이론적인 내용들은 그저 머리로 듣고 이해하는 정도의 설교가 되기 쉬웠었다. 크래독은 이 점이 전통적 설교 방식의 한계인 것을 발견하고, 설교가 보다 청중들의 삶과 연관되면서 진행될 수 있는 방법을 모색하다가, 설교를 인간의 삶의 정황으로부터 출발함으로써 청중들로 하여금 복음이 자신의 삶과 동떨어진 것이 아니라 긴밀하게 연관된 것이라는 공감을 느끼면서 참여하도록 그 방법을 제시하였는데, 이것이 소위 말하는 귀납법적 설교의 출현이 되었다.[45]

이런 귀납법적인 방식은 자연스럽게 청중을 설교에서 중요한 자리로 끌어올리도록 하였다. 그동안 전통적 설교는 설교자 중심이었다. 그리고 청중은 단순히 메시지를 받아들이는 피동적 존재에 불과했었다. 그러나 크래독은 설교라는 것은 설교자가 일방적으로 끌고 가는 것이 아니라 청중과 함께 가는 여행이 되어야 한다고 주장하였다. 설교를 통해서 설교자는 회중들과 함께 삶의 경험을 나누고, 청중들은 보다 능동적으로 설교에 참여하면서 설교의 목적지를 향해서 함께 나아가야 한다는 것이었다.[46] 크래독이 설교에 있어서 구체적인 형식을 제시하기까지는 않았지만, 그가 설교학적인 방법론으로서 설교가 삶의 경험으로부터 출발하는 귀납법적이어야 한다는 점과 설교에 있어서 청중의 역할의 중요성을 발견하고 설교는 청중과 함께 완성되

---

45. 프레드 크래독의 귀납법적 설교에 대한 내용은 Fred B. Craddock, *As One without Authority* (St. Louis : Chalce Press, 2001)에 자세히 소개되고 있다.
46. Fred B. Craddock, *Overhearing the Gospel*, pp. 23–40.

어져야 한다는 주장은 그 당시 많은 설득력과 함께 설교학계의 공감을 불러일으켰었다.

2) 유진 라우리의 구성식 설교 : 한 편의 소설처럼

크래독이 설교의 방법론에 대해서는 제시를 하고 구체적인 설교 형식에 대해서는 미흡했다면, 유진 라우리(Eugene L. Lowry)는 설교 형식에 있어서 자신의 분명한 모델을 제시하였다. 그는 물론 설교에서 이야기가 얼마나 중요한가를 강조하면서, 그것이 설교에서 보다 효과적으로 기여하기 위해서는 아무렇게나 진행하는 것이 아니고 어떤 분명한 줄거리를 가지고 시작에서부터 마칠 때까지 구성되어야(plotting) 한다고 보았다. 따라서 그의 이론에 따르면 설교는 반드시 플롯(plot)을 가지고 진행되어야 한다. 이러한 설교 형식을 '구성식 설교'(Homiletical Plot)라고 부른다.

그는 먼저 『설교의 구성』(1980)이란 책에서 이 설교의 플롯을 다섯 단계로 나누어서 제시하였다.[47]

(1) **웁스(Oops!)** 평형을 뒤집는 단계(upsetting the equilibrium)
(2) **어허(Ugh!)** 모순을 분석하는 단계(analyzing the discrepancy)
(3) **아하(Agh!)** 해결의 실마리를 보여주는 단계(disclosing the clue to resolution)
(4) **와(Whee!)** 복음을 경험하는 단계(experiencing the gospel)
(5) **예(Yeah!)** 결과를 기대하는 단계(anticipating the consequences)

그러나 유진 라우리는 1997년 출판된 『설교』라는 책에서는 다시 이것을 네 단계로 조정하여 정리하고 있다. 즉 "갈등(Conflict) – 심화(Complication)

---

47. Eugene L. Lowry, The Homiletical Plot : The Sermon as Narrative Art Form, p. 25.

―반전(Sudden Shift)―해결(Unfolding)"의 과정이다.[48] 라우리가 말하는 이야기 설교(narrative sermon)는 우리가 가진 일반적인 생각이나 상식들을 깨뜨림으로써 갈등(문제)을 유발하고, 그것을 더욱 깊이 분석함으로써 청중들로 하여금 여러 상황들에 직면하게 하며, 그 다음으로 그 문제들에 대한 해결의 실마리를 찾으면서, 마지막 문제의 해결과 함께 그 결과를 기대하도록 하는 과정으로 구성되어 전개될 때 설교의 효과가 더욱 커지게 된다는 것이었다.

그동안 이야기식 설교에 대한 다양한 방법론들이 나왔지만, 설교가 시작 단계에서부터 마칠 때까지 보다 분명한 줄거리를 가지고 구성되어야 한다는 라우리의 방법론은 이야기식 설교의 새로운 차원을 개발하는 것이었다. 무엇보다 그가 제시한 구체적인 설교 형식은 이에 대한 이해와 실천을 하는 데 있어서 큰 도움을 주고 있다.

3) 데이빗 버트릭의 장면전개식 설교 : 영화의 장면처럼

데이비드 버트릭은 자신의 『설교학』에서 "장면 전개식 설교"(the phenomenological movement sermon)를 제안하고 있다.[49] 그는 설교를 대지가 아니라 움직임(move)의 발전 단계로 보았다. 그동안 전통적 설교는 어떤 주제를 정하면 그것을 논리적으로 증명하기 위해서 대지를 사용하였었는데, 이것은 설교의 연속성을 방해하는 요인이 되었다. 따라서 버트릭은 설교가 보다 연속성을 가지고 진행되도록 하기 위해서, 장면을 중심으로 그것이 움직여 가는 과정을 전개하는 방법의 설교 형식을 제시하였다.

버트릭의 설교 구조는 전체적으로 '시작 부분―몇 개의 움직임 또는 장면(move)―결론 부분'으로 이루어진다. 보통 한 설교에서 장면들은 4~6개로

---

48. Eugene L. Lowry, *The Sermon : Dancing the Edge of Mystery* (Nashville : Abingdon Press, 1997), pp. 54-89.
49. David Buttrick, *Homiletic : Moves and Structures*.

구성되며, 각각의 장면은 '서술(statement) – 전개(development) – 마무리(closure)'의 순서를 따라서 만들어진다. 각 장면에서 서술부분은 그 장면에서 말하려는 내용을 간결하게 소개하는 것이며, 전개 부분은 이에 대한 설명을 깊이 있게 하고, 마무리 단계에서는 그 장면에서 언급한 내용을 간결하게 요약하게 된다.

버트릭은 유진 라우리와 같이 설교가 플롯을 가지고 진행되어야 한다는 점에서는 동일하지만 버트릭에게 있어서 플롯은 성경 본문 속에 나타나는 움직이는 장면(move)들을 따라서 전개되는 것이다. 이것은 전통적 설교가 가질 수 있는 본문의 단절 현상을 극복하고 설교의 내용이 연속적으로 이어갈 수 있도록 했다는 점에서 훌륭한 기여라고 하겠다. 특별히 그는 자신의 설교이론에서 회중의 의식을 형성하는 언어 체계에 대해서도 깊은 관심을 보였다. 설교는 회중들의 의식을 형성하는 것이기 때문에, 설교자는 회중들이 메시지를 어떻게 듣는가에 대하여 깊은 관심을 가지고 거기에 적절한 언어를 사용해야 할 책임이 있다는 것이다.[50] 그리고 무엇보다 설교에서의 이미지와 메타포의 중요성을 언급하면서, 설교는 메타포를 만드는 것이라고 주장한다. 그러면서 설교자는 설교에 있어서 말로 그림을 그리는 작업(word picture)을 잘할 수 있어야 한다고 강조하고 있다.[51]

4. 새로운 설교학 운동의 기여와 한계

신설교학의 이론과 방법론들은 기독교 설교 역사를 새롭게 하는 공헌을 하였다. 무엇보다 신설교학은 교회 강단에서 잃어버린 이야기를 회복하도록

---

50. 위의 책, pp. 173–198.
51. 위의 책, p. 113.

하였다. 이스라엘의 역사나 초대교회 공동체는 이야기 공동체였다. 이야기를 통해서 조상들의 신앙과 하나님의 역사, 그리고 복음의 내용을 그들은 얼마든지 설명할 수 있었던 것이다.

그러나 기독교 설교는 수사학과 연관을 맺으면서 서서히 이야기와 멀어지게 되었다. 이제 기독교 복음은 이야기로 전해지는 것이 아니라 논증하고 설명하면서 설득하는 방향으로 바뀌게 되었다. 특별히 계몽주의 이후 이성과 합리주의적인 사조는 기독교 설교 역시 합리주의의 틀에 갇히도록 하고 말았다. 그러나 포스트모던 시대로 접어들면서 사람들은 지적, 합리적 사고체계에 반발하기 시작했으며, 이러한 경향은 기독교 설교도 변하지 않으면 안 되도록 영향을 미치게 되었다. 이런 과정에서 새롭게 발견하게 된 것이 바로 이야기이다. 기독교는 그 시작에서부터 이야기를 통해 복음을 전했다. 무엇보다도 예수 그리스도 자신이 설교를 할 때 수많은 이야기들을 활용하셨다. 신설교학은 이런 '이야기로서의 복음'(Gospel as a story)을 새롭게 보게 되었고, 이야기가 갖는 효과가 어떤 것인가를 재발견하여 이것을 설교에 적용함으로써 이 시대 설교의 새로운 장을 개척할 수 있었다. 또한 신설교학의 공헌은 설교에서 청중의 역할을 새롭게 인식하도록 하였다는 점이다. 그동안 전통적 기독교 설교는 설교자 중심이었다. 설교자가 하나님의 말씀을 전하는 자로서 권위를 가지고 청중들은 그가 전하는 말씀을 일방적으로 듣기만 하는 구조였다. 그러나 이런 현상은 커뮤니케이션의 문제를 야기시켰다. 무엇보다 청중들 자신이 이제는 듣기만 하는 자로서의 수동적 위치에 있기를 원하지 않게 되었다. 신설교학은 설교에 청중이 함께 참여할 때 그 설교가 얼마나 능력이 있게 되는가를 발견하고, 수동적으로 듣기만 하던 청중을 설교의 파트너로 인정하고 그 위치를 정립하도록 하였다.

또한 신설교학 운동이 기여한 바는 기독교 설교를 청중들의 삶 속으로 가져오도록 하였다는 것이다. 강단에서 외쳐지기만 하는 삶과 무관한 설교가 아니라 그 설교 속에 자신들의 삶이 함께 묻어 있고, 그것을 말씀 속에서 함께 나누는 설교가 이루어지도록 하였다. 그 대표적인 시도가 바로 귀납법적인 설교이다. 이것은 그 동기가 하나님의 말씀과 그 말씀을 듣는 청중들의 삶을 연관시켜 보려는 노력에서 나오게 된 결과였다.

하나님의 말씀은 변할 수 없지만 그것을 전하는 설교의 방식은 변할 수 있어야 한다는 점에서 신설교학은 오늘의 시대적인 변화를 읽고 그것을 기독교 설교 속에 반영하면서 만들어진 것으로 기독교 설교 역사에 하나의 소중한 결실이라고 평가한다.

그러나 이런 성과에도 불구하고 신설교학으로 대표되는 이야기식 설교는 그 한계성을 안고 있는 것 또한 사실이다. 먼저 이야기 형식의 한계성이다. 물론 어떤 학자들은 성경의 모든 내용을 이야기식 설교로 표현할 수 있다고 하지만 이것은 지나친 주장이라고 본다. 이야기식 설교가 만병통치약이 될 수는 없다. 특히 서신서를 비롯한 교리적인 내용들은 굳이 이야기식보다는 전통적 설교 방법으로 설명하고 이해시키고 그것을 적용하는 것이 효과적이라고 본다. 또한 구약의 시편이나 잠언과 같은 장르들은 물론 이야기가 가능한 것도 있지만 많은 부분들에서 이야기식 설교는 적합하지 않다. 여기에는 보다 적절한 다른 설교 형태들이 얼마든지 가능하기 때문에 꼭 이야기식으로 설교할 필요는 없는 것이다. 이야기식 설교는 기독교 설교의 전부가 아니라 한 부분이요 한 형식이라는 사실을 인정하면서, 거기에 맞게 사용되는 것이 효과적이라고 본다.

둘째로 신설교학에서 갖는 관심은 설교의 내용보다는 그 형식(form)에 중점을 두고 있다는 점이다. 그러나 자칫 잘못하면 이것은 설교자들로 하여금 설교 형식에 치우쳐 메시지의 내용을 소홀히 할 개연성을 갖도록 한다. 이야기는 사람들의 흥미를 끄는 좋은 수단이라는 점에서 현대 설교학은 이 형식을 도입하여 적극 활용하게 되었다. 그러나 이것이 만일 사람들의 흥미를 끄는 수단으로만 이용되게 된다면 심각한 문제가 아닐 수 없다. 설교학자 그래함 존스톤은 우리 시대 설교자들을 향하여 청중들의 관심을 끌기 위해서 메시지를 희생하지 말라고 경고하고 있다.[52] 설교의 형식은 설교의 내용을 보다 효과적으로 전달하기 위한 틀이지 그것이 주는 아니다. 그러므로 기독교 설교는 형식 이전에 먼저 충실한 내용을 가지고 거기에 적절한 형식을 택하여 전해지도록 해야 한다.

셋째로 신설교학은 설교자의 권위 문제보다는 지나치게 청중 중심의 이론을 강조하고 있다. 물론 그 동안의 설교 방식이 설교자 중심이었던 것은 부인할 수 없다. 그러나 그렇다고 해서 설교자의 권위가 없어야 하는가 하는 문제는 다시 생각해 보아야 한다. 설교자는 한 인간이기도 하지만 그는 하나님의 말씀을 전하도록 부름 받은 사람이다. 이것은 설교자 자신뿐만 아니라 말씀을 듣는 청중들 역시 깊이 고려해야 할 문제다. 설교자를 어떻게 인식하느냐의 문제는 설교자 자신의 정체성에도 큰 영향을 미치게 되고, 그 말씀을 받아들이는 청중들에게도 역시 마찬가지다. 오늘 포스트모던 사회의 탈권위적 경향은 모든 권위에 대해서 회의적이지만, 하나님의 말씀을 전하는 강단의 권위는 진정한 의미에서 바로 세워져야 한다. 그것은 설교자 때문이 아니라 그가 전하는 하나님의 말씀 때문이다.[53]

시대의 풍조는 바뀌지만 설교자는 권위 없는 자(as one without authority)가 아니라 진정한 권위를 가진 자로서(as one with authority) 인정될 수 있어야 하고, 동시에 설교의 파트너로서 청중들의 위치 또한 존중될 수 있어야 할 것이다. 칼 바르트(Karl Barth)는 기독교 설교를 정의할 때 "설교는 하나님 자신의 말씀"이라고 하면서, 이것은 하나님께 "부름 받은 사

---

52. Graham Johnston, *Preaching to a Postmodern World*, p. 105.
53. 커뮤니케이션 이론가인 마샬 맥루한은 "미디어가 곧 메시지"라고 하였다. 이 말은 메시지의 내용도 중요하지만 그것을 전달하는 미디어가 어떤 것이냐도 중요하다는 의미다. 이를 설교학에 적용하면 메시지를 전하는 설교자가 어떤 사람이냐가 설교에서 중요하다는 말이다. 그러나 이것은 설교자의 주관적 정체성뿐만 아니라 다른 사람들이 그를 어떻게 인정하느냐의 문제도 함께 고려해야 할 문제라고 본다. 청중들이 설교자로서의 권위를 인정하는 경우와 그것을 인정하려 하지 않는 경우의 메시지는 듣는 사람들에게 분명한 차이를 가지고 다가올 것이다. Marshall McLuhan, *Understanding Media*, 박정규 역, 『미디어의 이해』(서울 : 커뮤니케이션북스, 2001), pp. 7-24.

람"에 의해서 동시대의 사람들에게 전해진다는 것을 분명하게 말하고 있다.[54] 청중도 존중되어야 하지만 설교자 역시 "하나님께 부름 받은 자"라는 점에서 존중되어야 한다.

넷째로 설교에 있어서 경험의 문제이다. 포스트모던 문화는 사람들로 하여금 모든 것을 자신이 직접 경험하고 그 후에 판단하도록 한다. 자신이 들어보고 느껴보고 옳다고 생각하는 것을 그들은 받아들인다. 문제는 이 경험이 주관적일 수 있다는 점이다. 객관적 표준에 의해서 옳고 그름이 판단되는 것이 아니라 자신의 주관적 사고에 따라 이를 판단한다는 것은 많은 위험성을 가지고 있다.

신설교학에서 중요시하는 것 가운데 하나가 말씀을 통한 경험을 함께 나누는 것이다. 이것은 물론 그 동안의 많은 설교들이 우리의 삶과는 무관하게 진행된 것에 대한 반성에 연유한 것으로써 이들은 하나님의 말씀을 우리 삶의 경험과 함께 연관시키고자 하는 데 많은 노력을 기울였다. 그러나 이것이 갖는 문제는 인간의 개인적 경험이 하나님의 말씀보다 우선될 수 있다는 위험성이다. 하나님의 말씀의 표준보다는 인간의 주관적 기준이 앞설 경우 하나님의 말씀은 그에게 필수적인 것이 아니라 선택 사항이 돼버릴 가능성이 있다. 인간의 경험이 앞설 때 하나님의 말씀은 인간을 위한 봉사의 도구로 전락되고 말 것이다.[55] 하나님의 말씀은 인간의 판단에 따라 바뀌는 것이 아니라 어제나 오늘이나 영원토록 동일한 말씀으로 모든 세대 모든 인간들에게 들려져야 할 절대적 진리라는 사실을 잊지 않아야 할 것이다.

신설교학운동이 일어난 후 이에 대하여 문제를 제기하고 비판적 대안을

---

54. Karl Barth, *Homiletik*, trans. Geoffrey W. Bromiley and Donald E. Daniels, *Homiletics* (Louisville : Westminster/John Knox Press, 1991), p. 44.
55. 신설교학에 대한 문제를 제기한 찰스 켐벨은 체험에 대한 강조는 결국 하나님을 인간의 체험에 의존하도록 만드는, 즉 인간의 체험 없이는 결코 하나님을 인정하려 하지 않는 신학적 상대주의(theological relationalism)를 초래할 수 있다고 지적한다. Charles L Campbell, *Preaching Jesus : New Directions for Homiletics in Hans Frei's Postliberal Theology*, 이승진 역, 『프리칭 예수』 (서울 : 기독교문서선교회, 2001), pp. 127-129.

제시한 대표적 사람이 찰스 켐벨(Charles L. Campbell)이다. 그는 신설교학이 공헌한 점들에 대해서 긍정하면서도, 한편 이에 대한 비판적 자세를 갖게 된 동기를 자신의 저서『예수를 설교하라』서문에서 이렇게 말하고 있다. 즉, 지난 25년 동안 새로운 설교학 운동과 함께 설교가 비약적인 발전을 이룬 것은 사실이지만,[56] 이것이 정작 미국교회에 새로운 활력을 가져다주었는지에 대해서는 의문이라는 것이다. 오히려 이 시기에 미국 개신교의 주류 교회들은 계속 쇠퇴해 가고 있었다는 것이다.[57]

캠벨은 신설교학의 문제점으로 먼저 이런 설교 형태가 예수 그리스도를 드러내기보다는 인간들의 실존적 필요를 우선시하고 있다는 것을 지적하고 있다. 즉, 성경에 있어서의 중요한 핵심은 설교의 형식 – 이야기식 설교 형식 – 이 아니라 그 이야기를 통해서 자신의 정체성을 드러내고 있는 예수 그리스도가 되어야 한다.[58] 그러나 이야기식 설교는 설교 형식을 우선하면서 사람들의 필요와 흥미에 초점을 맞출 가능성이 많다는 것이다.

그리고 그는 신설교학이 갖는 또 하나의 문제점으로 설교가 청중 개인들의 실존과 경험에 초점을 맞춤으로써, 예수 그리스도를 예배하는 신앙공동체를 세우고 강화하는 데 한계성을 가지고 있다는 것이다. 즉, 체험 지향적 설교는 청중들로 하여금 설교를 지나치게 개인주의적 관점에서 받아들이도록 함으로써 교회공동체를 세우는 데 크게 도움이 되지 않는다는 말이다.[59] 이러한 문제점들을 제기한 켐벨은 이제 새로운 설교학이 예수에 대한 정체성을 선포하고, 개인의 경험과 함께 교회공동체를 세워 나가는 것에 보다 적극적인 관심을 가져야 할 것이라고 주장하였다.

---

56. 여기서 25년은 미국교회에서 신설교학이 본격적으로 정립되고 확산되기 시작한 1970년대를 기준으로 하여 말하는 것이다.
57. Charles L Campbell, *Preaching Jesus : New Directions for Homiletics in Hans Frei's Postliberal Theology*, p. 19.
58. 위의 책, pp. 271–72.
59. 위의 책, pp. 198–99.

신설교학은 2,000년 동안 이어져 오던 기독교 설교에 대한 변화와 함께 교회 강단을 새롭게 하는 데 큰 기여를 하였다. 이것은 기독교 설교 이론과 방법론적인 차원에서 20세기 후반 설교학계가 이룬 값진 성과요 설교 역사에 길이 남을 발전이라 하겠다. 이제 우리는 이런 성과를 설교의 현장에 적용함으로써 하나님의 말씀이 보다 효과적으로 들려지고 결실되도록 노력해야 하리라 본다.

그러나 한편 우리가 잊지 않아야 할 것은 2,000년 동안 계속 되어 온 전통적 설교 형식들 역시 그 나름대로 장점들을 갖고 있다는 사실이다. 이런 장점들은 오늘의 교회가 계승해 가야 할 귀한 설교학적 유산들이다. 신설교학은 전통적 설교를 완전히 대체하는 것이 아니라 전통적 설교의 문제점들을 보완하면서 이 시대에 적절한 설교학적 방안의 하나로 제시되었다. 그러므로 오늘의 설교자들은 신설교학에 대한 관심과 함께 전통적 설교에 대한 이해와 지식을 충분히 습득하여 이를 설교 현장에 적용할 수 있어야 할 것이다.

유진 라우리는 현대 설교의 새로운 변화의 양상을 다음과 같이 특징지어 설명하고 있다.

……패러다임의 변화가 연역법에서 귀납법으로, 수사학에서 시로, 공간에서 시간으로, 문어에서 구어로, 산문에서 시로, 핫(hot)에서 쿨(cool)로,[60] 신조에서 찬송으로, 과학에서 예술로, 왼쪽 뇌로 부터 오른쪽 뇌로, 명제로부터 비유로, 지시적에서 비지시적으로, 구성으로부터 전개로, 분석적 추론에서 심미적으로, 논제에서 사건으로, 요점(대지)을 제시하는데서 상상력을 불러 일으키는 것으로, 권위적에서 민주적으로, 진리에서 의미로, 설명에서 경험

---

60. 커뮤니케이션 이론의 창시자인 먀샬 맥루한(Marshall McLuhan)은 자신의 저서 『미디어의 이해』 (Understanding Media : The Extensions of Man)에서 "hot media"와 "cool media"로 미디어를 구분하였다. hot media는 듣는 쪽의 참여도가 낮고(라디오와 같이), cool media는 듣는 쪽의 참여도가 높은 것이 특징이다(전화).

으로 이동하고 있음을 보여 주고 있다.[61]

리차드 에슬링거(Richard L. Eslinger)가 말한 대로 지금 "기독교 설교는 교회 갱신의 중심에"서 있다.[62] 1958년 그레이디 데이비스(H. Grady Davis)의 『설교를 위한 구상』이 출판된 후 북미를 중심한 기독교의 설교는 완전히 새로운 시대를 맞게 되었다. 전통적인 설교 방식에 깊이 젖어들어 강단의 위기를 맞고 있었던 20세기 후반의 기독교 설교는 이제 새로운 설교 이론의 등장과 함께 다시 활력을 찾게 되었다. 설교의 형식은 정적인 것이 아니고 동적인 것이어야 하며, 고정된 것이 아니고 변화가 따라야 한다는 것을 생각할 때 이러한 현상은 기독교 설교의 미래를 위해서 매우 희망적인 일이라 하겠다.

비록 그 형식이나 이론, 방법론들이 다양한 형태로 전개되고 있기는 하지만 신설교학이 성경으로부터 설교의 내용과 형식을 찾으려 한 노력, 이야기의 중요성에 대한 새로운 발견, 그리고 설교에 있어서 청중의 역할과 커뮤니케이션의 중요성을 강조함으로써 하나님의 말씀을 보다 효과적으로 전달하려는 시도들은 설교의 새 장을 여는 매우 값진 것들이었다. 16세기 종교개혁 운동이 형식과 무기력에 빠진 교회를 새롭게 개혁하였듯이 20세기 후반에 일어난 새로운 설교학 운동은 위기에 처한 오늘의 기독교 강단을 새롭게 변화시키는 데 한몫을 하리라 본다. 따라서 우리 시대 강단에서 외쳐지는 설교를 새로운 틀로 다시 회복하고자 한 신설교학 운동은 그 자체의 한계점들이 있음에도 불구하고 이 시대의 설교가 나아가야 할 하나의 방향을 제시하고 정립하였다는 점에서 그 의미와 성과는 기독교 설교 역사에서 높이 평가되어야 할 것이다.

---

61. Gail R. O'Day and Thomas Long, *Listening to the Word*, p. 100.
62. Richard L. Eslinger, *The Web of Preaching : New Options in Homiletic Method* (Nashville : Abingdon Press, 2002), p. 11.

> 포스트모던 시대의 사람들은 자신이 피동적으로 듣고 앉아 있는 것에는 만족하지 않는다. 이들은 그것이 무엇이든 간에 참여하고 함께 경험하기를 원한다. 따라서 설교 역시 단순히 듣는 피동적 존재가 아니라 설교의 파트너로 참여하기를 원한다. 비록 강단에 서는 것은 아니지만 설교자와 함께 그 내용을 공유sharing하면서, 설교를 느끼고 그 말씀 속에서 자신의 경험을 함께 하기를 원한다.

제3부

공감의 설교

제7장 변화된 상황 속에 선 오늘의 설교자 :
   정체성의 새로운 인식과 변화

제8장 청중과 함께 하는 설교

제9장 공감 설교 방법론

제10장 미래 한국교회의 설교학적 전망과 대응

제7장 변화된 상황 속에 선 오늘의 설교자 : 정체성의 새로운 인식과 변화

현대 기독교 설교의 문제는 무엇인가? 설교의 내용이 잘못되어 문제인가? 그것을 표현하고 전달하는 설교 방법이 잘못되어 문제인가? 아니면 그 설교를 듣는 회중들에게 문제가 있는 것인가? 물론 우리는 이런 설교적 위기 현상을 강단에서 흘러나오는 설교의 내용이나 적절하지 못한 설교 방법 또는 회중들의 문제에서 어느 정도 찾을 수 있을 것이다. 그러나 필자는 오늘의 설교의 위기는 설교자의 위기에서 비롯된 것이라 본다. 아무리 설교에 관한 뛰어난 이론과 방법론들이 개발된다고 할지라도, 말씀을 강단에 서서 전하고 설교학적 이론과 방법들을 실제 적용하는 사람은 바로 설교자이기 때문이다.

그런 의미에서 오늘의 설교의 문제는 곧 설교자의 문제라고 할 수 있다. 미국 성공회 설교가로서 그 시대 '강단의 왕자'로 불렸던 필립스 부룩스(Phillips Brooks)는 "설교는 설교자의 인격(personality)을 통해서 진리를 전달하는 것"[1]이라고 강조하였다. 설교는 하나님의 말씀이지만, 그러나 그

---

1. Phillips Brooks, *The Joy of Preaching* (Grand Rapids : Kregel Publications, 1989), p. 26. 여기서 브룩스는 "설교는 한 사람의 설교자에 의해서 다수의 회중들에게 진리를 전달

것은 한 사람의 설교자를 통해서 사람들에게 전달된다. 따라서 설교는 그 내용 못지않게 그것을 전달하는 사람이 누구냐가 중요하다.

본 장은 현대 설교학에서 설교자의 역할은 그 어느 때보다 강조되어야 한다는 입장에서 이 시대 기독교 설교자의 정체성에 관한 이해를 새롭게 하고자 한다. "현대 사회와 교회 속에서 설교자는 누구인가? 그는 어떤 사람이어야 하는가?"라는 근본적 질문을 던지면서, 설교자의 정체성을 그 자신의 존재론적 입장에서 정리해 보고자 한다. 이를 위해서 성서와 전통적 설교학에서 제시하는 설교자상은 어떠했는지를 먼저 탐색해 보고, 이를 기반으로 하여 오늘의 시대적 상황에서 설교자는 자신을 어떻게 이해하고, 거기에 적절히 대처해야 할 것인가에 초점을 맞추어 바람직한 설교자상을 정립하고자 한다.[2]

1. 성서를 통해서 본 설교자상

설교자는 그 시대의 사람으로 그 시대의 사람들에게 설교한다. 그러므로 그가 갖는 기능이나 역할, 또는 자신의 정체성에 관한 이해 등은 시대를 따라 달라질 수밖에 없다. 하나님의 변함없는 말씀을 전한다는 본질적 측면에서 설교자의 사명은 어느 시대에서나 변함이 없지만, 설교자가 처한 사회적, 문화적, 종교적 상황은 그의 역할과 기능을 달리 하도록 한다.

다시 말하면 설교자는 자신의 시대에 주어진 사명에 따라서 그의 역할 역시 달라진다는 것이다. 모세는 출애굽의 시대에 적절하게, 구약의 선지자들

(communication)하는 것"이라고 정의하면서, 그것은 설교자의 인격을 통해서 전달된다는 점을 강조하고 있다.
2. 본 내용은 본인의 논문 "현대 기독교 설교자의 정체성에 관한 존재론적 이해"를 참조한 것이다. 이현웅, "현대 기독교 설교자의 정체성에 관한 존재론적 이해," 『신학과 실천』, 제23호 (2010. 5.), pp. 111–40. 참조.

은 그 시대에 적절하게, 신약의 사도들 역시 그 시대에 적절한 모습으로 적절한 방법을 사용해서 설교하였다. 그러면 성경에 나타난 설교자의 모습은 어떤 것이었는가?

1) 계시된 말씀을 선포하는 자로서의 구약의 선지자

먼저 구약 시대를 살펴보면 이때 하나님의 말씀을 전하는 대표적인 사람들은 선지자였다. 물론 사사나 제사장들을 통해서, 구약 후기에는 에스라와 같은 서기관(랍비)들을 통해서 하나님의 말씀을 전하기도 했지만, 구약 시대에 하나님의 말씀은 주로 선지자들을 통해서 전해졌었다. 하나님께서 구약의 선지자들을 통해서 말씀 사역을 행하시면서 나타나는 몇 가지 특징들이 있는데, 먼저는 하나님께서 선지자들을 직접 부르셨다는 사실이다. 구약 성서학자 월터 브루그만(Walter Brueggemann)은 선지자들은 여호와 하나님의 부르심(the summons of Yahweh)에 의해서 말씀을 전했다고 언급하고 있다.[3] 그들은 자신의 선택에 의해서가 아니라 하나님의 강권적인 부르심에 의해서 하나님의 말씀을 전했다는 것이다.[4] 따라서 하나님께서 자신을 부르셨다는 이들의 소명의식은 그들이 말씀의 사역을 하는 동안 중요한 원동력이 되었다. 하나님의 말씀을 듣지 않으려는 이스라엘 백성들을 보면서 말씀 사역에 대한 회의를 느낄 때도 있고, 어떤 때는 두려움도 있었지만 그들이 자신의 사명을 다할 수 있었던 것은 바로 하나님께서 자신들을 부르셨다는 철저한 소명의식 때문이었다.

둘째로 구약의 선지자들은 언제나 자신의 말이 아니라 하나님의 말씀을 전했었다. 선지자들은 하나님의 현현(theophany)이나 비전(vision)을 통해

---

3. Walter Brueggemann, *Theology of the Old Testament* (Minneapolis : Fortress Press, 2005), p. 623.
4. 예를 들면 이사야에 대한 소명(사 6장), 예레미야에 대한 소명(렘 1 : 4-10), 에스겔에 대한 소명(겔 2 : 1-10), 아모스에 대한 소명(암 7 : 14-15) 등을 대표적으로 들 수 있다.

서 하나님의 말씀을 듣거나 보고 그것을 이스라엘의 지도자들과 백성들에게 전하였다.[5] 그들은 하나님께서 자신의 말씀을 그들에게 주시는 것이기 때문에 설교는 자신들의 말이 아니라 하나님의 말씀이라고 철저히 이해하였다.[6] 그래서 그들은 말씀을 전할 때마다 "여호와께서 말씀하시기를", "주 하나님께서 가라사대"라는 말을 하고 설교를 하였다. '설교는 곧 하나님의 말씀'이라는 점에 그들은 충실했었던 것이다.

셋째로 하나님께서 자신들을 부르셨다는 철저한 소명의식과 함께 그들은 어떤 환경에서도 굴하지 않고 하나님의 말씀을 선포하였다. 왕이나 권력을 가진 자들 앞에서도, 자기를 위협하는 백성들 앞에서도 그들은 하나님께서 전하라고 하신 말씀을 전하였다. 그 결과 그들은 옥에 갇히고 죽임을 당하는 일을 겪어야 했지만, 그럼에도 불구하고 그들의 말씀에 대한 사역을 멈추지 않았던 것이다.

넷째로 선지자들의 설교 스타일은 매우 다양했었다. 시나 잠언으로, 또는 연설 형식이나 이야기 형식으로 하나님의 뜻을 이스라엘 백성들에게 전하고, 때로는 죄악을 책망하면서 그들에게 회개를 촉구하고, 그런가 하면 하나님의 약속을 말하면서 새로운 희망을 그들에게 전하기도 하였다. 그들은 하늘 나라의 뜻을 지상의 나라에 전하는 메신저(messenger)[7]로서 그 메시지를 위해서는 다양한 방식들을 사용하였던 것이다.

---

5. Ronald E. Osborn, *Folly of God : The Rise of Christian Preaching* (St. Louis : Chalice Press, 1999), p. 90.
6. Hughes Oliphant Old, *The Reading and Preaching of the Scriptures in the Worship of the Christian Church* (Grand Rapids : William B. Eerdmans Publishing Co. 1998), p. 42. 올드는 여기서 구약시대에는 제사장들에 의한 말씀 사역과 선지자들에 의한 말씀 사역이 있었는데, 제사장들은 주로 모세의 율법서에 대한 해석과 적용을 다루었으며, 이에 반해 선지자들은 하나님께서 자신들에게 직접 계시하신 말씀을 선포하였다고 한다(p. 41).
7. Walter Brueggemann, *Theology of the Old Testament*, p. 629.

2) 신약 : 사도들을 통한 예수 그리스도에 대한 선포와 가르침

예수 그리스도의 승천 후 복음으로서의 하나님의 말씀은 사도들을 통해서 전파되었다. 사도들의 설교를 통해서 나타나는 가장 두드러진 특징은 하나님의 말씀에 대한 선포와 가르침이었다. 그들은 먼저 오순절 성령강림을 체험하고 거리로 나가서 복음을 전하였다. 그 설교 내용의 핵심은 자신들이 보고 체험했었던 예수 그리스도를 사람들에게 전하는 것이었다. 즉 예수 그리스도의 탄생과 생애와 죽으심과 부활에 대해서 그들은 선포하였으며, 듣는 사람들이 자신의 지은 죄를 회개하고 예수 그리스도를 구세주로 믿도록 설교하였다. 사도행전에 나오는 베드로의 설교(행 2 : 14 - 36)는 이런 설교의 전형이라고 하겠다.

초대교회는 무엇보다도 예수 그리스도의 십자가 죽음과 부활을 증거하는 공동체(witnessing community)[8]였다. 따라서 사도들은 이 예수 그리스도를 유대인들과 이방인들에게 전하는 것이 가장 우선이었는데, 오늘날로 말하면 이들의 이런 설교는 그 내용에 있어서 "선포적 설교"(kerygmatic preaching)라고 하겠다.

다음으로 사도들은 복음을 받아들인 사람들에게 말씀을 통해서 가르치는 일을 계속 하였다. 사도행전 2 : 42에는 초대교회를 이렇게 묘사하고 있다. "저희가 사도의 가르침을 받아 서로 교제하며 떡을 떼며 기도하기를 전혀 힘쓰니라" 말씀을 통해서 가르치는 사역은 초대교회 공동체의 중요한 특징이었다.[9] 설교는 그리스도를 모르는 사람들에게 복음을 전하는 수단일 뿐만 아니라 이미 그리스도를 믿는 자들에게는 교육적인 중요한 기능을 하게 된다. 그런데 초대교회 설교자들은 설교를 통해서 이 두 가지의 기능을 함께 수행했었던 것이다. "저희가 날마다 성전에 있든지 집에 있든지 예수는 그

---

8. Ronald E. Osborn, *Folly of God : The Rise of Christian Preaching*, p. 247.
9. Hughes Oliphant Old, *The Reading and Preaching of the Scriptures in the Worship of the Christian Church*, p. 164.

리스도라 가르치기(teaching)와 전도하기(proclaiming)를 쉬지 아니하니라"(행 5 : 42).[10]

마태복음 9 : 35에서는 예수 그리스도 역시 말씀을 가르치시고(teaching), 천국 복음을 전파하시고(preaching), 모든 병과 모든 약한 것을 고치셨다(healing)고 기록하고 있다. 예수 그리스도의 주된 사역이 복음을 전하고 가르치신 것처럼 사도들 역시 설교를 통해서 복음을 전하고 가르치는 일을 이어갔던 것이다. 사도행전을 통해서 특별한 내용 가운데 하나는 초대교회 사도들이 자신들의 고유한 사역으로서 "기도하는 것과 말씀 전하는 것에 전무하리라"(행 6 : 4)고 한 것이다. 교회의 구제 사역으로 인해서 사역이 과중해지고, 그로 인해서 교회 안에 문제가 발생하자[11] 이들은 구제 사역을 위한 사역자들을 별도로 세우고 자신들은 오직 하나님의 말씀을 전하고 기도하는 데 전념하겠다고 한다. 그들은 하나님의 말씀을 전하는 자로서의 사명이 모든 사역의 최우선 순위임을 인식하고 기도하면서 이를 감당코자 한 것이다. 설교자들이 교회 안에서 말씀을 전하는 사역이 얼마나 중대하고 우선되어야 한다는 점을 사도들을 통해서 분명하게 교훈해 주는 것이라고 하겠다.

이상과 같이 성서적으로 볼 때 설교자들은 하나님의 말씀을 이 땅의 사람들에게 전하는 말씀의 종이었으며, 또한 세상을 구원하기 위한 예수 그리스도의 증인이자 복음 전도자였으며, 진리의 말씀을 가르치는 교사와 같은 존재였던 것이다.

---

10. 헬라어 원어에서는 '가르치다'를 διδάσκω로, '전도하다'를 εὐαγγελίζω로 기록하고 있다. 대부분의 영어 성경은 이것을 teaching과 preaching(또는 proclaiming)으로 번역하고 있다.
11. 헬라파 과부들이 교회의 구제에서 소외됨으로써 교회 안에서 헬라파 유대인과 히브리파 유대인들 간에 갈등이 일어난 사건.

2. 역사적 전통 속에서의 설교자

설교자의 기능이나 역할 이해는 시대를 따라 조금씩 변화되고 있다. 하나님의 말씀의 대언자로, 교사로, 목양자로, 복음전도자로 그 이미지가 다르게 표현되고 있으며, 그 강조하는 내용 역시 차이가 있다. 그러나 이런 차이는 설교자에 대한 근본적인 차이라기보다는 설교자가 갖는 기능의 어떤 측면을 더 강조하느냐의 차이라고 하겠다. 그것은 결국 설교자가 속한 시대적 상황과도 밀접한 관련이 있으며, 그 시대의 교회적 상황, 신학적 입장 등의 반영이라고도 하겠다.

1) 기독교 수사학적 관점에서의 설교자

기독교 설교에 대한 이론적 체계를 최초로 정립한 사람은 어거스틴(St. Augutine)이다. 그는 자신의 저서 『기독교 교설』(De doctrina christiana)[12]을 통해서 설교에 대한 이론적 정립을 시도하였는데, 그 근본 바탕에는 수사학적 이론과 방법론들이 깔려 있다. 물론 이 책은 전체가 설교에 관한 것은 아니다. 성서 해석에 대한 자신의 이론 등을 전개하면서 마지막 한 부분을 통해서 설교에 관한 내용들을 기술하고 있다.

어거스틴의 설교자에 관한 이론은 보다 실제적 측면에서 다루어지고 있다. 그는 먼저 하나님의 진리를 전하는 설교자는 수사학의 법칙을 이용하는 것이 바람직하다고 주장한다.

---

12. Aurelius Augustinus, De doctrina christiana, 성염 역, 『그리스도교 교양』 (왜관 : 분도출판사, 1989). 필자는 여기서 De doctrina christiana를 『기독교 교설』로 번역하였는데, 이는 책의 내용이 기독교의 가르침(교리)과 함께 성서에 대한 해석, 그리고 설교에 관한 내용 등을 포함하고 있기 때문에 이 제목이 더욱 적합하다고 판단해서다. 참고로 이 책은 전 4권으로 구성되어 있는데, 1-3권은 성서해석에 대해서, 4권은 설교에 대해서 주로 기록하고 있다.

"수사학의 기술을 통해서 진리 또는 허위를 (상대방에게) 설득시키는 것이라면, 허위에 대항해서 진리를 옹호하는 사람들을 (수사학의 기교로) 무장시킬 필요가 없다는 말을 누가 감히 하겠는가? ……그자들(허위를 말하는 자들)은 허위를 간결하고 명료하고 그럴듯하게 이야기하는 데 비해서, 이 사람들(진리를 말하는 사람들)은 진리를 말하면서도 듣기 지루하고 이해하기에 어렵고 끝에 가서는 믿기에 힘들어서야 되겠는가? ……저자들은 듣는 이들의 마음을 오류에로 유도하고 떠밀면서 그 말주변으로 사람을 두려워 떨도록 하고 울리고 웃기며 뜨겁게 달아오르게 하는데, 이 사람들은 진리에 이바지하면서도 느리고 냉담하고 졸고 있어서야 되겠는가? ……왜 선을 위하여 진리에 이바지하는 데에 (수사학을) 사용할 수 없다고 말할 수 있겠는가?"[13]

수사학 교사였던 어거스틴은 이 분야에 대해 충분한 교육과 훈련이 되어 있었던 사람으로서, 설교자들이 말씀을 전하는 데에 수사학이 적극 활용되어야 한다고 보았다. 당시 수사학적 기교는 진리를 전하는 선한 수단이 되기도 했지만, 거짓으로 사람들을 속이고 설득하는 데 악용되기도 했었다. 그래서 어거스틴은 설교자들이 하나님의 말씀을 전하는데 이를 선하게 활용함으로써 진리를 보다 효과적으로 전달할 수 있어야 한다고 주장하였다.[14]

다음으로 어거스틴은 설교자에게 중요한 것이 삶이라고 한다. "누구의 말을 설득력 있게 듣는 데는 어조의 장중함보다는 말하는 사람의 삶이 훨씬 큰 비중을 차지한다."[15] 그러면서 그는 "스스로 실천하지 않는 바를 말하고

---

13. 위의 책, pp. 299–301.
14. 어거스틴이 속한 고대 교회 역시 세속의 학문을 어떻게 기독교와 접맥할 수 있는가에 대해서 많은 논란이 있었다. 대표적인 것은 당시 헬라의 철학을 기독교 신학과 접맥할 수 있느냐의 문제로 오리겐(Origen) 같은 교부들은 이를 기독교적으로 재해석해서 적극 활용해야 한다고 주장하였다. 그러나 터툴리안(Tertullian) 같은 교부들은 여기에 대해서 적극 반대하면서, "예루살렘(기독교)과 아덴(헬라 철학)이 무슨 상관이 있느냐"고 주장하였다. 서방 교부들이 주로 세상의 학문을 받아들이는데 반대하였는데, 어거스틴은 세속의 학문, 즉 수사학을 기독교 설교에 적극 활용해야 한다는 것을 주장하고 있다.
15. Aurelius Augustinus, *De doctrina christiana*, p. 401.

서도 많은 사람에게 유익을 끼친다면 말하는 바를 실천하면 훨씬 많은 사람에게 유익을 끼칠 것"[16]이라고 한다. 기독교 설교는 단순한 말의 전달이 아니다. 그것은 설교자의 인격을 통해서 전달되는 진리이다. 그러므로 설교하는 사람이 훌륭한 수사학적 기술(언변)과 함께 훌륭한 인격을 갖추고 있다면 그가 전하는 하나님의 말씀은 듣는 사람들에게 훨씬 감동을 주게 될 것이다. 그러나 설교자의 삶이 그렇지 못하면 그가 전하는 메시지 역시 별 감동을 주지 못한다. "설교가를 경멸하다 보면 그 설교가가 이야기하는 하나님의 말씀까지도 경멸하기에 이른다."[17] 그러므로 어거스틴에게 있어서 설교자의 인품이야말로 그가 전하는 메시지만큼이나 중요한 것이요, 이 둘이 서로 융합할 때 그 설교자를 통한 설교는 더욱 빛나게 되는 것이다.

설교자에게 또 하나 유의해야 할 점은 "진리가 언변보다 중요하다"[18]는 것이다. 많은 설교자들이 설교의 기교나 방법에 많은 관심을 가진다. 그러나 설교자에게는 그가 어떻게 말하느냐 보다는 그가 무엇을 말하느냐, 즉 말하는 내용(메시지)이 더욱 중요하다는 점과 함께, "훌륭한 말은 진실한 말"이라는 것을 잊지 않아야 한다.[19] 고대 궤변론자(sophist)들은 말의 내용보다는 말을 어떻게 할 것인가에 중점을 두었다. 그러면서 그들은 말재주와 달변을 앞세움으로써 후에는 도덕성의 결여와 함께 궤변론자들로 불리게 된 것이다.[20] 이는 오늘의 설교자들 역시 그가 말하는 내용에 진실이 결여되고, 그것이 진리로부터 멀어져 있을 때 어떤 결과를 가져오게 될 것인가를 보여

---

16. 위의 책, p. 403.
17. 위의 책, p. 403.
18. 위의 책. p. 403.
19. 위의 책, p. 405.
20. 원래 sophist는 지혜로운(wise) 사람이라는 의미이지만, 오히려 기교적인 사람(craftsman, 궤변론자)으로 불리게 되었다. 이는 그들의 말하는 기교가 뛰어났을지 모르지만 그들이 하는 말의 내용에 진실과 도덕성이 결여되었기 때문이다. George A. Kennedy, *Classical Rhetoric and Its Christian and Secular Tradition from Ancient to Modern Times* (Chapel Hill : The University of North Carolina Press, 1980), p. 25.

주는 반면교사(半面敎師)가 된다고 하겠다.

끝으로 어거스틴은 설교자는 기도로 설교의 모든 것을 시작해야 한다고 주장한다.[21] 설교자는 "하느님이 자기 입에 좋은 말씀을 담아주시도록 기도할 것"이며, "자신이 잘 전할 수 있고, 전할 상대방이 그것을 잘 받아들이도록 기도"해야 하고, 또한 설교의 결과가 훌륭했다면 또한 그 말씀을 주신 "그분께도 감사를 드릴 것"이다.

초대교회 사도들이 하나님의 말씀을 전하는 설교자로서 서기 위해 기도하는 것과 말씀 전하는 것에 전무한 것처럼 어거스틴 역시 오늘의 설교자들이 하나님의 진리의 말씀을 바로 전하기 위해서는 기도하는 일을 소홀히 해서는 안 될 것을 교훈하고 있다.

어거스틴의 이러한 주장을 종합하면 설교자들이 하나님의 말씀을 보다 효과적으로 전하기 위해서는 설교학적인 방법과 기술에 있어서 훈련되어야 하며, 무엇보다 말씀과 삶에 있어서 일치를 이루도록 힘써야 하고, 그러나 어떤 언변보다도 설교자는 진리를 전하는 데 우선해야 한다는 것과 함께 기도함으로 그 진리를 전파해야 한다는 것을 강조하고 있다. 특별히 어거스틴의 설교자론은 설교자의 자질과 함께 그의 인품(ethos)이 중요함을 강조하는 것이 특징이라고 하겠다. 성서 시대의 설교자들은 그들의 인품이나 자질이나 능력에 대해서는 별 언급이 없다. 중요한 것은 그들이 하나님의 부름을 받고, 자신을 부르신 하나님의 말씀을 전하기에 최선을 다했으며 이를 위해서 생명까지도 아끼지 않는 철저한 사명감을 가졌다는 점이다. 그러나 어거스틴은 여기서 한 단계 더 나아가서 설교자의 자질과 능력과 인품을 함께 언급하고 있다는 점에서 진일보한 것이라 평가할 수 있겠다. 무엇보다 그가 세속 학문으로서의 수사학적 이론과 방법을 기독교 설교에 도입하여 적용함으로써 기독교 설교의 새로운 차원을 연 것은 커다란 공헌이라고 하겠다.

---

21. Aurelius Augustinus, *De doctrina christiana*, pp. 409-411.

2) 종교개혁과 말씀의 회복

기독교가 중세를 거치면서 하나님의 말씀보다는 미사를 중심한 예전에 치중을 하면서, 설교는 교회로부터 멀어지고 있었다. 그 결과 하나님의 말씀이 제대로 선포되지 않은 교회는 교회로서의 생명력을 상실해 가고 교회는 필연적으로 개혁의 요구에 직면할 수밖에 없었다. 많은 개혁가들은 교회가 본질을 찾고 바르게 되는 길은 잃어버린 말씀을 다시 회복하는 것이라는 점을 깨닫고, "오직 말씀"(sola scriptura)이라는 기치를 내세우고 개혁을 하게 되었다. 따라서 종교개혁기는 그 어느 때보다도 하나님의 말씀이 강조되었고, 그 결과 설교자의 역할 또한 강조될 수밖에 없었다.

(1) 말씀의 종으로서의 설교자

기독교 설교자에 대한 가장 전통적인 이미지는 '하나님의 말씀의 종'(servant of the Word of God)으로서의 설교자이다. 이것은 성서 시대로부터 오늘까지 변함없이 적용되는 설교자상이요, 또한 설교자의 가장 본질적인 사명이라고 하겠다. 그런데 설교사적으로 이 이미지가 크게 강조된 것은 중세를 지난 종교개혁기였다. 중세 교회는 말씀의 부재와 함께 설교의 암흑기라고 할 수 있다. 예배(미사)는 성만찬 중심으로 변하였고, 이는 예배에서의 말씀을 약화시키는 요인으로 작용하였다.

따라서 마틴 루터(Martin Luther), 쯔빙글리(Huldrich Zwingli), 존 칼빈(John Calvin) 등 종교개혁가들은 중세 교회가 타락하게 된 가장 근본적인 원인을 '하나님의 교회에 하나님의 말씀이 부재된 것'으로 보았다. 그래서 그들은 교회와 예배 가운데서 다시 하나님의 말씀이 회복되어야 한다고 주장하였고, 종교개혁을 통해서 이를 성취하였던 것이다. 그들은 교회의 개혁을 '오직 말씀으로'(sola scriptura) 이루고자 하였으며, 그 결과 하나님의 말씀으로서의 성서와 함께 그 말씀을 전하는 설교를 예배에서뿐만 아니라 교회의 모든 활동의 중심에 두었던 것이다. 올드(Hughes O. Old)는 이런 종교개혁가들의 노력에 의해서 "종교개혁은 하나의 뛰어난 설교 학교(a distinctive school of preaching)를 만들게 되었다."[22]고 언급하고 있다.

루터는 그리스도의 교역자(설교자)를 "하나님의 청지기"로 보았다.[23] 루터의 설교자에 대한 이런 신학적 입장은 고린도전서 4 : 1 "사람이 마땅히 우리를 그리스도의 일꾼이요 하나님의 비밀을 맡은 자(steward of the mysteries of God)로 여길지어다"에 근거한 것이라 본다. 그러므로 설교자는 순수한 복음과 진실된 신앙, 즉 그리스도만이 우리의 생명이며 길이며, 지혜, 능력, 영광, 구원이 되신다는 것을 설교해야 한다. 그렇지 않으면 그를 사단의 사자로 생각하여 피해야 한다.[24] 루터에게 있어서 설교자는 그리스도의 순수한 복음의 말씀만을 전하는 하나님의 청지기로서 말씀의 종이 되어야 한다.

존 칼빈 역시 설교자는 하나님의 말씀의 종이었다. 그는 설교는 '하나님의 말씀'이며, 이것을 전하는 설교자는 하나님께서 보내시고 위탁하신 '하나님의 대사'(ambassador)라고 한다.[25] 그러기에 그는 자신의 말이 아니라 오직 그를 부르시고 보내신 하나님의 말씀만을 전해야 한다. 그리고 그 하나님의 말씀은 곧 성경에 근거한 것이어야 한다. 칼빈은 모든 설교가 하나님의 말씀이 되는 것은 아니라고 한다. 그것이 하나님의 말씀이 되기 위해서는 성

---

22. Hughes Oliphant Old, *The Reading and Preaching of the Scriptures in the Worship of the Christian Church*, vol 4. *The Age of the Reformation* (Grand Rapids : William B. Eerdmans Publishing Co. 2002), p. 1.
23. Martin Luther, *Epistle Sermon*, Third Sunday in Advent (Lenker Edition vol. Ⅶ. #23). Hugh T. Kerr, *Kompendium der Theologie Luthers*, 김영한 편역, 『루터신학개요』 (서울 : 한국장로교출판사, 2001), p. 204에서 재인용.
24. 위의 책, p. 204.
25. 칼빈의 이런 입장 역시 성서에 근거한 것이다. "이러므로 우리가 그리스도를 대신하여 사신(ambassador)이 되어 하나님이 우리로 너희를 권면하시는 것같이 그리스도를 대신하여 간구하노니……"(고후5 : 20). John Calvin, *Commentaries on the Epistle of Paul the Apostle to the Corinthians*, vol. Ⅰ (Grand Rapids : Baker Books, 2005), p. 239. T. H. L. Parker, *The Oracle of God : An Introduction to the Preaching of John Calvin* (Cambridge : James Clarke & Co., 2002), p. 51.

경에 철저히 근거할 때 가능한 것이다. 그러므로 설교자는 "강단에 서서 설교를 할 때 자기의 꿈이나 환상을 가지고 설교해서는 안 되며,"[26] 오직 성경에서 말씀하시는 하나님의 말씀만을 전해야 한다. 철저히 하나님의 말씀의 종이 되어야 한다는 것이다. 사도와 선지자들이 유일하고 참되신 하나님의 입(the mouth of the only true God)[27]이 되어 말씀을 전한 것처럼 설교자들 역시 하나님의 대사로서 그 사명을 감당해야 한다.

종교개혁 이후 다시 '말씀을 전하는 자로서의 설교자'의 사명이 강조된 것은 20세기 신정통주의 신학자인 칼 바르트(Karl Barth)에 의해서였다. 근대 이성과 합리주의적 사고는 기독교 신학에도 영향을 주게 되었고, 그 결과 인간의 지식과 과학적 사유는 성서를 해석하는 일과 그것을 전하는 설교에도 변화를 가져오게 만들었다. 인간의 이성과 합리주의적 사고에 의해서 하나님의 초월성이 약화되면서, 교회는 여러 가지 국면에서 위기를 경험하게 되었다. 이에 칼 바르트는 교회가 다시 하나님의 말씀으로 돌아가야 할 것을 주장하면서, 설교 역시 하나님의 말씀으로서의 권위를 회복해야 한다고 강조하였다. 그러면서 그는 설교를 다음과 같이 정의하고 있다.

"설교는 하나님 자신이 말씀하시는 하나님의 말씀(the Word of God)이다. 따라서 설교는 성서 본문을 동시대의 사람들에게 적절한 인간의 언어로 해석하고 설명(exposition)하는 것이어야 하며, 이러한 일은 이 사명에 순종하는 교회의 부름 받은 사람(설교자)들에 의해서 이루어진다."[28]

---

26. T.H.L. Parker, *The Oracles of God : An Introduction to the Preaching of John Calvin*, p. 50.
27. Calvin, Commentary on the First Epistle of Peter 1 : 25. John Calvin, *Commentaries on the Epistle of Paul the Apostle to the Hebrews* (Grand Rapids : Baker Books, 2005), p. 60.
28. Karl Barth, *Homiletik*, trans. Geoffrey W. Bromiley and Donald E. Daliels. *Homiletics* (Louisville : Westminster/John Knox Press, 1991), p. 44.

바르트는 설교를 하나님의 말씀으로 정의하면서, 그것은 기본적으로 성경 본문에 대한 해석과 설명을 하는 것이어야 한다고 주장한다. 그러면서 이러한 작업을 통해서 하나님의 말씀을 전하는 사람이 바로 설교자라고 한다. 이러한 그의 입장은 종교개혁가들, 특별히 칼빈의 입장과 비슷한 것이라고 하겠다. 16세기 종교개혁가들과 20세기 칼 바르트의 설교자에 관한 입장은 선지자와 사도들처럼 오직 하나님의 말씀의 종으로서 철저히 하나님의 말씀을 전하는 것이 설교자의 본질적 사명이라는 점을 강조하고 있다. 특별히 시대적으로 사람들이 하나님의 말씀으로부터 멀어져 있을 때 그들은 이 점을 더욱 분명히 하면서, 교회와 설교자들이 이 책임을 다해야 할 것을 촉구하였다.

(2) 교사로서의 설교자

전통적으로 가져왔던 설교자상 가운데 하나가 말씀을 가르치는 자, 즉 교사로서의 이미지이다. 이미 언급한 대로 초대교회 사도들 역시 하나님의 말씀을 믿는 자들에게 가르치기를 힘썼다. 그런가 하면 어거스틴 역시 설교자를 말씀을 가르치는 교사로 언급하면서,[29] 설교자는 하나님의 말씀을 잘 해석해서 그것을 듣는 사람들에게 전달할 수 있어야 한다고 주장하였다. 이러한 경향은 종교개혁가들에게서도 그대로 나타났다. 루터를 비롯한 대부분의 개혁가들은 중세 교회가 하나님의 말씀을 바로 듣지 못함으로 인해서 타락한 것으로 보았다. 그래서 그들은 성경을 번역하여 그것을 사람들이 쉽게 볼 수 있도록 하였으며, 성경에 나온 진리를 가르치기에 힘썼던 것이다.

특별히 칼빈은 그의 신학에서 이런 입장을 극명하게 드러내고 있다. 그는 교회론에 있어서 교회를 신자들의 어머니로 보았다(Calvin, Inst.

---

29. 어거스틴은 자신의 설교학론에서 설교자에 대해서 언급할 때 교사를 의미하는 라틴어 doctor를 사용하고 있음을 볼 수 있다.

Ⅳ. i .4.).³⁰⁾ 그래서 그는 교회가 신자들을 가르치고 양육해야 할 중요한 사명을 가진 것으로 보았다(Calvin, Inst. Ⅳ. i .5.).³¹⁾ 그의 이런 입장은 설교에서도 그대로 반영되어 설교 역시 하나님의 말씀인 성경의 진리를 듣는 청중들에게 가르치는 것으로 보았다.

칼빈이 이런 신학적 입장을 취한 데에는 당시의 시대적 배경이 크게 작용하였다. 칼빈의 시대는 인간의 이성에 기반한 근대 계몽주의 사조와 함께 인문주의(humanism)가 사회 전체적으로 지대한 영향을 미치고 있었다. 이시대에는 인간의 이성적 기능의 강조와 함께 지식의 계발은 매우 중요한 목표가 되었는데, 이를 위해서는 교육이 필수적인 것이었다. 따라서 사회적으로는 많은 학교들이 세워지면서 이 사명을 감당했었고, 교회 역시 이러한 교육적 기능을 강조하게 되었으며, 이는 강단에서 선포되는 설교 역시 예외가 아니었던 것이다.

이러한 배경에서 칼빈은 자신의 설교에서 설교란 "교육하기 위하여, 그리하여 하나님의 말씀이 유익함이 되도록 하나님의 말씀을 선포하는 것임을 알아야 할 필요가 있다."고 주장하고 있다(딤전 3 : 1, Sermon XX Calvini Opera-Corpus Reformatorum 53, 236⁴²⁻⁴⁶).³²⁾

현대 교회에 들어서면서 주일학교 운동 등으로 인해서 교회의 기독교교육적 기능이 강조되어 온 것이 사실이지만 그렇다고 해서 설교에서의 교육적 기능이 약화되어서는 안 된다고 본다. 설교학자 존 브로더스(John A. Broadus)는 "가르치는 것은 설교자의 첫째 되는 임무"라고 하면서, "설교자가 회중들에게 진리를 가르치거나 회중들이 이미 아는 것들을 되살려 새롭

---

30. John Calvin, *Institutes of the Christian Religion 2*, ed. John T. McNeill, *The Library of Christian Classics*, vol. XX (Louisville : Westminster John Knox Press), p. 1016.
31. 위의 책, 1016-1020.
32. T. H. L. Parker, *Calvin's Preaching*, 김남준 역, 『칼빈과 설교』(서울 : 도서출판 솔로몬, 1993), p. 75.

고 능력 있게 하는 것은 설교자가 할 수 있는 위대한 수단"이라고 한다.[33]

하나님의 말씀으로서의 진리인 성경을 가르치고, 더 나아가 신학적 교리적 내용들을 통해서 그리스도인의 삶에 대해서 가르치는 것은 설교자에게 주어진 중요한 사명이다. 따라서 설교가 갖는 목적 중의 하나가 가르침이라면[34] 그것을 전하는 설교자는 마땅히 진리를 가르치는 교사와 같은 사람이 되어야 할 것이다.

3) 근대 기독교 부흥운동과 선교기 : 복음전도자로서의 설교자

기독교 설교 역사에서 근대는 설교자에 대한 또 하나의 이미지를 강화하게 된다. 근대 영미를 중심으로 한 복음주의 부흥운동(Evangelical Revivalism)과 대각성운동(the Great Awakening), 그리고 그 결과로 일어난 선교운동 등은 설교자의 기능 또는 역할에 대한 강조점을 새롭게 하였다. 즉 근대 기독교의 변화는 설교자를 '복음증거자로서의 설교자'에 강조점을 둘 수밖에 없도록 하였던 것이다.[35]

이 시대에 대표적으로 등장한 인물들이 영국에서는 감리교회의 창시자인 존 웨슬리(John Wesley, 1703-1775), 조지 휘트필드(George Whitefield, 1714-1770), 그리고 찰스 스펄전(Charles Haddon Spurgeon, 1834-1892) 등이었다. 미국에서는 대각성운동을 통해서 등장한 조나단 에드워즈(Jonathan Edwards, 1703-1759), 찰스 피니(Charles Grandison Finney, 1792-1875), 평신도 설교가 드와이트 무디(Dwight Lyman Moody, 1837

---

33. John A. Broadus, *On the Preparation and Delivery of Sermons* (New York : Harper San Francisco, 1979), p. 62.
34. 다니엘 바우만은 설교가 갖는 목적을 네 가지, 즉 선포적(kerygmatic), 교훈적(didactic), 치유적(therapeutic), 예언적인(social-prophetic) 것으로 분류하고 있다. 설교를 통해서 진리를 가르치고 전하는 것은 설교가 갖는 중요한 목적 중의 하나인 것이다. J. Daniel Baumann, *An Introduction to Contemporary Preaching* (Grand Rapids : Baker Book House, 1990), pp. 203-20.
35. 이것은 물론 일상적 교회보다는 세계 기독교의 흐름을 큰 틀에서 보았을 때 그렇다는 것이다.

-1899) 등이 있으며, 특별히 20세기 들어 미국에 등장한 빌리 그래함(Billy Graham, 1918-)은 20세기 최대의 전도설교자로 평가되고 있다.

기독교 설교의 가장 기본적이고 우선된 목적과 기능은 예수 그리스도의 복음을 전하는 것이다. 이것은 사도들로부터 오늘에 이르기까지 기독교 강단에서 변할 수 없는 사명이다. 따라서 설교자는 언제나 자신이 한 사람의 복음 증거자라는 사실을 잊지 않고, 말씀을 통해서 이 사명을 감당하는 데 있어서 최선을 다해야 한다. 과거 사도들의 시대나 근대 부흥운동기에만 복음을 강조하는 것이 아니라 오늘의 시대에서도 설교자는 메시지를 통해서 믿지 않는 자들에게 그리스도의 복음을 증거하고, 이미 믿는 자들에게는 복음의 증인으로서의 삶을 살아가도록 촉구해야 한다.

4) 현대 산업사회의 위기 : 치유자로서의 설교자

20세기는 기독교 신학에 있어서 또 하나의 커다란 변화를 경험한 시기였는데, 그것은 기독교 신학에 일반 세상의 심리학적 이론과 방법들을 적극 도입한 일이었다. 지금까지 기독교는 일반 심리학에 대해서 적극적인 관심을 갖지 않았을 뿐만 아니라 그것을 기독교 신학에 접목 내지는 적용하는 것을 꺼려왔던 것이 사실이다. 그러나 산업화 이후 세계는 인간의 정신적인 문제들에 대해서 관심을 갖지 않을 수 없게 되었고, 이런 현상은 교회 역시 예외가 아니었다. 육체적 문제와 함께 정신적인 문제는 비그리스도인들뿐만 아니라 그리스도인들도 동일하게 겪는 것이었기 때문이다.

특별히 이런 상황에서 정신분석학자 지그문트 프로이트(Sigmund Freud, 1856-1939)의 이론은 심리학 분야뿐만 아니라 기독교 상담학 분야에도 커다란 영향을 주게 되었고, 그 후 칼 융(Carl G. Jung, 1875-1961), 에릭 프롬(Erich Fromm, 1900-1980) 등으로 이어지면서 기독교 상담학 분야는 많은 영향을 받게 되었다.

이러한 흐름은 하나님의 말씀을 전하는 기독교의 설교 역시 변화를 가져오도록 하였다. 그동안 설교는 어떤 의미에서 설교를 듣는 인간에 대한 고려보다는 하나님 말씀 자체에 더욱 관심과 강조점을 두었다. 그래서 인간의 내면에 대한 이해보다는 하나님의 말씀 자체를 이해하고 그것을 전달하는 데 초점이 맞추어져 있었다. 그러나 이제 세상의 변화는 기독교 설교로 하여금 하나님의 말씀만큼이나 인간의 내면적 문제에 관심을 가질 수밖에 없도록 하였다. 하나님의 말씀은 결국 인간들에게 전해진다는 점에서 인간에 대한 이해, 즉 그들이 처한 상황과 문제에 대한 이해 없이는 하나님의 말씀을 바로 전할 수 없다는 것을 깨닫게 된 것이다.

현대설교학자 다니엘 바우만(J. Daniel Baumann)은 "많은 그리스도들이 병들어 있으며, 어떤 이들은 신경증(neurotic)에 걸려 있다. 모든 이들이 결핍을 안고 살아가고 있다."[36]고 현대 그리스도인들을 진단하고 있다. 이제 설교는 이런 복잡한 현대인들에게 하나의 치유적인 기능(therapeutic function)을 가지고 봉사를 하게 되었으며, 설교자 역시 말씀으로 상한 심령들을 치유하는 사람이 되었다. 설교자는 이제 설교를 듣는 청중들의 삶의 정황을 이해하고, 그들이 안고 있는 삶의 고민과 문제를 파악하고, 하나님의 말씀을 통해서 이들을 치유하고 회복하고 인도하여야 한다.

이런 치유적 설교를 한 대표적인 인물을 든다면 1930년대 미국이 대경제공황에 빠져 있을 때, 실의에 빠진 미국민들을 하나님의 말씀으로 위로하고 치료하며 희망과 용기를 불어넣어 준 해리 에머슨 포스딕(Harry Emerson Fosdick, 1878-1969)을 들 수 있다. 그는 신경질환으로 인해서 자살을 시도할 만큼 위태로운 상황을 경험하면서, 고통 속에서 자신을 치료하시고 회복하시는 하나님의 손길을 체험하였고, 그 하나님의 사랑과 능력을 말씀을 통해서 상처받고 고통당하는 사람들에게 전했던 것이다.

포스딕은 뉴욕 유니온(Union) 신학교 설교학 교수로서, 그리고 뉴욕의

---

36. J. Daniel Baumann, *An Introduction to Contemporary Preaching*, p. 213.

리버사이드(Riverside) 교회의 목사로서 설교를 하면서, 그 시대의 상처받은 사람들을 하나님의 말씀으로 치유하고 회복시킨 설교자였다. 그러면서 그는 설교가 사람들을 치유하는 기능을 가진다는 측면에서 설교는 "집단으로 하는 상담"이라고 말하기도 하였다.[37]

복잡다단한 현대 사회는 이 시대를 사는 사람들에게 여러 가지 육체적, 정신적, 영적 문제들로 고통을 주고 있다. 그러므로 이 시대 기독교의 설교자는 그 어느 때보다 더 이들의 내면을 깊이 이해하고 병든 심령들을 하나님의 말씀으로 치유할 수 있어야 한다. 치유자로서의 설교자는 현대 사회가 요구하는 또 하나의 설교자의 모습이다.

3. 설교자의 정체성에 관한 재인식 : 오늘의 설교자, 그는 누구인가

기독교 설교는 2,000년 역사와 함께 발전하거나 또는 퇴보의 길을 걸으면서 오늘까지 변화를 거듭해 왔다. 어제나 오늘이나 본질적 측면에서 변하지 않는 하나님의 말씀이지만 그 말씀을 전하는 설교자는 시대를 따라서 그 상황과 함께 변해왔다. 그러면 21세기에 접어든 오늘의 설교자는 과연 어떤 사람이어야 하는가? 본 난에서는 여기에 대하여 존재론적인 측면에서 설교자를 조명해 보고, 이 시대 설교자로서 구현해야 할 이상적 설교자상은 어떤 것인지 알아보고자 한다.

"사람들은 '무엇을 해야 하나'(what they are to do)보다 '무엇이 되어야 하나'(what they are)에 더 많은 관심을 가져야 한다.······성스러움(saintliness)이 직업으로부터 오는 것으로 생각하지 말라. 오히려 그것은 그 사람이 어떤

---

37. Harry Emerson Fosdick, *The Living of These Days* (New York : Harper and Brothers, 1956), p. 94.

사람이냐에 달려 있다. 우리가 하는 일의 종류가 우리를 거룩하게 하는 것이 아니라 우리 자신들이 그 일을 거룩하게 하는 것이다."[38]

설교자는 기능론적인 측면에서 자신을 이해하기 전에 먼저 존재론적인 측면에서 자신의 정체성을 이해해야 한다. 즉 설교자는 설교자로서 내가 무엇을 해야 할 것인가를 묻기 전에 내가 어떤 사람으로서 설교해야 하는가를 먼저 물어야 한다. 현대 기독교 설교의 문제는 설교자의 전문성과 함께 기능적인 측면이 매우 강조되고 있고, 그런 측면에서 설교자들을 교육하고 있으며, 그 결과 많은 설교자들이 한 사람의 기능인으로서 강단에 서서 설교를 하고 있다는 사실이다. 사람을 매료시키는 언어의 구사, 깔끔한 외모와 제스츄어(gesture), 잘 짜여진 설교의 형식과 수준 있는 내용 등 어디를 봐도 나무랄 데가 없다. 그러나 문제는 그런 설교자들을 통해서 말씀이 선포되는 작금의 교회들이 차츰 생명력을 잃고 쇠락해 가고 있다는 점이다.

설교자는 한 사람의 전문가만 되어서는 안 된다. 그는 자신의 사역을 위한 전문가일 뿐만 아니라 그에 따르는 인격과 신앙을 겸비해야 한다. 목회자에 대해서 깊이 연구한 하트포드(Hartford) 신학교 교수 잭슨 캐롤(Jackson W. Carroll)은 자신의 저서 『권위 있는 목회자』(*As One with Authority*)에서 이 시대의 목사가 진정한 의미에서의 권위를 갖는 것이 그가 가진 목회 전문가로서의 전문 지식과 함께 신성 대변자로서의 인격적 경건이 있을 때 가능하다고 주장하고 있다.[39]

---

38. 마이스터 에크하르트(Meister Eckhart, 1260-1328)는 중세 독일에서 태어난 도미니크파 신학자로서 기독교 신비주의 사상가요, 설교가였다. Ray Bernard Blakney, *Meister Eckhart* (New York : Harper & Brothers Publishers, 1957), p. 6. 이민재 역, 『마이스터 에크하르트』(서울 : 다산글방, 1994), p. 36.
39. Jackson W. Carroll, *As One with Authority*, 오성춘 역, 『권위 있는 목회자』(서울 : 한국장로교출판사, 1999), pp. 50-67.

이제 현대 기독교 설교자는 '설교자의 존재'에 대한, 즉 "설교자는 어떤 사람이어야 하는가?"에 대한 질문과 함께 보다 근본적인 측면에서 자신의 정체성을 묻고 이에 대한 자신의 준비를 성실하게 해야 할 것이다. 앞에서 기술한 전통적 설교학에서의 설교자상이 설교자의 기능적 측면에 맞추어진 것이라면, 본 장에서는 '이 시대 설교자는 그 자신이 누구여야 하는가?'에 대한 보다 근본적이고 존재론적인 측면에서 설교자의 정체성을 정리하고자 한다.

1) 성서의 배경 속에 존재하는 설교자

종교개혁가 존 칼빈(John Calvin)은 "내가 성경을 자세히 설명(설교)할 때 나는 언제나 그 성경으로 말미암아 나 자신을 포위해 버리고 만다."[40]고 말하였다. 그가 얼마나 하나님의 말씀인 성경을 중심으로 하여 하나님의 말씀인 설교를 하려고 했던가를 볼 수 있는 장면이다.

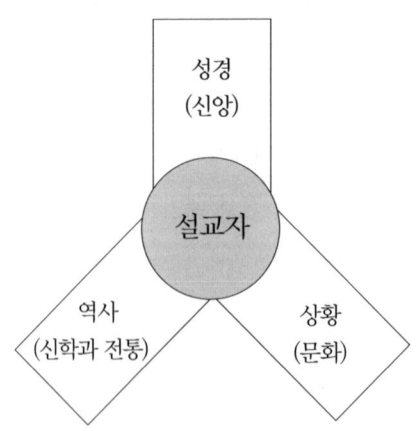

---

40. John Calvin, *The Mystery of Godliness and Other Selected Sermons* (Grand Rapids : Eerd Co. 1950), p. 133. 정성구 "칼빈의 설교 연구," 『신학지남』(1979. 3), 57에서 재인용.

설교자는 성경의 사람이어야 한다. 그는 성경을 설교하여야 하고, 그 설교를 하되 성경에 나타난 설교자들의 모습으로 설교하여야 한다. 왜냐하면 "성경은 창조주 하나님께로 나아오는 모든 사람들에게 안내자(guide)요 선생(teacher)으로서 필요한 것"이며, "하나님은 그 자신에 대한 참된 지식(actual knowledge)을 오직 성경 안에서 우리들에게 부여"(Inst. I. vi. 1.)[41]하시기 때문이다.

오늘의 설교자들 역시 자신의 정체성의 근거가 성경임을 잊지 않아야 한다. 현대 설교자들의 고민이 있다면 그것은 성경과 현실 사이에서 설교자가 어떤 자세를 취해야 할 것인가에 있을 것이다. 물론 설교자는 변화하는 시대의 모습을 외면해서는 안 된다. 그러나 그보다 먼저 알아야 할 것은 설교자는 성경을 말하기 위해서 세워진 '성경의 사람'이라는 사실이다. 그러므로 설교자는 성경 속의 설교자들을 통해서 오늘 자신의 정체성을 규명하고, 이 시대의 설교자로서 자신의 모습을 정립해 나가야 한다. 그것을 잃어버릴 때 설교자들은 세속의 파도에 휩쓸려 자신의 정체성을 상실한 채 방황하게 될 것이다. 현대 자본주의의 과도한 영향은 설교자들을 물질의 유혹에 빠뜨릴 수 있다. 영적 세계와 영원한 진리보다는 눈에 보이는 순간적이고 감각적인 오늘의 문화적 경향은 설교자들로 하여금 영원한 진리의 세계보다는 현실적 시대의 사조에 휘말리게 할 위험이 있다.

그래서 일찍이 구약의 에스겔 선지자(B.C. 6세기)는 다음과 같이 설교자들을 향하여 경고하였다. "너희가 두어 움큼 보리와 두어 조각 떡을 위하여 나를 내 백성 가운데에서 욕되게 하여 거짓말을 곧이듣는 내 백성에게 너희가 거짓말을 지어내어 죽지 아니할 영혼을 죽이고 살지 못할 영혼을 살리는 도다"(겔 13 : 19). 이런 거짓 선지자(설교자)들을 향하여 하나님은 예레미야 선지자를 통하여 분명하게 말씀하신다. "여호와께서 내게 이르시되 선지

---

41. Inst.는 칼빈의 『기독교강요』(Institutes of the Christian Religion)의 약자이다.

자들이 내 이름으로 거짓 예언을 하도다 나는 그들을 보내지 아니하였고 그들에게 명령하거나 이르지 아니하였거늘 그들이 거짓 계시와 점술과 헛된 것과 자기 마음의 거짓으로 너희에게 예언하는도다"(렘 14 : 14).

물질적 탐욕과 시대의 분위기에 편승한 거짓 설교자들의 전형적인 모습이다. 그들은 빵과 돈을 얻기 위하여 거짓을 예언하고, 하나님의 말씀을 전해야 할 선지자가 오히려 그 하나님을 욕되게 하였다. 그런 자들을 향하여 하나님은 "나는 그들을 보내지 아니하였다"고 말씀하신다. 이미 앞에서 언급한 대로 구약의 참된 선지자(설교자)들은 하나님께서 하나님의 말씀을 전하도록 하기 위해서 자신을 부르셨다는 철저한 소명 의식과 자신의 말이 아닌 하나님의 말씀만을 전하기를 힘썼다. 그리고 그들은 하나님의 말씀을 전하기 위해서는 어떤 위험이나 죽음까지도 두려워하지 않았다. 이러한 모습은 신약의 사도들 역시 마찬가지였다. 그들 또한 오직 예수 그리스도와 그분의 말씀을 전하기 위해서 힘썼으며, 이를 위해서 자신의 생명을 바치는 것에 조금도 주저하지 않았었다. "내가 달려갈 길과 주 예수께 받은 사명 곧 하나님의 은혜의 복음을 증언하는 일을 마치려 함에는 나의 생명조차 조금도 귀한 것으로 여기지 아니하노라"(행 20 : 24). 여기에 오늘 설교자들이 지향해야 할 진정한 설교자의 모습이 있다.

이 시대 설교자들은 신구약 성경에 등장하는 이런 설교자들을 연구하고 이해하며, 그들의 설교자로서의 정신과 자세를 계승해 나가야 한다. 즉, 설교자는 성경 속에서 자신의 정체성을 찾고, 성경에 자신의 뿌리를 두면서, 성경에 등장한 설교자들을 오늘의 시대에서 계승할 수 있어야 한다는 사실이다. 따라서 현대 기독교 설교자는 오늘의 시대를 살지만 자신이 성경의 배경 속에 존재한다는 것을 잊지 않아야 한다. "설교자의 삶은 성경 속에서 사는 것이다."[42]

---

42. Darrell W. Johnson, *The Glory of Preaching : Participating in God's Transformation*

2) 역사의 전통 속에 존재하는 설교자

설교자는 자신이 성서의 배경 속에 존재한다는 사실과 함께 역사의 전통 속에 존재한다는 사실을 기억해야 한다. 기독교는 2,000년이라는 긴 역사적 과정을 거쳐서 오늘에 이르렀으며, 이것은 기독교 설교 역시 마찬가지다. 그러므로 설교자는 오늘을 사는 사람으로 강단에 서야 할 뿐만 아니라 과거를 계승하는 한 사람으로서 강단에 서야 한다. 먼저 설교자는 2,000년 기독교 설교 역사에 대한 인식을 가지고 있어야 하며, 시대를 따라 형성된 설교의 정신이나 신학을 이해하고, 역사 속의 수많은 설교자들을 통해서 나타난 설교자의 정체성을 탐구하고 이를 설교 현장에 적용할 수 있어야 한다. 그리고 더 나아가서는 설교뿐만 아니라 기독교 전반적인 신학과 전통에 대해서도 이해를 하고 있어야 하며, 본인이 속한 교단의 신학과 전통을 이해하고 있어야 한다. 그런 의미에서 설교자는 기독교 신학과 전통의 단절자가 아니라 계승자로서 한 시대를 살아야 한다는 점을 깊이 인식할 수 있어야 한다.

이를 위해서 설교자는 교회의 역사를 연구하는 역사가가 되어야 할 뿐만 아니라 자신의 시대에 대한 역사의식을 가지고 살아야 하며, 이를 설교를 통해서 사람들에게 선포할 수 있어야 한다. 설교자가 어떤 역사의식을 갖고 설교를 하느냐에 따라 동시대 그의 설교를 듣는 많은 사람들에게 지대한 영향을 미치게 될 것이다. 그리고 설교자는 기독교 신학과 전통에 대하여 연구하는 한 사람의 신학자가 되어야 한다. 로날드 알렌(Ronald J. Allen)은 설교자들이 신학적으로 사고하는 것이 중요하다고 강조하면서, 설교자의 "신학이 설교를 만든다."(Theology shapes preaching.)고 말하고 있다.[43] 그러면서 그는 "설교자는 단순히 성경을 설교하는 것이 아니라, 신학적 렌즈

---

of the World (Downers Grove : IVP Academic, 2009), p. 197.
43. Ronald J. Allen, *Thinking Theologically* (Minneapolis : Fortress Press, 2008), 4. 알렌은 이 저서에서 첫 장을 "신학이 설교를 만든다."는 제목으로 하여 글을 쓰고 있다.

(theological lens)를 통해서 성경을 해석한다."고 주장한다.[44]

　신학 역시 한순간에 만들어진 것이 아니다. 그것은 2,000년의 역사를 통해서 현대 신학에 이르게 된 것이다. 따라서 설교자는 역사를 통해서 형성된 기독교 신학 전반에 대한 이해를 가지고 있으면서, 이를 자신의 시대에 자신의 설교를 통해서 적용할 수 있어야 한다. 설교자는 누구인가? 다시 언급하지만 설교자는 기독교 역사의 전통을 계승하는 사람이요, 한 사람의 신학자로서 이 시대에 존재한다는 사실을 잊지 않아야 한다. 그리고 더 나아가 그 전통과 신학을 이어 받아 자신의 시대적 환경 속에서 새롭게 창조하면서, 다시 그것을 다음세대에 물려주어야 할 사람이 설교자이기도 하다. 그러므로 설교자는 자신의 시대뿐만 아니라 자신의 전후(前後) 역사와 함께 존재하고 있다는 의식을 가지고, 자신에게 주어진 시대에 최선을 다할 수 있어야 할 것이다.

3) 시대의 상황 속에 존재하는 설교자

　설교학자인 다렐 존슨(Darrell W. Johnson)은 "설교자의 삶은 성경 속에서(in the Bible) 사는 것이요" 동시에 "설교자의 삶은 문화 속에서(in the culture) 사는 것"이라고 한다.[45] 설교는 과거에 기록된 하나님의 말씀을 오늘의 사람들에게 전하는 것이다. 그러므로 설교자는 성경 본문(text)에 대한 이해와 함께 그 말씀을 듣는 사람들의 상황(context)을 언제나 고려해야 한다.

　기독교의 진리인 성경 말씀은 바뀌지 않지만 그것을 듣는 청중들은 시대를 따라 바뀐다. 그러므로 설교자는 이러한 변화를 인지하고 있어야 하며, '설교자는 그 시대를 초월하여 존재하는 것이 아니라 그 시대의 사람으로 그 시대의 사람들에게 설교한다.'는 사실을 기억해야 한다.

---

44. 위의 책, p. 4.
45. Darrell W. Johnson, *The Glory of Preaching*, p. 201.

만일 설교자가 그 시대의 변화된 상황을 바로 인식하지 못한다면 어떤 결과가 발생할까? 『포스트모던 시대에 설교하기』(Preaching to a Postmodern World)라는 책을 쓴 그래함 존스톤(Graham Johnston)은 거기에 대해서 이렇게 경고를 하고 있다. "만일 성경 말씀을 전하는 자들(biblical communicators)이 인간들에게 영향을 미치는 그런 변화들을 인식하지 못한다면……설교자들은 오직 자기 자신들을 향하여 말하고 있는 것에 불과할 것이다."[46]

그러므로 설교자는 자신이 속한 시대의 특징을 반드시 이해할 수 있어야 하는데, 여기에는 두 가지의 중요한 의무가 따른다. 하나는 설교자가 자신이 속한 시대를 이해하고 그 시대에 어떤 사람으로 존재하면서 어떤 메시지를 전할 수 있어야 하느냐는 것이고, 다른 하나는 동시대를 살면서 자신의 설교를 듣는 사람들의 상황을 이해할 수 있어야 한다는 것이다. 먼저 설교자는 그 시대에 포함되어 있는 자신이 그 시대와 어떤 관련을 갖고 있으며, 또한 그 시대에 어떤 모습으로 존재해야 하는가를 알아야 한다. 이것은 설교자의 사명과도 관련이 되는 것이다. 설교자는 결코 시대를 초월하는 자도 아니요, 또한 어느 시대나 변함없이 동일한 존재로 사는 것도 아니다. 모든 설교자는 자신이 속한 시대적 상황이 있다. 그러므로 설교자는 그 시대를 연구하고 이해하면서, 그 시대의 설교자로 그 시대 상황에 적합한 메시지를 선포할 수 있어야 한다.

둘째로 설교자는 그 시대 자신에 대한 이해와 함께 자신의 설교를 듣는 동 시대의 사람들을 이해해야 한다. 미국의 강해설교학자로 널리 알려진 해돈 라빈슨(Haddon W. Robinson)은 그래함 존 스톤의 책 서문(foreword)에서 설교자들을 향하여 다음과 같이 의미 있는 언급을 하고 있다. "우리는 단

---

46. Graham Johnston, *Preaching to a Postmodern World : A Guide to Reaching Twenty-First Century Listeners* (Grand Rapids : Baker Books, 2001), p. 9.

지 성경만을 가르치는 것이 아니다. 우리는 성경을 '사람들'(people)에게 가르치는 것이다. 우리가 성경의 내용을 잘 아는 것은 물론 중요하지만, 그러나 그것만으로는 충분하지 않다. 우리는 우리의 청중들이 누구인지를 알지 않으면 안 된다."[47]

설교자와 마찬가지로 청중 역시 그 시대를 사는 사람이요, 그 시대가 만들어 낸 사람들이다. 그러므로 설교자는 자신이 속한 시대의 사회적, 문화적 환경을 이해하고, 이념이나 종교, 정치, 경제 등의 상황에 민감할 수 있어야 한다. 그리고 이러한 이해를 바탕으로 해서 하나님의 말씀을 오늘 이 시대의 사람들에게 설교할 수 있어야 한다. 그럴 때 그 설교자를 통하여 나오는 메시지는 과거 성경 시대의 이야기가 아니라 오늘의 이야기로 생생하게 되살아나게 될 것이다. 설교자가 시대의 초월자가 아니라 시대의 공존자로 살아야 할 이유가 바로 여기에 있다.

설교자는 성서와 오늘의 상황을 잇고, 역사와 역사를 이어가며, 결국 하나님과 인간을 이어주는 사람으로 이 땅에 존재한다. 따라서 설교자는 자신의 존재 역할이 무엇인지를 확실하게 함으로써, 자신의 사명을 다할 수 있어야 한다. 현대 기독교 설교자들은 성서에서 들려주는 하나님의 음성을 들어 자신의 입을 통해서 그것을 오늘의 사람들에게 전달하고, 이를 위해 역사 속에서 형성된 전통과 신학적 대화를 거듭하면서, 오늘의 상황 속에서 성서의 말씀을 재해석하는 능력을 향상시켜야 할 것이다. 자신의 존재에 대한 바른 통찰력은 설교자로서의 자신을 더욱 견고하게 세워 줄 것이다.

---

47. 위의 책, p. 7.

4. 공감의 설교자 : 전달자에서 함께 나누는 자로

설교자는 공감의 사람이어야 한다. 이 시대 설교자들에게 무엇보다 필요한 것은 설교자가 먼저 청중과 공감할 줄 아는 것이다. 이미 수차례 언급한 대로 설교자는 말을 하는 사람이기 전에 먼저 자신이 말을 해야 할 사람들, 즉 자신의 설교를 듣는 사람들과 공감을 느끼고, 공감을 할 줄 아는 사람이어야 한다. 오늘 설교 현장의 문제는 청중에게 공감을 주지 못하는 설교가 너무 만연해 있다는 것이고, 이런 현상은 결국 설교자가 자신의 청중들에게 공감할 줄 모르는 데서 기인한 것이다. 설교단은 회중석과 단절된 것이 아니다. 마찬가지로 설교자 역시 회중들과 단절된 사람이 아니다. 토마스 롱(Thomas G. Long)이 말한 것처럼 설교자는 하늘에서 떨어진 사람이 아니라 회중들로부터 나온 사람이다.[48]

설교자가 회중들로부터 나왔다는 것은 설교자가 자신의 설교를 듣는 회중들과 언제나 연결이 되어 있다는 것을 의미한다. 즉 회중들의 문제가 설교자의 문제가 되어야 하고, 회중들의 고민이 설교자의 고민이 되어야 한다. 그래서 설교자는 그 문제들과 고민들을 안고 씨름하면서, 회중들의 삶을 이해하고 거기에 적절한 메시지를 말씀을 통해 들려주어야 한다.

이것은 설교자가 일방적 전달자가 아니라 설교자로 하여금 회중들의 삶을 공유하고, 그것을 하나님의 말씀으로 청중들과 함께 나누는 것을 뜻하는 것이다.

더 나아가 설교자는 회중들의 개인적인 삶뿐만 아니라 회중들이 사는 사회 속에 자신도 함께 살고 있다는 것을 잊지 않아야 한다. 회중들이 속한 사회의 현상이나 모든 문제들은 설교자 역시 함께 경험하고 있는 것들이다. 그

---

48. Thomas G. Long, *The Witness of Preaching* (Louisville : Westminster John Knox Press, 2005), pp. 3-5.

러므로 설교자는 자신과 회중들이 속한 사회의 모든 현상들을 바로 이해하고, 그것을 하나님의 말씀을 통해서 어떻게 극복하고 나아가야 할 것인지를 설교를 통해서 나누어야 한다. 그럴 때 청중들은 설교자의 설교에 공감을 하게 될 것이다. 오늘의 설교자는 설교단에서 회중석을 향해 일방적으로 메시지를 전달하는 전달자가 되어서는 안 된다. 설교자는 메시지를 전달하는 사람이기 전에 청중들로부터 들려오는 메시지를 수신할 줄 알아야 하며, 청중들의 메시지에 공감을 하면서, 나아가 그들이 공감할 수 있는 메시지를 나눌 수 있어야 한다. 그럴 때 설교의 현장은 더 이상 설교자의 독백이 아니라 설교자와 청중이 진정한 교류와 공감을 이루며, 하나님의 말씀을 함께 공유하는 자리가 될 것이다.

예수님 역시 일방적 말씀의 전달자가 아니셨다. 그분은 자신이 말하기 전에 먼저 그 말씀을 듣는 사람들의 상황에 민감하셨고, 공감하셨다. 그들이 말할 때 예수님은 공감 청취(empathic listening)를 하신 것이다. 주님은 "앞을 보지 못하고 고통당하는 소경"에게 "내가 무엇을 해 주기를 원하느냐?"고 먼저 물으셨다(마 20 : 33).[49] 그의 마음을 먼저 알기를 원하신 것이다. 또한 예수님은 군중들에게 설교하시기 전에 먼저 그들의 상황에 공감하셨다. 마태복음 9장 36절 말씀에는 예수님께서 군중들을 보시면서, "민망히 여기셨다"(또는 "불쌍히 여기셨다")고 기록하고 있다. 영어에서는 이 단어를 "compassion"으로 쓰고 있다. 이것은 '함께'라는 말의 com과 '강한 감정 또는 열정'이라는 뜻의 passion이 결합하여 만들어진 단어다. 주님께서는 그들의 처지를 이해하시고, 그들의 고통에 함께 하시면서, 마음에 강렬한 감정, 긍휼히 여기는 마음, 불쌍히 여기는 마음을 가지신 것이다. 먼저 그들의 상황에 공감하셨다는 말이다. 주님이 이렇게 하셨다면 오늘 그 주님의 말씀

---

49. 개역개정판에서는 "너희에게 무엇을 하여 주기를 원하느냐"로 번역되었으며, 구절 또한 마태복음 20 : 33이 아니고 마태복음 20 : 32로 되어 있다.

을 전하는 설교자들 역시 이렇게 해야 하지 않겠는가?

　시대의 변화는 설교의 방법에 대한 변화뿐만 아니라 설교자에 대한 변화를 요구하고 있다. 21세기의 설교자는 더 이상 청중과 분리되어 홀로 높은 강단에서 일방적 전달을 하는 그런 사람이 되어서는 안 된다. 21세기 설교자는 청중과 함께 하는 사람이 되어야 한다. 홀로 높은 강단에 고고하게 서 있는 사람이 아니라 회중석으로 내려와 그들의 삶을 이해하고, 그들의 소리를 들으며 함께 공감하는 설교자가 되어야 한다. 그럴 때 그 설교를 듣는 청중들 역시 설교자의 입에서 나오는 메시지에 공감하며 가슴으로 응답하게 될 것이다.

제8장 청중과 함께 하는 설교

설교는 설교자와 청중이 만나는 곳에서 일어난다. 그렇기 때문에 설교 현장에서 설교자만큼이나 중요한 존재가 바로 청중이다. 그러나 그동안 기독교 설교는 청중은 도외시된 채 설교자 중심으로 모든 것이 전개되어 왔다. 설교학에 관한 이론도 설교자 중심으로, 설교자가 무엇을 어떻게 할 것인가에 초점을 맞추어서 연구 발전되어 왔다. 이러한 입장은 자연스럽게 설교에서 청중의 존재와 역할, 기여 등에 대해 소홀히 할 수밖에 없도록 하였다. 따라서 그동안 전통적인 설교 현장에서의 청중은 설교자가 전해주는 메시지를 그저 듣는 사람 정도로 취급되었다. 청중의 존재는 있되 존재감은 없는 그런 자리가 바로 설교 현장이었던 것이다. 또한 청중은 설교를 통해서 교훈하고 가르쳐야 할 대상으로 여겨졌으며, 이런 의식은 자연스럽게 설교자와 청중을 수직적 상하관계로 규정하게 만들고 말았다.

하지만 설교는 파트너십(partnership)이다. 설교는 설교자가 혼자 하는 것이 아니라 청중과 함께 하는 것이다. 이제 기독교 설교에서 청중에 대한 인식이 새로워지고 있다. 그러므로 이 시대 설교자들은 청중에 대한 새로운 이해와 관점을 분명히 하고, 이를 설교 현장에서 지혜롭게 적용해 나갈 수 있어야 할 것이다. 지금 이 시대는 무엇보다 설교자들로 하여금 청중에 대한 인식의 전환을 요구하고 있다.

1. 공감 설교는 관계다

21세기 포스트모던 시대 상황에서 어떻게 설교할 것인가에 대해 책을 쓴 그래함 존스톤(Graham Johnston)은 자신의 저서에서 설교자와 청중의 관계가 중요함을 역설하면서, 오늘의 청중들의 모습을 다음과 같이 묘사하고 있다.

오늘의 사람들은 설교자를 향하여 "당신이 말하려는 내용이 무엇입니까?"(What have you to say?)라고 묻기 전에, "내가 왜 당신에게 들어야 합니까?(Why should I even listen to you?)"라고 물을 것이다.[1]

설교가 있기 전에 관계가 있다. 무슨 의미인가? 우리는 설교를 단지 정해진 설교 시간에 설교자와 청중이 한 장소에서 만나 한쪽은 전하고 한쪽은 듣는 정도로 생각을 한다. 그러나 우리가 분명히 깨달아야 할 것이 있다. 설교가 이루어지는 현장에서 설교자와 청중들 대부분은 그날 처음 만나는 사람들이 아니라는 것이다. 물론 교회를 처음 출석했거나 방문한 사람들은 제외하고 말이다.

그날의 설교가 있기 전에 설교자와 대부분의 청중들은 이미 만난 사람들

---

1. Graham Johnston, *Preaching to a Postmodern World : A Guide to Preaching Twenty-First Century Listeners* (Grand Rapids : Baker Books, 2001), p. 78.

이고, 서로에 대해서 어느 정도 알고 있는 사이다. 다시 말해 어떤 형태로든 서로 간에 관계를 형성하면서 오늘까지 지내오고 있다는 사실이다. 설교자가 동일한 내용의 설교를 해도, 설교자와의 관계가 원만한 사람과 그렇지 못한 사람은 설교 내용을 받아들이는 데에는 차이가 있을 수밖에 없다. 설교자와 청중 사이의 관계가 좋을 때 그것은 설교에 좋은 영향을 미치게 될 것이다. 그러나 그 관계가 좋지 못하다면 그것 역시 설교에 좋지 않은 영향을 미치게 될 것이다. 좋은 관계는 쉽게 공감을 불러일으키겠지만, 좋지 않은 관계는 공감이 아니라 오히려 반감을 불러일으킬 수 있다. 그러므로 설교자는 먼저 '설교의 공감은 관계에 의존한다.'는 사실을 분명하게 인식해야 한다.

1) 공감 설교는 관계로부터

먼저 '설교는 커뮤니케이션의 일종'이라는 점에서 우리는 관계의 중요성을 바로 인식해야 한다. 도미니크 볼통(Dominique Wolton)이 주장한 대로 커뮤니케이션은 "관계의 문제"[2]다. 즉 온전한 소통은 온전한 관계에서 이루어질 수 있다는 사실이다. 그렇다면 커뮤니케이션의 한 형태인 설교 역시 관계의 문제요, 온전한 설교는 온전한 관계에서만이 완성될 수 있다. 사람들은 메시지의 내용만을 듣고 판단하지는 않는다. 그들은 그 메시지를 전하는 사람이 어떤 사람인가, 그 사람과 자신은 어떤 관계에 있는가 등을 복합적으로 생각하면서 자신들이 듣는 말의 내용을 판단하게 된다.

설교 역시 마찬가지다. 설교자가 전한 설교의 내용이 좋았다고 해서, 듣는 사람들이 모두 그것을 좋게 받아들이지는 않는다. 좋은 메시지를 좋게 받아들이는 사람들이 있는가 하면, 아무리 좋은 메시지도 좋지 않게 받아들이는 사람들이 있다. 특별히 설교자와의 관계가 좋지 않은 사람들은 설교자가

---

2. Dominique Wolton, *Informer n'est pas communiquer*, 채종대, 김주노, 원용옥 역, 『불통의 시대 소통을 읽다』(서울 : 살림, 2011), p. 11.

어떤 말을 하더라도 그것을 좋게 받아들일 수가 없다.

그 이유는 설교자의 설교 내용보다 설교자와의 관계에 그 근원이 있는 것이다. 그러므로 설교자는 기억해야 한다. 설교에서의 공감은 설교의 내용에 의해서만 형성되는 것이 아니라는 점을 말이다. 어떻게 보면 설교에서의 공감은 설교 내용보다 먼저 설교자와 청중 사이의 관계가 더 크게 영향을 미치게 된다. 이미 형성된 관계가 설교에서의 공감을 좌우하게 된다는 사실이다. 그러므로 설교자는 언제나 청중들과 강단에서의 만남 이전의 일상적 만남을 중요시해야 하며, 그 관계에 더욱 민감하면서 이를 지혜롭게 만들어 가도록 노력해야 할 것이다.

2) 설교자와 하나님과의 공감

하나님께서 다윗을 선택하여 이스라엘의 왕으로 삼으실 때, 다윗은 "내 마음에 합한 자"라고 하시면서, 다윗을 통해서 하나님의 뜻을 다 이루게 하실 것이라고 말씀하신다(행 13 : 22). "마음에 합(合)하다"는 의미는 "마음에 든다", "마음이 맞다", "마음이 하나가 되다"라는 것이다. 다윗은 하나님의 마음에 든 사람이었으며, 하나님과 마음이 맞은 사람이었으며, 하나님과 마음이 하나가 된 사람이었다. 하나님께서는 이런 사람을 하나님의 도구로 사용하셨고, 그를 통해서 하나님의 뜻을 이루신 것이다.

이것은 설교자들에게도 마찬가지다. 설교자는 하나님의 마음에 맞고, 하나님과 마음이 하나가 되며, 하나님의 마음에 드는 사람이어야 한다. 하나님께서는 이런 사람을 말씀의 종으로 사용하시고, 이런 사람을 통해서 하나님의 뜻을 이 땅에 이루게 하실 것이다.

하나님과 마음이 하나가 되는 것, 그것이 바로 설교자와 하나님 사이에서 일어나는 공감이다. 설교자는 말씀을 전하기 전에 먼저 하나님과 공감을 갖는 사람이어야 한다. 설교자는 그날의 본문 말씀을 통해서 하나님께서 하시고자 하시는 말씀을 읽을 수 있어야 하고, 그 말씀 속에 나타난 하나님의 마음을 함께 느낄 수 있어야 한다. 그리고 그것을 가지고 나가서 하나님의 백성들에게 전달할 수 있어야 한다. 하나님의 말씀을 전해야 할 설교자가 하나님의 마음을 읽지 못하고, 그날 본문을 통해서 하나님께서 주시고자 하시는 말씀의 의미를 바로 깨닫지 못하고 설교를 하게 된다면 어떻게 되겠는가?

그래서 설교자는 언제나 기도하는 사람이어야 하며, 하나님의 말씀을 묵상하고 연구하면서 하나님의 음성을 듣고, 그것을 들려주기 위해서 힘써야 한다. 설교자는 하나님의 말씀을 전하기 전에 먼저 하나님과 영적 교제를 이루며, 하나님과의 관계를 온전케 하기를 게을리 해서는 안 된다. 설교자는 하나님의 마음에 합한 자, 언제나 영적 교제를 통해서 하나님과 공감하는 사람이어야 한다. 하나님과의 공감은 그 설교를 듣는 사람들로 하여금 말씀을 통해 하나님과의 공감을 쉬이 이루도록 할 것이다.

3) 설교자와 청중의 공감

설교는 설교자와 하나님과의 관계이면서, 동시에 설교자와 청중의 관계다. 설교 자체가 '하나님의 말씀'이기 때문에 설교자는 그 말씀을 주신 하나님과의 관계가 온전하도록 힘써야 한다. 그런가 하면 설교자는 하나님의 말씀을 사람들에게 전해야 하기 때문에 그 말씀을 듣는 사람들과의 관계도 온전해야 한다. 이미 언급한 것처럼 설교자와 청중의 관계가 온전할 때는 메시지에 대한 공감의 효과가 높아지지만, 온전하지 못할 때는 메시지에 대한 공감의 효과 역시 감소할 수밖에 없다. 그래서 말씀(설교)이 있기 전에 관계가 있다는 사실을 설교자는 늘 기억하면서, 청중들과의 관계에도 힘을 쏟아야 한다.

예수님은 자신과 사람들의 관계를 때로는 목자와 양의 관계로(요 10 : 1-18), 때로는 선생과 제자의 관계로(요 13 : 14), 때로는 친구와 친구의 관계로(요 15 : 14) 말씀하셨다. 이것은 설교자와 청중의 관계에 있어서도 마찬가지일 것이다. 설교자와 청중의 관계 역시 때로는 돌보고 돌봄을 받는 목자와 양의 관계로, 때로는 가르고 가르침을 받는 선생과 제자의 관계로, 때로는 서로의 사랑과 우정을 나누는 친구와 친구의 관계로 이어질 수 있어야 한다.

설교자와 청중이 언제나 제한된 설교적 관계, 즉 한쪽은 전하고 한쪽은 듣는 관계로만 만나서는 안 된다. 그것은 예배 중 설교가 이루어지는 한 순간의 관계일 뿐이다. 만일 설교자가 교인들을 단순히 설교자와 청중의 사이로만 생각하고 관계를 갖게 된다면, 그 설교자는 자신의 모든 사역 분야뿐만 아니라 결국은 설교 사역에서도 실패하게 될 것이다. 온전한 관계는 설교에서 일어나는 청중들의 공감에 지대한 영향을 미친다. 그리고 청중들에게서 일어나는 공감의 정도는 그날 설교자가 행한 설교의 성패를 좌우한다. 따라서 설교자는 본문 말씀을 통해서 하나님과 공감을 나눌 뿐만 아니라, 그 본문을 통해서 준비한 설교를 통해 청중들과 공감을 이룰 수 있어야 한다. 그러기 위해 설교자는 언제나 청중들과의 관계에 충실해야 한다.[3]

설교는 말씀 이전에 관계라는 사실, 그리고 그 관계는 설교 현장에서의 공감으로 연결된다는 사실, 그리고 그 공감이 설교의 성패에 지대한 영향을 주게 된다는 사실을 설교자가 인식하는 것, 이것이 공감 설교의 시작이다.

2. 청중에 대한 재인식 : 하나님의 백성이며 설교의 파트너로서의 청중

지금 우리가 사는 시대는 "설교자와 청중 사이의 관계가 과거와는 전혀

---

3. 미국의 설교학자 찰스 버그(Charles B. Bugg)는 설교에서의 관계의 중요성을 강조하고 있다. 그는 그것을 친밀성(intimacy)이라고 한다. 친밀성이란 말은 '밀접한 관계를 갖는 것'을 의미한다. 설교자는 하나님과의 관계, 청중과의 관계, 자신과의 관계, 성경과의 관계에서 언제나 친밀성을 가질 수 있어야 한다. 특별히 청중과의 친밀한 관계는 청중들로 하여금 설교를 경청하도록 하는 마음(listening ethos)을 불러일으킨다. Charles B. Bugg, *Preaching & Intimacy* (Macon : Smyth & Helwys Publishing, 1999) 참조.

새롭게 형성되고 있다. ……이제 더 이상 설교자는 그가 성직자로서 갖는 권위를 인정받지 못하게 되었다."[4]

그러나 이런 변화가 우리 주변에 와있음에 불구하고 아직도 이것을 의식하지 못하는 설교자들이 여전히 많다. 설교자의 권위를 높이려는 듯 역시 높은 강단과 설교자에게 초점을 맞춘 밝은 조명, 그리고 그 반대편에는 높은 강단을 쳐다보아야 하는 회중석과 어두운 조명 가운데서 자신의 정체성마저 희미하게 된 청중들……이것은 사람들로 하여금 강단의 거리만큼이나 하나님의 말씀과도 거리를 만드는 것은 아닌가?

물론 하나님의 말씀은 언제 어디서나 누구로부터도 존엄과 권위를 가져야 마땅하다. 또한 그 말씀을 전하는 설교자 역시 진정한 의미에서 하나님의 말씀을 전하는 자로서의 권위를 인정받고 존중받아야 할 것이다. 그러나 그것이 말씀을 듣는 자를 반드시 하위(下位)에 두어야 한다는 것을 의미하지는 않는다. 하나님의 말씀을 전하는 설교자와 그 말씀을 듣는 청중이 수직적 상하관계에 있을 때, 하나님의 말씀의 권위가 높아지고 따라서 설교자의 권위 역시 높아지는 것은 아니기 때문이다. 때로는 설교자가 회중과 같은 위치에 서서, 또는 오히려 회중의 아래 위치에 서서 말씀을 전하지만 설교자의 입을 통해 나오는 메시지를 통해 청중들은 하나님의 말씀과 그 말씀을 전하는 설교자에게 존경의 마음을 갖게 된다. 설교자의 입을 통해 나오는 말씀의 내용이 그렇게 만들기 때문이다.

그러나 메시지의 내용보다는 설교자의 권위적인 자세, 교회의 외형적인 구조만을 강조하게 된다면 오히려 그것은 청중들의 저항감만 불러일으킬 뿐이다. 오늘날 시대적 현상임과 함께 교회 안에서 일어나는 설교자와 청중의 수평적 관계로의 전환은 그런 권위적이고 수직적인 구조를 결코 원하지 않기 때문이다. 최근 교회 안에서 일어나고 있는 '섬김의 리더십'(servant

---

4. Fred B. Craddock, *As One Without Authority* (St. Louis : Chalice Press, 2001), p. 14.

leadership) 역시 서로가 수평적 관계에서 서로를 섬기는 리더십을 의미한다. 이것은 이제 교회 전반적 측면에서 구조적 변화가 불가피함을 보여 주는 현상이라고 하겠다. 그리고 이것이 사실은 성경적 원리이다. 교회가 제도화되면서 성직자와 평신도가 구분이 되고, 그것은 결국 수직적인 구조와 관계로 정착이 되었다. 그러다 보니 설교자들 역시 당연하게 회중들의 위에 서서 설교를 하고 가르치고 교훈하고 훈계하며 명령하는 사람으로 자신의 정체성을 규정하고 그렇게 행해왔던 것이다.

그러나 이제는 모든 것이 변하고 있으며 변해야 한다. 설교 역시 예외가 아니다. 이제 설교자들은 자신의 설교를 듣는 청중의 위치와 역할에 대해서 진지하게 다시 생각해야 한다. 그들은 강단 아래 회중석에서 자신의 설교를 '들어야만' 하는 존재가 더 이상 아니다. 설교자들은 이제 자신의 설교를 듣는 청중들이 자신의 설교에 함께 참여하는 파트너라는 사실을 깊이 인식하고, 그들을 존중하며 이해하고 사랑할 수 있어야 한다. 그럴 때 청중들 역시 설교자를 존중하며 설교자의 설교에 경청하게 되고, 그런 분위기 속에서 전해지는 말씀은 청중들의 공감을 얻으며 힘있는 말씀이 될 것이다. 설교자가 청중을 설교의 파트너로 생각할 때, 청중들은 진정한 설교의 협력자가 되며, 자신들의 설교자를 위해서 기꺼이 기도하고 격려하며 설교를 통해 주시는 하나님의 은혜를 함께 나누게 될 것이라는 말이다. 그리고 파트너가 된 설교자와 청중이 자신의 역할에 더욱 충실하게 될 것이다.

지금 한국교회 강단에는 두 부류의 설교자들이 공존하고 있다. 아직도 과거의 권위적 태도에 사로잡혀서 강단에만 오르면 청중들을 향해 큰 소리를 치며 명령을 하고 심지어는 강압을 하는 설교자들이 있다. 그러나 최근 설교학 훈련을 받은 많은 설교자들은 시대의 흐름과 청중들의 변화에 주목하면서, 거기에 적절하게 대응하는 자세를 가지려고 노력하고 있다. 이런 변화는 한국교회 설교를 위해서 매우 긍정적이라고 본다.

물론 설교자가 진정으로 가져야 할 말씀을 전하는 자로서의 권위를 버리고, 청중들에게 비굴하고 아부하는 식의 저자세를 가져서도 안 된다. 설교자는 설교자로서 하나님 앞과 사람들 앞에서 당당하게 서야 한다. 그러나 이것이 교만을 의미하는 것은 아니다. 하나님의 말씀을 전하는 자로서의 분명하고 확고한 사명감과 확신을 가지라는 말이다. 그러나 잊지 않아야 할 것은 설교자가 하나님의 말씀을 전하는 자로서의 자존감을 갖는 것만큼이나 자신의 설교를 듣는 청중들 역시 하나님의 백성으로서 마땅히 존중받고 인정되어야 한다는 사실을 기억해야 한다. 설교자가 자신의 설교를 듣는 청중들을 마음으로부터 존중하고, 청중들 역시 자신들에게 하나님의 말씀을 전해주는 설교자를 진심으로 존중할 때, 설교는 설교자와 청중 모두에게 전하고 듣는 참된 즐거움을 안겨 주게 될 것이다.

설교자가 청중을 존중해야 할 이유는 청중은 설교 여정에 함께 동반하는 사람들(파트너)이라는 점과 그들 역시 설교자와 동일한 하나님의 백성이라는 사실 때문이다. 설교자는 이것을 언제나 잊지 않고 기억해야 한다.

미국의 설교학자인 토마스 롱(Thomas G. Long)은 이 시대 설교자들을 향하여 다음과 같이 조언을 하고 있다. 이 말은 오늘의 설교자들이 심각하게 귀 기울여 들어야 할 것이라 본다. "여러분의 설교를 듣는 청중들을 하나님의 백성(the people of God)으로 진지하게 대하십시오."[5] 설교자는 한 사람의 하나님의 백성으로서 하나님의 백성들에게 설교하는 것이다.

3. 청중과 공감하는 설교 : "청중으로부터 들으라"

듣는다는 것(listening)은 일방통행이 아니라 양방통행(two-way street)을

---

5. Thomas G. Long, "Taking the Listeners Seriously as the People of God," in *The Folly of Preaching*, ed. Michael P. Knowles (Grand Rapids : William B. Eerdmans Publishing Co., 2007), pp. 43-55.

말한다. 설교자는 자신이 설교를 하기 전에, 설교를 하는 동안에, 그리고 설교를 한 후에 자신의 청중들로부터 듣도록 부름받았다. 만일 설교자가 자신의 회중으로부터 듣지 못한다면, 그는 하나님의 복음을 어떻게 말해야지 알 수 없을 것이다.[6]

설교 시간에 설교자는 입으로 말하고 청중은 귀로 듣는다. 그러나 설교 이전 시간은 설교자가 먼저 들어야 할 시간이다. 하나님으로부터, 자연으로부터, 세상으로부터, 그리고 무엇보다 자신의 설교를 듣는 사람들로부터 들어야 한다. 성경에서 하나님의 음성을 들어야 한다. 하나님의 창조 세계인 자연으로부터 하나님의 섭리를 보고 자연에서 속삭이는 소리를 들을 수 있어야 한다. 그리고 사람들이 사는 시장바닥에서, 일터에서, 교회에서, 가정에서 들려오는 소리들을 들을 수 있어야 한다. 이러한 들음이 있을 때 설교자의 설교는 하나님의 말씀이면서, 듣는 사람들의 삶에 직접적이고 깊은 영향력을 주는 능력의 근원이 될 것이다. 그리고 설교자는 또한 설교를 하는 시간에도 듣는 사람이 되어야 한다. 설교를 듣는 청중들의 반응을 읽으며, 그들이 설교자에게 보내오는 신호를 듣고 느낄 수 있어야 한다. 설교 원고가 아무리 잘 준비되었다 할지라도 어떤 경우는 청중들의 반응이 싸늘할 수도 있다. 뭔가 설교자와 청중 사이에 깊은 간격이 느껴지고 어색함이 흐르기도 한다. 마치 설교자와 청중이 물과 기름처럼 느껴진다. 이것은 지금 설교자가 전하고 있는 메시지가 청중들에게는 별로 공감을 주지 못하고 있다는 징조다. 이럴 때 설교자는 어떻게 해야 할 것인가를 빨리 판단하고, 거기에 적절히 대응할 수 있어야 한다. 설교자는 자신이 말을 하는 시간에도 듣는 청중들이 무언(無言)으로 말하고 있음을 언제나 잊지 않아야 한다.

---

6. Roger E. Van Harn, Preacher, *Can You Hear Us Listening*? (Grand Rapids : William B. Eerdmans Publishing Company, 2005), p. ?.

또한 설교가 끝난 후에도 설교자는 역시 청중들로부터 들어야 한다. 청중들은 그날의 설교에 대해서 어떻게든 반응을 한다. 설교를 듣고 교회문을 나서는 회중들의 반응은 기쁘기도 하고 받은 은혜에 감격하여 눈물을 글썽이기도 한다. 뭔가 희망에 차 가슴이 부풀어져 있는 모습이기도 한다. 말씀을 듣고 그대로 살아야겠다는 결연한 얼굴도 보인다. 그런가 하면 뭔가 만족하지 못한 모습도 있다. 오히려 가슴이 채워지지 않아 허전한 모습으로 교회문을 나서기도 한다. 또 어떤 사람은 목사의 설교에 불만스럽다는 표정으로 굳이 목사를 외면하면서 나가기도 한다. 목사는 청중들의 모습에서 이런 소리를 들을 수 있어야 한다.

무엇보다 목사는 설교를 듣고 세상으로 나아가는 그들이 삶의 현장에서 그 말씀을 붙들고 어떻게 살아가는지에 대해서 들어야 한다. 이는 삶의 현장에서의 '말씀의 적용'이다. 한 시간의 설교를 듣는 것으로 끝나는 것이 아니라 그들이 진정으로 그 말씀을 가슴에 품고 삶의 현장에서 그대로 살아가는지에 대해 설교자는 관심을 기울여야 한다. 말씀은 삶의 현장에서 실천됨으로써 완성되고 결실을 맺게 되며, 세상을 변화시키는 능력을 갖게 된다. 특별히 오늘 한국교회 크리스천들의 문제는 말씀과 삶의 괴리이다. 말씀은 듣지만 실천은 하지 않는 것이 지금 한국교회 그리스도인들의 심각한 문제이다. 그 결과 교회는 세상을 변화시키지 못하고 오히려 그 영향력을 차츰 상실해 가고 있다. 그러므로 설교자는 끊임없이 자신의 설교를 듣는 회중들이 삶의 현장에서 말씀을 가지고 어떻게 살아가는지에 관심을 가지고 귀를 기울여야 한다. 그리고 설교를 통해서 말씀을 실천하도록 촉구해야 한다.

설교자는 진정으로 듣는 사람이 되어야 한다. 오늘 많은 설교자들의 설교가 사람들로부터 외면을 받는 이유가 어디에 있다고 보는가? 설교자가 듣지 않기 때문이다. 청중들의 기쁨과 좌절, 환호와 신음, 희망과 깊은 한숨소리를 듣지 못하기 때문에 설교자의 설교는 청중들과는 아무런 관련이 없는 내용이 된다. 그래서 설교 시간 동안 설교자의 설교는 그저 허공을 맴돌고, 청중들의 가슴은 여전히 공허하기만 할 뿐이다.

우리는 구약에 나오는 솔로몬의 지혜에 대해서 익히 알고 있다(왕상 3:4-15). 아마 많은 설교자들이 이 본문을 가지고 여러 번 설교를 했을 것이다.

솔로몬은 이스라엘의 왕이 되면서 하나님의 도움을 간절히 구했다. 그래서 그는 하나님께 일천번제를 드리기까지 하였다. 이런 솔로몬의 정성과 간절함을 보신 하나님께서는 솔로몬에게 "내가 네게 무엇을 줄꼬 너는 구하라"고 말씀하셨다. 그때 솔로몬은 "지혜로운 마음을 종에게 주사 주의 백성을 재판하여 선악을 분별하게 하옵소서."라고 대답하였다.

솔로몬은 장수나 부귀영화나 전쟁에서의 승리를 구하지 않았다. 지혜를 하나님께 구한 것이다. 그런데 그가 구한 '지혜로운 마음'은 히브리어의 '렙 쇼메아'(שמע לב)이다. 이 단어는 대부분의 성경에서 '지혜로운 마음'(a wise heart), '지혜'(wisdom), '이해하는 마음'(an understanding heart), '분별력 있는 마음'(a discerning heart) 등으로 번역되고 있다. 그러나 '렙 쇼메아'는 무엇보다 먼저 '듣는 마음'(a heart to hear)이란 의미를 가진다.[7]

솔로몬은 자신의 백성들을 바로 지도하고 재판하기 위해서 하나님께 '듣는 마음'을 구한 것이다. 그래서 솔로몬은 백성들의 말을 잘 들을 수 있었고, 그 말을 잘 들음으로써 지혜롭게 바른 재판을 할 수 있었다. 지혜는 듣는 마음에서 비롯된 것임을 깨닫게 된다(참고로 솔로몬은 하나님께 '듣는 귀'를 달라고 구한 것이 아니라 '듣는 마음'을 주시라고 구했다. 여기서 우리는 듣는 것이 단지 귀로만 듣는 것이 아니라 마음으로 들어야 한다는 교훈을 얻는다. 마음으로 듣는 것이 곧 공감이다.). 만일 재판관이 원고나 피고의 말을 듣지 않고 자기 맘대로 재판을 해버린다면 그 재판의 결과는 어떻게 되겠는가? 상상만 해도 끔찍스러운 일일 것이다.

---

7. 참고로 히브리어 לב은 '마음'이란 뜻이고, שמע 는 '듣다'라는 히브리어 동사 שמע (쉐마)에서 온 말이다. 그래서 개역개정판 성경에서는 이것을 "듣는 마음"으로 번역하고 있다.

이를 설교에 적용시킨다면 어떻게 될까? 만일 설교자가 자신의 설교를 듣는 청중들의 소리를 전혀 듣지 않고, 언제나 자기 생각대로 자기 말만 설교 시간에 하고 만다면 그 설교 내용은 청중들과는 아무런 관련이 없는 설교자 자신의 소리에 불과할 것이다. 청중들은 이런 설교에 공감하지도 않고 결코 귀를 기울여 들으려고 하지도 않을 것이다. 왜냐하면 목사가 하는 그 설교는 자기와 아무런 관련이 없기 때문이다. 또한 그런 목사의 설교는 자기들의 상황과는 너무 동떨어진 것이라 여기고 말 것이다. 그래서 그런 설교자의 설교는 언제나 사람들의 가슴에 와 닿지를 못하고 허공에서 맴돌다 연기처럼 사라져버린다. 그런 설교자들이 있는 설교 현장에서 청중들은 설교에 대한 어떤 기대도 없이 그저 의무적으로 나와 앉아서 듣는 척하는 것으로 설교 시간을 보낼 수밖에 없으리라. 이는 설교의 비극이 아니겠는가?

설교자들이여! 사람들에게 설교를 하기 전에 먼저 사람들로부터 듣는 사람이 되라. 그것이 당신의 설교를 모든 사람들이 귀 기울여 듣도록 하는 지름길이다. 당신이 사람들에게 귀를 기울인 만큼 사람들은 당신의 설교에 귀를 기울이게 된다는 사실을 잊지 말기 바란다.

4. 들려지는 설교 : 일방적 전달에서 함께 하는 설교로

설교자는 청중들에게(to the listeners) 설교를 할 뿐 아니라 청중들과 함께(with the listeners) 설교해야 한다.[8]

미국 은혜개혁교회(Grace Christian Reformed Church)에서 목회를 하다 은퇴한 로저 반 한(Roger E. Van Harn)은 설교자들이 설교를 하면서 청

---

8. Roger E. Van Harn, Preacher, *Can You Hear Us Listening?* p. 133.

중들이 요구하는 두 가지를 기억하라고 한다. 하나는 "나에게 설교를 해주시오."(Preach to me.)라는 것이고, 하나는 "나와 함께 설교를 해주시오." (Preach with me.)라는 것이다. "나에게 설교를 해주시오." 이 말은 오늘의 설교자들이 회중석에 앉아 있는 청중들과는 아무런 관련이 없는 설교 내용을 들으면서 하는 외침이다. 나와는 아무런 관련이 없는 뜬구름 잡는 설교는 그만두고 나와 관련된 설교를 해달라는 말이다. 즉 청중의 삶과 관련된 설교를 의미한다.

또 하나 "나와 함께 설교를 해주시오." 이 말은 설교자의 설교가 나와 관련되면서 동시에 내가 설교에 참여하도록 해달라는 말이다. 내 고민이 거기에 있고, 내 문제가 거기에 있으며, 내 삶의 이야기가 거기에 있는 그런 설교를 해달라는 것이다. 청중은 설교에 있어서 한 사람의 참여자(participant)이다. 청중은 직접 설교를 하지는 않지만 다양한 방법으로 설교에 참여하게 된다. 먼저 청중은 자신들의 삶의 자리에서 일어나고 경험하는 여러 가지 일들을 통해서 설교자의 설교에 참여한다. 즉 청중들의 삶 자체가 설교의 소재가 되어 목사의 설교를 준비할 수 있도록 한다는 것이다. 그리고 청중들은 무엇보다 예배에 참석하여 설교자의 설교를 들음으로써 설교에 참여한다. 그들은 설교자의 설교를 듣고 거기에 반응한다. 함께 기뻐하고 함께 웃으며 때로는 함께 울고 한숨을 쉬기도 한다. 그러면서 그들은 설교에 동참하는 것이다.

무엇보다 청중은 설교자의 설교를 듣고 그 말씀대로 살아감으로써 설교에 참여한다. 만일 설교자가 듣는 사람이 아무도 없는 곳에서 혼자 허공에 설교를 한다면 그것이 설교가 될 것인가? 설교자의 설교가 청중의 삶과는 아무런 관련도 없고, 그런 설교를 들은 사람들이 말씀과 아무런 관련도 없는 삶을 살아간다면 어떻게 되겠는가? 설교의 목표는 청중들이 설교자가 전하는 말씀을 듣고 변화를 받고 그 말씀대로 살아가는 데 있다. 청중은 설교를 들을 뿐만 아니라 그 말씀대로 살아감으로써 설교에 참여하는 것이다.

그러기 위해서 설교자의 설교는 어떠해야 하겠는가? 설교자의 설교는 철저히 성경에 근거한 하나님의 말씀이면서, 동시에 청중들의 이야기가 담겨 있어야 한다. 그럴 때 설교는 설교자 한 사람의 독백이 아니라 청중과 함께 하는 설교가 된다. 함께 하는 설교는 공감하는 설교다. 말씀을 통해 설교자와 청중이 함께 경험을 나누며, 함께 하나님의 말씀을 나누며, 신앙공동체의 믿음을 함께 나누면서 공감이 형성될 때, 설교는 설교자와 청중이 분리되지 않은, 그야말로 양자가 함께 공유하는(sharing) 설교, 말씀의 역사가 나타나는 현장이 될 것이다.

왜 오늘날 청중들이 설교자의 설교를 들으려 하지 않는가? 설교가 자신과는 아무 관련이 없는 이야기가 되고 있기 때문이다. 이제 설교자는 무엇이 청중들로 하여금 설교에 능동적으로 참여하도록 하고, 설교자와 청중이 함께 하는 설교가 되도록 하는지를 들었다. 설교는 청중들에게 '들려주는' 것이 아니라 청중들에게 '들려지는' 것이 되어야 한다.[9]

설교는 청중이 듣든지 아니 듣든지 일방적으로 하는 것이 아니다. 이제 설교자의 입을 통해서 나오는 말씀은 청중들에게 들려지는 것이 되어야 한다. 그러기 위해서 설교는 설교자 일방의 독백적인(monological) 것이 아니라 대화적인(dialogical) 것이 되어야 하며, 그 말씀을 설교자와 청중이 함께 공유하는 것이 되어야 한다.[10] 설교는 설교자 혼자 하는 것이 아니라 청중과 함께 하는 것이란 점을 잊지 말기 바란다.

---

9. '들려주는' 설교란 설교자가 청중들에게 일방적으로 전하는 설교자 중심의 설교를 말하며, '들려지는' 설교는 설교자와 청중이 함께 하는 설교를 말한다. 설교자는 청중이 함께 들을 수 있는 설교를 준비하여 전하고, 청중은 그 설교에 기꺼이 참여하여 듣는 설교를 '들려지는' 설교로 표현하였다.

10. Fred B. Craddock, *As One Without Authority*, p. 18.

5. 설교는 청중을 필요로 하며 청중에 의해서 완성된다

그동안 설교자들은 자신의 말을 하기에 분주했다. 그러다 보니 그들은 청중들이 자신의 설교를 어떻게 듣는가에 대해서는 관심이 없었다. 그들은 자신의 입에서 말이 나가는 것으로 설교가 완성된다고 여겼다. 그래서 청중들이 그것을 어떻게 듣고 어떻게 반응하는가에 대해서는 신경을 쓰지 않았다. 설교자들은 청중들을 단순히 자신의 설교를 듣는 존재로 취급하였고, 이런 경향은 자연스럽게 설교 현장에서 청중들을 피동적인 존재로 전제하도록 만들고 말았다.[11]

1) 설교는 청중을 필요로 한다

설교에는 청중이 있어야 한다. 청중이 있음으로 설교는 진행될 수 있다. 그런데 우리 설교자들은 이 사실을 잊어버릴 때가 많다. 그래서 설교에 청중이 있어야 한다는 것은 청중의 존재 가치를 다시 인식하라는 말이다. 청중 없이 설교가 있을 수 없으며, 청중 없는 설교자 역시 존재할 수 없다.

설교는 청중을 위해서 하는 것이다. 설교자는 설교자 자신을 위해서 설교를 하는 것이 아니라 청중을 위해서 설교한다. 그러므로 설교자는 설교를 준비하면서, 그 설교 원고를 가지고 강단에서 전달하면서, 그리고 설교가 끝난 후에도 언제나 청중을 생각해야 한다. 왜 이 말씀을 내 청중(교인)들에게 전해야 하는가? 이 말씀을 어떻게 청중들에게 전할 것인가? 이 말씀을 들은 청중들은 어떤 반응을 보일까? 설교자는 하나님의 말씀을 준비하면서 끊임없이 이런 질문을 해야 한다.

---

11. 위의 책, p. 26.

2) 청중에 대한 이해

동일한 하나님의 말씀이지만 설교자는 청중들의 상황, 수준 등에 따라서 그 말씀을 적절하게 전달해야 한다. 요한복음 3 : 16을 설교하지만 어린이에게와 어른에게 설교를 할 때 그 방법은 달라야 한다. 마찬가지로 믿는 사람과 믿지 않는 사람에게 설교를 할 때도 달라야 한다. 따라서 설교자는 청중에 대한 존중과 함께 청중에 대한 이해를 가지고 있어야 한다. 자신이 설교해야 할 대상이 어떤 사람인가를 분석하고, 동일한 하나님의 말씀이지만 그것을 듣는 사람이 잘 이해하고 받아들일 수 있도록 해야 한다.

기독교 설교 역사에서 청중에 대한 이해를 위해 최초 청중 분석을 시도한 사람은 교황 그레고리 대제(Gregory the Great, 540-604)이다. 그는 로마의 주교로 재직할 때 『목회 규범』(Liber Regulæ Pastoralis)이라는 책을 내게 되는데, 여기서 그는 목회자의 목양과 설교에 관해서 여러 가지 지침들을 제시하고 있다. 특별히 설교와 관련하여 그는 하나의 동일한 교훈이지만 그것을 표현하고 전달하는 것은 다양한 방법으로 이루어져야 함을 말하면서, 그렇게 해야 할 이유가 바로 청중들이 다양하기 때문이라고 한다. 그러면서 그는 자신의 저서에서 청중을 35가지 유형으로 분류하였고, 이런 청중들에 대한 이해를 가지고 적절하게 설교를 해야 한다는 것을 강조하고 있다.[12]

그는 예를 들어, "어떤 교사(설교자)가 '자비'라는 덕목으로 모든 사람들을 교화하고자 할 때, 자비라는 하나의 교리를 청중들의 가슴에 전하지만 그 설교(exhortation) 내용이나 방법이 어디서나 하나의 동일한 것이어서는 안 된다."고 한다. 오늘로 말하면 설교의 주제나 본문은 하나일지라도 그것을 전달하는 내용이나 방법은 다양해야 한다는 것이다. 그러면서 그는 "교사(설교자)들의 강론(설교)은 청중들의 특성에 따라 그들 모두나 각자의 필요

---

12. Great the Great, *Liber Regulæ Pastoralis*, trans. James Barmby, *The Book of Pastoral Rule*, ed. Philip Schaff and Henry Wace, *Nicene and Post-nicene Fathers*, vol. 12 (Peabody : Hendrickson Publishers, 2004), pp. 24-25.

에 맞추어져야 한다."고 주장하고 있다.[13] 청중을 이해하고 거기에 적절하게 설교를 하라는 것이다.

3) 설교는 청중에 의해서 완성된다

설교는 설교자의 입에서 완성되는 것이 아니라 그 말씀을 듣는 청중들에게서 완성된다. 다시 말하면 "설교가 완성되기 위해서는 반드시 청중이 필요하다."는 사실이다.[14] 따라서 설교자는 설교에 있어서 청중의 존재와 역할에 대한 재인식, 청중에 대한 이해와 존중, 그리고 말씀을 듣고 그것을 실천하는 그들의 삶에 언제나 관심을 가져야 한다. 설교자는 청중을 무시하는 태도나 그들에 무관심한 자세를 버리고, 언제나 그들을 하나님의 백성으로 존중하며 이해하고, 하나님의 말씀을 통해서 그들을 격려하고 사랑할 수 있어야 한다. 그들은 설교자와 함께 설교의 여정을 가는 동반자들이다. 그것을 위해서 하나님은 설교자를 세우셨고, 그의 말씀에 함께 하도록 청중을 부르신다. 프레드 크래독의 말을 들어보도록 하자.

설교자들은 단지 말만 던졌을 뿐 청중이 어떻게 듣는가에 대해서는 거의 무관심했다. 그들은 설교가 오직 자신의 입에서 나가는 것으로 완성된다고 생각했고, 청중의 반응과 요구를 듣는 것은 무시해 왔다. 이렇게 과거에 행해졌던 설교에는 청중을 수동적인 존재로 전제했었다. 목회자들은 청중을 단순히 듣는 존재로만 생각했었다.……청중을 자신의 설교 여정에 동참하도록 하는 형태는 거의 없었다.……이제 설교자는 청중을 향한 자신의 말만 신뢰할 것이 아니라 말씀에 대한 청중의 반응에 대해서도 마음을 열어야 한다. 설교가 완성되기 위해서는 청중이 반드시 필요하다는 것을 명심해야 한다.[15]

---

13. 위의 책, p. 24.
14. Fred B. Craddock, *As One Without Authority*, p. 26.
15. Fred B. Craddock, *As One Without Authority*, 김운용 역, 『권위 없는 자처럼』(서울 : 예배와 설교 아카데미, 2005), pp. 73-74.

제9장 공감 설교 방법론

　설교는 이론이면서 동시에 실천이다. 즉, 설교는 학문적 이론을 바탕으로 하면서 거기에 근거한 실천적 방법론이 함께 따라야 한다. 그러면 청중이 함께 공감할 수 있는 오늘의 설교는 어떤 것이어야 할까? 설교자 일방의 설교가 아니라 설교자와 청중이 함께 나누는(sharing) 설교는 어떻게 해야 할까? 본 장에서는 공감의 설교를 위한 설교의 형식, 설교의 전개, 설교 내용과 표현, 전달 방법 등 구체적 내용들을 설교학적 이론과 함께 제시하도록 하겠으며, 설교 현장을 고려하여 구체적인 예와 함께 진행하고자 한다.

1. 설교 형식 : 논리(논증)에서 이야기로

　어떤 설교자들의 설교를 들어보면 굉장히 지적이고 논리적으로 뛰어남을 보게 된다. 마치 한 편의 논문을 읽는 것 같다. 치밀하고 빈틈없이 전개되는 내용은 듣는 사람으로 하여금 설교의 구성이 얼마나 탄탄한 것인지 놀라게 한다. 그러나 문제는 이런 논리적인 설교가 사람들의 머리를 끄덕이게는 하지만 가슴에 감동을 주지 못하고, 공감을 불러일으키지 못한다는 데에 있다. 그러나 그동안 전통적인 설교의 대부분은 이런 형식을 취해왔었다. 우리가 잘 알고 자주 듣는 삼대지 설교 형식이 그 대표적인 것이다. 설교자는 어떤 주제를 정해놓고, 그것이 의미하는 바가 무엇인지, 왜 그렇게 해야 하는지를 논리적으로 설명하면서 설교를 전개한다.

예를 들자면 '이웃 사랑'이라는 주제를 가지고 설교를 할 때, 설교자는 먼저 이웃이 무엇인지, 그리고 사랑이란 무엇인지를 성서적, 철학적, 사회적 개념 등을 들어서 설명할 것이다. 원어를 가지고 에로스(ἔρως), 필리아(φιλία), 아가페(ἀγάπη) 등을 말하면서, 사랑의 종류를 설명하기도 할 것이다. 물론 이때 듣는 청중들은 설교자의 깊이 있는 지식에 감탄하게 될 것이다. 이어서 설교자는 왜 우리가 이웃을 사랑해야 하는지를 합리적 이유를 들어가면서 말하고, 이어서 그 이웃을 어떻게 사랑해야 하는지를 논리적으로 강조하게 될 것이다.

그러나 예수님은 이웃 사랑에 대한 설교를 이렇게 하지 않으셨다. 한 율법사가 예수님께 찾아와서 "내 이웃이 누구이옵니까?"라고 물었을 때, 예수님은 이웃에 대해서 "성서적, 철학적, 지정학적, 사회학적으로 이웃이란 이런 것이다."라고 설명하지 않으셨다. 그 대신 예수님은 이야기로 모든 것을 말씀하셨다. 그것은 우리가 잘 알고 있는 "선한 사마리아인의 비유"이다(눅 10 : 29-37).

한 사람이 예루살렘에서 여리고로 가다가 강도를 만나서 거반 죽게 되었다. 이때 제사장이 그 사람 곁을 지나가게 되었다. 그러나 제사장은 그를 못 본 척하고 지나갔다. 이어서 레위인이 그 곁을 지나가게 되었는데, 그 역시 못 본 척 지나갔다. 그러나 사마리아인은 그곳을 지나면서 강도 만난 사람을 보고, 상처를 싸매주고 그를 주막으로 데려다가 보살펴 주었다. 이야기를 마치신 후 예수님은 자기에게 질문한 율법사에게 이렇게 물으셨다. "네 의견에는 이 세 사람 중에 누가 강도 만난 자의 이웃이 되겠느냐?" 예수님은 이 이야기를 통해서 굳이 이웃에 대해서 논리적으로 설명하거나, 이웃을 어떻게 사랑해야 하는지를 합리적 방법으로 제시하지 않으셨다. 그러나 누구나 이 이야기를 들으면 이웃이 누구인지 알게 되고, 또한 사마리아인의 행동을 보면서 이웃을 어떻게 사랑해야 하는지를 쉽게 알게 된다.

이야기는 모든 사람들이 좋아하고 모든 사람들이 쉽게 이해를 하게 된다. 남녀노소, 배운 사람과 배우지 못한 사람, 인종과 국가와 시대와 언어를 넘어서 인류가 보편적으로 좋아하는 것이 이야기다. 이야기는 사람들이 사는 곳이라면 어디나 있는 인류의 보편적 현상이다. 오래 전부터 사람들은 이야기 형식을 빌어서 어떤 의미를 전달하고 정보를 제공하고 사람들을 가르치거나 교훈하는 일을 해왔다. 듣는 사람들 역시 이야기를 통해서 그 의미를 쉽게 파악하고 이해할 수 있었고, 이야기를 통해서 감동을 받고 행동하였다.

기독교 설교 역시 예외가 아니었다. 설교의 본문(text)이 되고 있는 성경을 먼저 보도록 하자. 성경의 많은 내용들은 이야기 형식으로 기록이 되어 있다. 성경이 시작되는 창세기의 창조 사건 역시 이야기 형식으로 기록되어 있다. 출애굽의 과정, 이스라엘의 역사, 위대한 신앙 인물들의 전기 등 수많은 내용들이 이야기 형식으로 표현되어 있다.

신약의 예수님 역시 복음을 설교하시되 많은 이야기를 통해서 설교하셨다. 예를 들어 마태복음 13장 하나만 보더라도 "씨 뿌리는 비유"(마 13 : 1-9), "겨자씨와 누룩의 비유"(마 13 : 31-33), "가라지 비유"(마 13 : 36-43), "천국에 대한 세 가지 비유"(마 13 : 44-50) 등이 등장하고 있다.

심지어 마태복음 13장은 예수님께서 "비유(이야기)가 아니면 아무것도 말씀하지 않으셨다."(마 13 : 34)고 할 정도로 예수님은 많은 비유를 통해서 설교하셨다. 마태복음 13장 이 외에도 예수님은 얼마나 많은 비유(이야기)를 자신의 설교에서 사용하셨는가?

기독교 설교에서 이야기의 중요성을 강조한 찰스 라이스(Charles L.

Rice)는 이스라엘 역사에 있어서 이야기가 얼마나 중요한 역할을 해왔는가를 역설하면서, "이스라엘은 이야기로 살았다"고 말하고 있을 정도다.[1] 이와 같이 구약과 신약 속에 나타난 이야기 전통은 그 후 초기 교회의 사도나 교부들로 계속 이어지면서, 기독교의 복음과 진리를 이야기 형식을 사용하여 표현하고 전달을 하게 되었다.

그러나 이런 기독교 복음의 전달 방식 또는 설교 방식에 변화가 온 것은 어거스틴(St. Augustine) 이후이다. 초기 교회에 이단이 발흥하기 시작하면서 교회는 이에 대해서 논리적으로 증명하고 방어해야 할 필요가 있게 되었고, 특별히 로마의 기독교에 대한 박해가 어떤 부분에서는 기독교에 대한 오해로 말미암은 것이 많았으므로 교회는 이에 대한 변증(Apology)을 할 수밖에 없는 상황에 처하게 되었다.[2] 그 결과 기독교 복음은 논리적으로 자신을 증명하고 변호하는 방향으로 갈 수밖에 없었다.

특별히 설교학 분야가 논리적으로 바뀌게 된 데는 어거스틴의 영향이 컸다. 어거스틴은 당시 수사학(rhetoric)을 가르쳤던 전문가였다. 그러나 그가 회심한 후 기독교 지도자가 되었고, 그의 수사학에 대한 지식과 경험들은 자신의 설교에 그대로 영향을 미치게 되었다. 어거스틴은 최초의 기독교 설교학 이론서라고 할 수 있는 『기독교 교설』(De doctrina christina)[3]을 저술하였으며, 이것은 그 후 기독교 설교의 이론과 방법 체계에 중요한 근거가 되었고, 후대 기독교 설교에 지대한 영향을 미쳤다. 무엇보다 수사학적 관점이 주로 반영된 어거스틴의 설교론은 그 후 기독교 설교가 논리적으로 바뀌도록 하는 데 큰 영향을 주게 되었다.

---

1. Charles L. Rice, *Interpretation and Imagination* (Philadelphia : Fortress Press, 1970), p. 66
2. 이 시대에 대표적인 변증문으로는 저스틴 마터(Justin Martyr)가 쓴 변증문(Apology) 등이 있다.
3. Aurelius Augustinus, *De doctrina christiana*, 성염 역, 『그리스도교 교양』 (왜관 : 분도출판사, 1989) 참조. 필자는 이 책을 『그리스도교 교양』보다는 『그리스도교 교설(教說)』이라고 번역을 하는데, 그 이유는 여기에 담긴 내용이 성경에 대한 해석을 어떻게 할 것인가와 그것을 어떻게 전달할 것인가, 즉 설교에 대한 내용을 담고 있기 때문이다.

어거스틴 이후 기독교 설교가 보다 논리적이고 지적이고 합리적이며 교훈적으로 바뀌게 된 계기는 근대 계몽주의(Enlightenment)이다. 어거스틴이 논리적 또는 논증적 방법을 도입해서 기독교 설교에 최초로 적용했다면 이것을 한 단계 더 강화하는 계기가 바로 계몽주의의 영향이었다고 할 수 있다. 이미 우리가 잘 알고 있는 대로 계몽주의는 인간의 이성(reason)에 기반을 두고, 인간 이성의 빛 아래 모든 것을 조명하며 진행을 한다. 여기는 이성에 근거한 합리성과 논리, 증명 등이 중요시되며, 특별히 이런 것들을 무지한 사람들에게 가르치고 교육하여 깨닫게 하는 것이 중요한 목표가 되고 있다. 이런 경향으로 인해 계몽주의는 그야말로 인간의 계몽(啓蒙)에 모든 초점을 맞추었다.

이러한 계몽주의의 경향은 종교개혁 이후 근대 기독교, 특별히 개신교회의 설교에 그대로 영향을 미쳤다. 따라서 기독교 설교 역시 자연스럽게 논리적, 논증적, 지적, 합리적, 교훈적 특징을 가질 수밖에 없었다. 그리고 그 이후 근대 설교 부흥기를 거치면서, 이런 경향은 설교의 대세가 되었고, 일반적 경향이 되었다.

하지만 20세기를 접어들면서, 기독교 신학의 이런 경향에 대해서 반발하는 운동이 일어나게 되었는데, 그것이 바로 가브리엘 팩커(Gabriel Fackre), 마이클 노박(Michael Novak), 한스 프라이(Hans Frei), 제임스 맥클랜돈(James McClendon) 등을 대표로 하는 '이야기 신학'(Narrative Theology)의 등장이다. 이들은 초기 기독교 신학은 진리를 논리로 설명하지 않고 이야기로 전했다는 사실에 주목하였다. 그러면서 그들은 초기 교회 이후 기독교가 지나치게 논리를 가지고 진리를 설명하려 한 것은 잘못이라고 보았다. 처음 기독교는 이야기를 가지고 하나님과 기독교가 믿는 진리를 사람들에게 전했었지만, 그 이후 기독교는 논리를 가지고 진리를 설명함으로써 오히려 기독교를 교리화시켜 버렸다는 것이다. 따라서 기독교가 그동안 잃어버렸던 이야기를 다시 기독교 신학에서 회복을 해야 한다는 것이 이들의 주장이었다. 기독교 신학이 지나치게 논리적으로 바뀐 데 대한 반발로 이야기 신학이 등장하게 된 것이다.

이러한 경향은 설교학 분야에서도 자연스럽게 등장하였다. 하나님의 말씀을 전달(설교)하는 데 있어서 가장 유용하고 효과적인 수단으로서 이야기의 회복(the recovery of the story)을 주장했던 찰스 라이스는 다음과 같은 주장을 하고 있다.

> 이스라엘은 이야기로 살았다(Israel lived by story.). 하나님에 대하여 또는 삶의 의미에 대하여 말해야 할 것들은 아버지로부터 아들에게 이야기로 전해졌다(에덴동산 이야기, 족장들과 애굽의 노예생활, 출애굽과 무용담, 용감한 지도자들 등). ……설교자는 이야기를 하는 사람이다(Thepreacher is one who tells a story). 그는 하나님의 말씀(the Gospels)뿐만 아니라 사람들의 일상생활(daily life)에 대하여 이야기를 하는 사람이다.[4]

현대 설교학의 대표적 인물이라고 할 수 있는 프레드 크래독(Fred B. Craddock) 역시 "신앙공동체를 향하여 말씀을 주고 있는 성경은 결코 신학적이거나 윤리적 논증들(arguments)을 모아놓은 책이 아니다."[5]라고 주장하면서, 그동안 기독교 신학과 설교가 범했던 실수 가운데 하나가 모든 것들을 너무 논리적으로만 증명하려 했음을 지적하고 있다. 이제 설교는 논리적이기보다 성경의 본문(text)에 제시되고 있는 이야기들을 적극 활용할 수 있어야 한다. 이야기는 인류 문화의 가장 보편적인 현상이요, 또한 인간의 공감을 불러일으키는 가장 보편적인 언어 표현 형식이다. 다시 말하지만 예수님은 "이웃이 누구인가"에 대해서 논리적으로 설명하지 않으셨다. 그 분은

---

4. Charles L. Rice, *Interpretation and Imagination*, pp. 66-67.
5. Fred B. Craddock, *Overhearing the Gospel* (Nashville : The Parthenon Press, 1981), p. 66.

"선한 사마리아인의 비유"라는 이야기로 거기에 대한 모든 답을 주셨다. 그분은 종말에 대해서도 논리적으로 설명하지 않으셨다. "열 처녀의 비유"를 통해서, "달란트 비유"를 통해서, 그리고 "양과 염소의 비유"를 통해서 종말이 어떻게 오며, 그때를 위해서 우리가 무엇을 준비해야 하는지에 대해 이야기로써 모든 것을 말씀하셨다. 사람들에게 공감을 불러일으키는 것은 논리보다는 이야기라는 것을 기억하라.[6] 그리고 이야기로 설교하라.[7]

우리 설교자들은 복음서 자체가 대부분 사람과 장소와 사건과 대화들에 대한 간단한 이야기(narrative)라는 사실을 잊고 있다. 그것은 중요한 개념들에 대하여 말로 설명(verbal exposition)을 하고 있는 것이 아니다. 우리 설교의 9/10는 말을 통한 설명과 논증을 하고 있는데 비해서, 복음서는 단지 1/10 정도가 설명이다. 이것은 이야기 설교 형식에서 중요한 개념이 되고 있다.[8]

그러나 여기서 한 가지 생각해야 할 것이 있다. 그것은 모든 설교를 다 이야기식으로 하라는 말은 아니다. 어떤 설교는 논리적이고 교훈적인 형식이 필요하다. 특별히 서신서에 나오는 내용 등은 이야기식보다는 논리적이고 교훈적인 형식이 더 효과적일 수 있다. 다만 여기서 강조하고자 하는 바는 설교에 있어서 논리보다는 이야기가 사람들의 공감을 불러일으킬 수 있다는 점을 고려해서, 이를 적절히 설교에 활용할 수 있어야 한다는 점이다.

참고로 설교자들이 설교에서 이야기를 활용하기 위해서는 다음과 같은

---

6. 참고로 여기서 이야기라는 것은 그 내용을 말하는 것이 아니라 형식을 말한다. 어떤 사람은 이야기라고 하니까 내용 자체가 이야기와 같은 허구를 말하는 것으로 오해를 할 수 있다. 그러나 여기서 말하고 있는 이야기는 그 형식에 있어서 "이야기" 형식을 사용하라는 의미다. 즉 기독교의 진리를 보다 효과적으로 전달하기 위해서 이야기라는 형식을 빌어서 설교에 사용하라는 것이다.
7. Jeffrey W. Frymire, *Preaching the Story* (Anderson : Warner Press, 2006). 제프리 프라이마이어는 미국에서 30년 이상을 설교를 한 설교자로서 이 책을 썼다. 현장 설교자들에게 도움을 줄 수 있는 책이다.
8. Henry Grady Davis, *Design for Preaching* (Philadelphia : Fortress, 1979), p. 157.

몇 가지 점을 고려하고 실천할 수 있어야 할 것이다.

(1) 성경 속에 나와 있는 이야기들을 주의 깊게 읽고 관찰한다.[9]
(2) 왜 거기서 그 이야기가 사용되었는지 그 배경을 살펴본다.
(3) 그 이야기를 거기서 사용했을 때 어떤 설교학적 효과가 있었는지를 분석해 본다.
(4) 그 이야기를 듣는 청중들의 반응을 상상해 본다.
(5) 그 이야기를 오늘 내가 설교로 전달한다면 어떻게 할 수 있겠는가를 생각해 본다.
(6) 설교자는 성경 안에 있는 이야기뿐만 아니라 문학 작품 속의 이야기들이나 일상생활 속에 존재하는 이야기들에 늘 관심을 가지고 산다.
(7) 이야기를 말하는 사람(story-teller)으로서의 설교자상을 그려 보고, 자신을 거기에 대입시켜 꾸준한 연습을 하도록 한다.

2. 설교 전개 : 연역법에서 귀납법적 접근으로

두 설교자가 있다고 하자. 그 날의 설교 주제는 "두려움이 없는 믿음"이었다. 한 설교자는 자신의 설교를 이렇게 시작했다.

"믿음이란 무엇입니까? 믿음이란 두려워하지 않는 것입니다. 성경에 등장하는 모든 믿음의 사람들은 두려워하지 않고 살았습니다. 두려워한다는 것은 믿음이 없기 때문입니다……"

---

9. Joel B. Green and Michael Pasquarello Ⅲ, ed., *Narrative Reading, Narrative Preaching* (Grand Rapids : Baker Academic, 2003)을 참조할 수 있다.

그러면서 설교자 자신은 대단한 믿음을 가지고 사는 것처럼 하면서, 그날 설교를 듣고 앉아 있는 사람들의 믿음 없음을 지적하고 책망을 한다. 그런데 다른 설교자는 이렇게 설교를 시작하였다.

"하나님을 믿는 목사이지만 때로는 저도 두려운 순간이 있습니다. 몸이 조금 아플 때, 가정 안에서 자녀들에게 어떤 문제가 일어나게 될 때, 자연계에서 일어나는 대지진이나 큰 재앙들을 보면서 두려운 마음을 가질 때가 있습니다. 우리 인간이 어떤 어려움이나 문제에 직면하게 될 때 두려움을 갖는다는 것은 어쩔 수 없는 우리의 인간의 실상인가 봅니다······."

설교자는 이런 인간의 연약한 실존을 보여주면서 설교를 시작한다. 그러나 설교는 여기서 끝마치지 않는다. 오히려 이 연약한 인간과 함께 하시는 위대하신 하나님, 전능하신 하나님을 보여주면서, 그 하나님 때문에 우리는 능히 두려움을 이기고 믿음으로 승리할 수 있음을 선포한다.

이렇게 시작하는 설교를 듣고 있는 청중들의 반응은 어떨까? 아마 전자의 설교를 들은 사람들은 설교를 듣자마자 자신들이 얼마나 믿음이 없는 사람인가를 오늘도 다시 한 번 확인하고, 고개를 숙이거나 설교 듣는 것을 포기하거나 저항을 하게 될지 모른다. 그러나 후자의 설교를 듣는 사람들은 설교자의 경험을 들으면서, 두려움이라는 것이 자기뿐만 아니라 설교를 하는 목사도 동일하게 느끼는 것임을 보고 공감을 하게 될 것이다. 두려워하는 자신의 모습을 보면서 믿음 없는 사람이라고 스스로를 생각하고 고민했었는데, 그 고민이 설교를 하는 목사에게도 동일하게 존재한다는 사실을 들으면서 그 날의 설교에 귀를 기울이게 될 것이다.

인간이 가장 공감할 수 있는 것은 경험(experience)을 함께 나눌 때이다. 동일한 경험을 하고 그것을 나눌 때 사람들은 쉽게 자신의 마음을 열고, 그 대화에 참여를 한다. 귀납법적 설교는 바로 이런 배경에서 시작된 것이다.

설교는 두 가지 방법으로 시작할 수 있다. 하나는 연역법적인 방법(deductive method)이고, 하나는 귀납법적인 방법(inductive method)이다. 물론 두 가지 방법 중 어느 하나가 절대적이라는 것은 아니다. 두 가지 방법 모두 자신이 갖는 장점이 있다. 그러나 그동안 기독교 설교는 주로 연역법적인 방법을 사용해 왔었다. 먼저 성경에 나오는 어떤 진리나 교리에 대한 정의를 내린 후 그것을 논리적으로 증명하는 방식으로 설교를 전개했다. 이런 스타일의 설교는 어떤 진리나 교리, 믿음의 규범이나 내용을 이해하고 아는 데는 큰 도움이 되었다. 그러나 문제는 이런 설교가 듣는 사람들에게 머리로는 말한 것을 이해하게 하였지만, 가슴에는 공감을 불러일으키지 못했다는 것이다.

이런 전통적 설교의 한계를 느끼고 이것을 극복하고자 하는 노력의 일환으로 등장한 것이 바로 귀납법적 설교이다. 특별히 이 귀납법적 설교 방법은 현대 설교학자인 프레드 크래독(Fred B. Craddock)에 의해서 처음 이론적으로 체계화되었다. 크래독은 자신의 저서 『권위 없는 자처럼』(As One Without Authority)에서 귀납법적 설교에 대해서 여러 가지 방법론들을 말하고 있다.[10]

그는 설교를 전개하는 방법은 크게 두 가지가 있는데, 하나는 연역법적으로 전개하는 것(deductive movement)이고, 하나는 귀납법적으로 전개하는 것(inductive movement)이다. 연역법적인 전개는 먼저 어떤 주제를 언급하고, 그 주제를 설명하기 위해서 대지 등을 사용하여 논리적으로 전개한 후 듣는 청중들이 그 말씀을 어떻게 실천할 것인가를 적용하는 방법으로 진행을 한다. 이런 방법은 그동안 전통적인 설교에서 가장 흔하게 사용하였다.

예를 들어 "섬김"이라는 주제를 가지고 설교를 할 때, 설교자는 먼저 그

---

10. 프레드 크래독은 자신의 저서의 제Ⅱ부 A Proposal on Method에서 귀납법적 설교에 대한 자세한 내용들을 설명하고 있다. Fred B. Craddock, *As One Without Authority* (St. Louis : Chalice Press, 2001), pp. 41–125.

주제의 의미를 설명하고, 대지를 정하여 왜 섬겨야 하는지, 어떻게 섬겨야 하는지 등에 대해서 설명을 한다. 그렇게 함으로써 청중들로 하여금 말씀의 의미를 파악하고 이해하도록 만든다. 그리고 오늘 말씀을 듣는 청중들이 그 것을 어떻게 실천할 것인가에 대한 적용을 하는 식이다. 이런 설교는 설교자에 의해서 이미 주제가 정해지고 그 정해진 주제에 맞는 결론이 내려져 있다. 그럼으로 설교는 설교자 한 사람의 생각과 주장으로 청중을 이해시키고 설득하는 방식이 된다. 이때 설교는 매우 지적이고 논리적으로 전개되며, 설교자는 선생처럼 권위를 가지고 청중을 가르친다. 자연히 청중은 피동적으로 듣는 존재에 그 역할이 한정된다.

그러나 이런 방식의 설교는 현대 사회의 청중들에게 차츰 효과를 상실하게 되었다. 청중들의 교육적 수준의 향상, 정치사회적 민주화, 그리고 무엇보다 성경과 교리에 대한 청중들의 지적 향상은 자신들이 배우는 학생과 같은 취급을 받으면서 일방적으로 전달하는 설교를 들어야만 하는 그런 방식에 대해 거부감을 갖도록 하였다. 설교자의 권위적 태도와 함께 청중 자신들은 설교에 전혀 참여할 수 없는 그런 구조는 이들에게 적절한 것이 아니었다. 그리고 이미 뻔히 아는 결론, 즉 오늘의 청중들은 그동안 수많은 설교들을 들어오면서 어지간한 설교는 그것이 어떻게 전개되고 어떻게 끝날 것이라는 것까지 훤히 알 정도다. 그렇기 때문에 여러 가지 수사나 논리로 전개한다고 할지라도 별로 흥미를 느끼지 못한다. 무엇보다 설교가 자신들의 삶과는 별로 관계가 없다.

이런 설교 현장의 현상은 자연스럽게 설교의 방식에 대한 고민을 하지 않을 수 없도록 하였다. 그리고 그 대안으로 나온 것 가운데 하나가 바로 귀납법적 설교 방식인 것이다. 귀납법적인 설교는 성경 본문보다는 청중들의 삶으로부터 출발을 한다. 말씀을 듣는 청중들의 경험으로부터 출발을 하여 성경 본문 속으로 들어가면서 결론을 맺는다. 이런 전개는 먼저 청중들의 설교에 대한 관심과 흥미를 북돋우었다. 왜냐하면 그 동안의 연역법적인 설교들이 자신들의 삶과는 별로 관계가 없는 지식이나 이론, 교리 등인 데 비해서 귀납법적인 설교는 자신들의 삶과 관계된 내용으로부터 시작이 되기 때문이다. 자신들이 안고 있는 삶의 문제, 신앙적 고민, 세상에서의 경험 등이 설교에서 함께 묻어나기 때문에 그들은 자연스럽게 설교에 귀를 기울일 수밖에 없다.

귀납법적인 설교는 설교의 결론을 청중들에게 강요하지 않는다. 설교가 청중들의 경험과 공감 속에서 진행이 되면서, 자연스럽게 청중들이 그 말씀에 대해 생각하고 동참하며 스스로 결론에 이르게 만든다. 설교의 전달 역시 일방적이고 권위적이며 강요하는 것이 아니라 대화적 분위기 속에서 청중들이 스스로 참여하고 결단하도록 한다. 설교를 어떻게 시작하는가는 매우 중요한 문제다. 시작을 어떻게 하느냐가 설교의 성패를 좌우할 수 있다. 물론 연역법적으로 설교를 해야 할 많은 부분과 내용들이 있다. 그렇다고 설교가 언제나 연역적이어야만 하는 것은 아니다. 이제 사람들은 보다 자신과 관련된 이야기를 듣기를 원한다. 자신과 관련될 때 흥미를 가지고 공감을 한다. 그런 설교에 귀를 기울인다.[11]

설교자는 마땅히 자신의 설교를 듣는 이런 사람들의 모습에 관심을 가져야 할 것이다. 그리고 자신의 설교가 청중들과는 아무런 관련이 없는 뜬구름 잡는 소리가 되지 않도록 하기 위해서 청중들의 삶에 관심을 가지고 그 삶을 말씀 가운데로 끌어올 수 있어야 할 것이다. 그렇기 위해서 필요한 것이 바로 귀납법적인 설교 방식인 것이다.

● 실제
1. 성경의 본문을 늘 두 가지 방향에서 보도록 훈련한다. 하나는 하나님 편에

---

11. 설교의 시작을 어떻게 효과적으로 할 것인가에 대하여 관심이 더 있으면 벤 오브리(Ben Awbrey)의 책을 참조하기 바란다. Ben Awbrey, How *Effective Sermons Begin* (Ross-shire : Christian Focus Publications, 2008).

서 보는 것이다. 하나님께서는 이 본문의 말씀을 통해서 오늘 우리에게 무엇을 말씀하려고 하시는가? 그러나 또 하나는 인간의 편에서 본문을 바라보는 것이다. 하나님께서, 또는 예수님께서 그 말씀을 하실 때, 그것을 듣고 있었던 사람들은 어떤 사람들이었고, 그들은 어떤 상황에 있었으며, 어떻게 반응했을까를 생각해 본다.
2. 그리고 오늘 설교를 듣게 될 사람들의 상황과 연관하여 그것을 생각해 본다. 본문 속에 등장하는 문제(질병, 죄, 종교적 문제, 사회적 문제 등)들을 오늘 현실 세계의 문제와 연관하여 생각해 본다. 청중의 관점에서 본문을 보고, 청중의 삶의 자리와 연관해서 본문을 해석하는 것이다.
3. 오늘 본문을 가지고 청중들의 상황과 관련하여 어떻게 설교를 시작할 수 있겠는지를 생각해 본다.
4. 설교가 진행되는 동안 청중들의 반응은 어떨지를 생각하면서 설교를 작성해 본다.

3. 설교 내용 : 삶과 성경을 연결하는 설교

"그래서 저 말씀이 우리와 무슨 상관이 있단 말인가?" 이것이 누가 하는 말이라고 생각하는가? 오늘 설교 현장에서 설교를 듣는 많은 회중들이 설교자를 향하여 던지는 질문이다. "그래서 뭐가 어쨌단 말인가?" "왜 목사님은 내가 안고 있는 삶의 문제와는 아무런 관련도 없는 말을 설교 시간마다 하고 있는가?" "제발 우리와 관계가 있는 설교를 좀 해주시오." 청중들은 침묵 속에서 이런 항의를 하고 있다.

설교는 과거의 이야기가 아니다. 과거에 일어난 일들이 오늘 우리의 것이 되어야 한다. 그럴 때 사람들은 설교에 공감하고 귀를 기울이게 된다. 과거 몇 천 년 전에 아브라함이 어떻고, 모세가 어떻고, 다윗이 어떻고 하는 식의 설교는 한낱 옛날 이야기에 불과할 뿐이다. 그러므로 설교자는 과거 아브라함의 이야기가 오늘 우리의 삶과 연관이 되도록 해야 하며, 모세의 이야기를 오늘 우리들의 이야기가 되도록 해야 한다. 그렇게 하기 위해서는 설교자가 본문을 선택하고, 그 본문을 해석하고 묵상하는 과정에서부터 그 내용이 오늘 우리들의 삶과 어떤 관계가 있고, 오늘 우리들의 신앙에 무슨 의미가 있는지를 깊이 생각해야 한다.

예를 들어 창세기 12장에 나오는 아브라함을 부르시는 장면을 설교의 본문으로 선택했다고 하자(창 12 : 1-9). 이 본문의 첫 장면은 하나님께서 아브라함에게 찾아오셔서, "너는 너의 본토 친척 아비 집을 떠나 내가 네게 지시할 땅으로 가라"는 것으로 시작이 된다(1절). 그 말씀을 들은 아브라함은 하나님의 말씀을 따라 고향을 떠났다(4절).

우리는 이 본문을 성경에 기록된 대로 너무 쉽게 설명하고 결론을 내려버릴 수 있다. "하나님께서 아브라함에게 고향을 떠나라고 하자 아브라함은 즉시 순종하여 고향을 떠났습니다. 이것이 믿음입니다. 믿음이 있는 사람은 언제나 하나님의 말씀에 바로 순종합니다. 오늘 우리도 이와 같은 믿음을 가지고 살아야 합니다." 그러나 우리의 상상력을 동원하여 본문의 말씀을 다시 한 번 생각해 보자. 아브라함이 살았던 당시에 고향을 떠난다는 것은 어떤 것이었을까? 그것도 자신이 알지도 못하는 머나먼 이국땅으로 가야 한다면 그는 어떤 마음을 가졌을까? 부모를 떠나고 친척과 친구들을 떠나 먼 나라로 간다는 것이 아브라함에게 그리 쉬운 일이었을까? 삶의 터전을 떠나 새로운 곳으로 간다는 것이 그에게는 두렵고 불안한 일은 아니었을까? 무엇을 해서 먹고 살아야 할지 염려가 되지 않았을까?

한편으로는 하나님의 말씀에 순종해야 한다는 것을 알지만 현실을 볼 때 그것은 도저히 불가능하다는 생각도 들지 않았을까? 그래서 그날 밤 아브라함은 갈등하면서 뜬눈으로 밤을 지새우지는 않았을까?

물론 성경에는 이런 내용이 없다. 그러나 우리가 우리 인간의 입장에서 생각을 해보면 충분히 가능한 일이다. 우리들도 하나님의 말씀(음성)을 듣고 고민하며 갈등할 때가 있다. 신앙적으로 생각하면 순종해야 하지만 자신의 현실을 생각하면 도저히 순종하기가 어려운 상황이다. 그래서 우리들 역시 때로는 잠을 이루지 못하면서 고민하고 갈등을 하게 된다. 어떤 때는 몇 날을, 어떤 때는 몇 달을 고민하면서 지낸다. 이런 경험들이 있는 사람들에게 아브라함도 그런 고민과 갈등이 있었을 것을 말씀으로 전한다면, 이 말씀을 들은 사람들의 반응은 어떨까? 그들은 아브라함의 이야기가 과거 아브라함의 이야기가 아니라 오늘 자신의 이야기라고 생각하면서, 말씀에 공감하게 될 것이다.

그러나 설교가 여기서 끝나서는 안 된다. 그럼에도 불구하고 하나님의 말씀에 순종하기로 결단한 아브라함의 모습을 말씀을 통해서 보여주면서, 이것이 우리가 가져야 할 참된 믿음임을 설교자는 전할 수 있어야 한다. 그러나 많은 설교자들은 이런 것들을 간과해 버린다. 그리고는 하는 말이 "아브라함은 이렇게 즉각 순종했습니다. 우리도 즉각 순종해야 합니다. 순종하지 못한 것은 믿음이 없어서입니다. 믿음을 가지십시오."라고 하면서 설교를 끝낸다. 이런 식의 설교 들은 사람들은 아브라함과 자신은 도저히 같을 수 없다는 생각을 하면서, 스스로 믿음 없는 사람으로 자신을 낙인찍어 버리고 말 것이다. 이런 설교를 들을 때마다 자신이 얼마나 믿음이 없는 사람인가를 확인하면서 절망감만 더 키우게 될 것이다. 설교를 들으면서 믿음이 생기는 것이 아니라 설교를 들으면서 오히려 자신이 얼마나 믿음이 없는 사람인가만 확인해야 하는 그들의 심정은 어떠할까? 이것은 설교를 듣는 청중들만의 책임일까 아니면 설교자의 책임일까?

예수님의 설교도 그 당시로는 언제나 말씀을 듣는 청중들의 삶과 관련된 것들이었다. 예수님은 먼저 모든 사람들에게 가장 절실한 영생의 문제를 위해 "때가 찼고 하나님의 나라가 가까웠으니 회개하고 복음을 믿으라"(막 1:15)고 설교를 시작하셨다. 천국이 어떤 곳인지를 당시 청중들의 삶과 관련된 비유(겨자씨, 누룩, 보화, 진주, 그물 등)를 통해서 설교하셨다(마 13장). 한 영혼의 소중함을 잃어버린 양의 비유, 잃어버린 동전, 잃어버린 아들(탕자의 비유)의 비유를 통해서 말씀하셨다(눅 15장). 마태복음 5~7장의 산상수훈은 당시 이스라엘 백성들의 종교와 신앙, 윤리 등에 구체적으로 관련된 것들이었다.

예수님의 설교는 언제나 설교의 주제나 내용들이 듣는 청중들의 삶과 긴밀하게 관련되거나 관심이 있는 것들이었으며, 설교에 사용하는 소재(素材)들 역시 청중들과 관련된 내용, 그래서 청중들이 관심을 가지고 바로 듣고 깨달으며 알 수 있는 내용들을 사용하셨다. 그래서 청중들은 언제나 예수님의 말씀에 공감을 하고, "그 가르치는 것이 권세 있는 자와 같고 서기관들과 같지 않다"(막 1 : 22)고 하였다.

여기서 우리는 당시 서기관들과 예수님의 설교하시는 모습을 상상해 볼 수 있을 것이다. 당시 서기관들은 어떻게 설교를 했을까? 물론 성경에 기록되어 있지는 않지만, 그들의 설교는 청중들로 하여금 따분함을 느끼도록 했을 것이다. 자기들의 종교적(오늘로 말하면 신학적) 지식을 가르치고 훈계하는 데 그들은 열중했을 것이다. 그리고 그들의 설교 내용은 교리적이고 매우 딱딱했을 것이다. 그들은 설교를 듣는 백성(청중)들보다는 언제나 자기 입장에서 자기가 하고 싶은 말을 했을 것이다. 이런 설교에 청중들은 별로 관심도 없었고, 감동과 공감도 없었으며, 그저 의무적으로 회당에 출석해서 어쩔 수 없이 그런 설교를 들어야 했을 것이다. 이런 모습은 오늘 우리 교회의 모습과 비슷하지 않은가?

그런 사람들에게 예수님의 설교는 뭔가 달랐다. 예수님의 설교는 자신들의 삶과 관련이 있었다. 설교의 내용에는 자신들의 고민과 문제들에 대한 해답이 있었다. 그래서 사람들은 예수님의 설교에 귀를 기울였으며, 그 말씀에 권세가 있고 당시 서기관들(유대교 종교지도자들)과는 확연히 다르다고 생각한 것이다. 이것이 오늘 우리가 지향해야 할 설교의 방향이다.

사도 바울이 서신서를 통해서 주는 말씀들 역시 얼마나 독자들의 삶과 관련된 실제적이고 구체적인 것들인가? 어떻게 구원을 얻게 되는가 하는 근본적인 주제에서부터 시작하여, 우상의 문제, 결혼, 음행, 분열에 관한 문제, 은사에 관한 내용, 교회를 섬기는 일 등 실로 그리스도인의 삶에 직접 관련된 다양한 것들이었다. 사도 바울은 현실을 도외시한 이론적이고 사변적인 이야기를 하지 않았다. 이 땅의 문제를 외면하고 하늘의 이야기만 결코 하지 않았다.

설교는 성경의 본문을 오늘 우리들의 삶 속으로 가져와야 한다. 그런 의미에서 설교자는 성경의 본문과 청중들의 삶을 중간에서 연결하는 매개자이다. 과거의 이야기가 과거의 이야기가 아니라 오늘 우리들의 삶의 자리로 연결이 될 때, 그 설교는 더 이상 옛날의 사건이 아니라 오늘 우리들의 사건이 되는 것이다. 설교는 언제나 과거 성경 속에서 역사하신 하나님이 오늘도 우리들의 삶 속에서 동일하게 역사하고 계신 분임을 선포해야 하는 것이어야 한다.

4. 표현 : 교훈, 훈계, 명령(imperative)에서 권유와 직설(indicative)로

우리가 잘 알고 있는 바처럼 근대사회(modernity)는 계몽주의와 함께 시작이 되었다. 계몽주의의 입장에서 볼 때 중세는 어둠의 시대(Dark Ages)였다. 그것은 신(神)만 있고 인간의 이성은 부재된 시대였다. 그래서 임마누엘 칸트(Immanuel Kant, 1724–1804)와 같은 대표적 사상가들을 중심으로 하여 인간의 이성(reason)의 빛으로 중세의 어둠을 밝히고자 했던 운동이 바로 계몽주의이다.[12] 따라서 계몽주의는 어둠에 있는 사람들을 깨우치도록

---

12. 계몽주의는 영어로 'enlightenment'라고 하는데, 여기서 빛이라는 단어 light가 들어가 있

하기 위해서 자연스럽게 교육을 강조하게 되었다. 그 결과 대학 제도가 생기게 되고, 사람들은 이곳에서 교육을 받을 수 있었다.

그런데 교육이 중심된 이 시대의 분위기는 모든 것이 교훈적이고 훈계적이며 지시적이고 명령적이었다. 교육이란 것 자체가 무지한 자를 깨우치기 위해서 가르치는 선생과 배우는 제자라는 등식을 만들고 시작하는 것이기 때문에 그것은 어쩔 수 없는 현상이었다. 그러나 근대를 지나 포스트모던 사회로 진입하면서 사람들은 이런 분위기에 대해서 저항을 하기 시작하였다. 일방적으로 전달하고 가르치고 지시하는 방식은 사람들로 하여금 그 내용 자체에 대해서 흥미를 갖지 못하도록 만들었다. 이런 경향은 20세기 후반 문명사회에 속한 많은 사람들이 이미 교육을 받았고, 상당한 교육적 수준에 이르게 되면서 나타난 현상이라고 본다. 모르는 사람들은 일방적으로 배우고 따라가야 하지만, 어느 정도 지적 수준을 갖춘 사람들은 이제 더 이상 그런 방식을 좋아하지 않게 된 것이다. 따라서 이런 시대적 경향은 교육 방법이나 상담, 심지어는 설교 방법에까지 변화를 가져오지 않으면 안 되도록 만들었다.

먼저 상담학 분야를 보면 이런 변화를 뚜렷이 볼 수 있다. 과거 상담기법은 상담자(counselor)가 내담자(client)의 위에 위치하면서, 상담자 중심으로 내담자에 대해 훈계하고 지시하는 방식이었다. 그러나 이런 상담 기법에 커다란 변화가 오게 되는데, 그 중심 인물이 바로 칼 로저스(Karl Ransom Rogers, 1902-1987)이다. 그는 상담자 중심보다는 "내담자 중심(client-centered)의 상담"을, 지시적 상담보다는 "비지시적(non-directive) 상담"을 제시함으로써, 상담학 분야에 새로운 바람을 일으켰다.[13]

음은 의미하는 바가 크다고 하겠다.
13. 칼 로저스(Carl R. Rogers)는 심리학자로서 시카고대학에서 교수를 지냈으며, 미국 심리학회 회장을 역임하기도 하였다. 그는 특별히 인간중심치료와 내담자중심 상담 등을 이론적, 방법론적으로 정립하여 제시한 학자이기도 하다. 대표적 저서로는 *Counseling and Psychotherapy*(1942), *Client-centered Therapy : Its Current*

이런 흐름들은 교육 분야 역시 예외가 아니었다. 지금까지 교육방식은 주로 교사 중심의 교육이었다. 교사는 일방적으로 가르치고 학생은 그것을 따라 배우기만 하면 되었다. 그러나 그런 학습방법에도 변화가 오게 되는데, 이제는 교사 중심의 교육에서 "학생 중심의 교육"(learner-centered teaching)으로 전환되거나 강조되었다는 사실이다. 이런 변화는 기독교 설교 분야에도 자연스럽게 반영되었다. 그동안 설교는 설교자 중심이었다. 설교자는 일방적으로 전달하고, 청중들은 수동적으로 그것을 듣기만 하면 되었다. 그러나 이제 그런 설교 방식은 더 이상 청중들의 공감을 불러일으키지 못하고, 관심과 흥미를 갖지 못하도록 하였다. 따라서 설교의 방식 역시 설교자 중심에서 청중 중심으로 그 방향이 전환될 수밖에 없게 된 것이다. 필자는 이런 변화를 "들려주는 설교"에서 "들려지는 설교"로 그 방향이 전환되었다고 말하고 싶다. 즉 설교자가 일방적으로 청중에게 들려주는 설교를 벗어나, 이제는 설교자의 설교가 청중들의 귀와 가슴에 들려지는 것이 되어야 한다는 말이다. 이것은 청중들의 관심과 흥미를 불러일으키고, 청중들의 공감을 자아낼 때만이 가능한 일이 될 것이다.

그러기 위해서 생각해야 할 것이 '설교자는 자신의 설교를 어떻게 표현해야 할까'라는 문제이다. 설교자 중심의 설교는 일방적이기 쉽다. 즉, 그 표현과 전달에 있어서 일방적으로 가르치고, 훈계하고, 지시하고, 명령하는 형태를 취하기 쉽다는 말이다. 그러나 그 동안의 전통적인 설교 방식은 대부분 이런 형식과 표현을 그대로 사용하였다. 높은 강단에서 설교자는 청중들을 내려다보면서 마치 청중들을 배우는 학생쯤으로 생각하면서 가르치려고만 하고, 그들에게 훈계하고 명령하였다.

Practice, Implications and Theory(1951), *On Becoming a Person : A Therapist's View of Psychotherapy*(1961), *Freedom to Learn : A View of What Education Might Become*(1969), *On Encounter Groups*(1970), *On Personal Power : Inner Strength and Its Revolutionary Impact*(1977), *A Way of Being*(1980) 등이 있다.

필자는 이것 역시 계몽주의가 교회에 끼친 영향이라고 본다. 물론 시대적 상황이 설교를 듣는 청중들 역시 교육적 수준이 낮았고, 이런 무지한 청중들을 깨우치기 위해서 설교자는 설교의 내용이나 방법 역시 교육적 내지는 교훈적으로 할 수밖에 없었으리라 이해한다. 그러나 지금은 시대가 바뀌었고, 청중들의 의식이나 교육적 수준 역시 높아졌다. 그러므로 이런 사람들에게 전달하는 설교의 내용이나 방법 역시 달라지는 것이 마땅하다고 본다.

이제 설교의 표현 방식은 명령보다는 권유로, 지시적이기보다는 비지시적으로, 설교자의 일방적 요구보다는 청중이 결단할 수 있도록 하는 것이 적절하리라고 본다. 예를 들어 "기도하십시오."라고 명령하기보다는 "하나님께서는 우리 모두가 기도하기를 원하십니다."라고 권유하는 것이 좋을 것이다. 또는 설교를 "기도하십시오."라고 명령하며 끝맺는 것보다는 "지금 우리는 기도해야 하지 않겠습니까?"라고 질문형으로 끝맺음으로써 청중 스스로 결단하도록 하는 것도 좋을 것이다.

표현에 있어서 변화가 있어야 함은 시대적 상황과도 긴밀한 관계가 있다. 포스트모던 시대의 특징 가운데 하나는 '탈권위주의'이다. 사람들이 권위를 인정하려 하지 않고, 권위에 대해서 반발하거나 저항하는 경향들이 날이 갈수록 더욱 뚜렷해지고 있다. 이런 상황에서 설교자의 설교가 시작부터 마칠 때까지 그 표현이 명령으로 일관하게 된다면 어떻게 될까? 청중들은 설교자의 이런 표현에 저항감을 가지면서 하나님의 말씀까지도 외면하거나 반발하게 되지는 않을까? 설교자는 권위를 떠나서 하나님의 말씀에 대한 존중과 함께 그 말씀을 듣는 청중들에 대한 존중감을 가져야 한다. 청중을 가르쳐야 할 학생 정도로 생각하는 사람은 그 입에서 나오는 말 역시 훈계식일 수밖에 없을 것이다. 설교자가 자신이 청중 위에 군림하는 사람으로 생각을 한다면 그 사람의 설교는 표현에 있어서 언제나 명령적일 수밖에 없을 것이다. 설교자가 설교를 전달하는 데 있어서 변화는 청중에 대한 존중에서부터 시작될 수 있다는 사실을 잊지 않아야 할 것이다.

5. 설교자의 어조 : 웅변보다는 대화식으로

웅변은 고대 수사학(rhetoric)에서 매우 중요한 것이었다. 법정에서 변론을 한다든지, 광장에서 군중을 향해 연설을 할 때 웅변은 매우 중요한 수단이요, 청중들을 설득하는 데 유효한 방법이었다.[14] 웅변의 이런 영향력은 근대까지 계속되었다. 웅변 형식의 설교풍이 기독교 설교에 접목된 것도 이런 수사학의 영향이었다. 최초 기독교 설교론을 쓴 어거스틴(St. Augustine)은 우리가 잘 아는 대로 회심하기 전까지는 수사학 교수를 하던 사람이었다. 그가 회심을 하고 후에 기독교 지도자가 되면서 그는 수사학에 바탕을 둔 기독교 설교에 대한 방법론을 제시하였다.[15] 그리고 그의 이런 설교 방법론은 근대까지 설교의 중요한 흐름으로 이어져 왔다. 이렇게 웅변은 사회적으로나 교회적으로 대중을 상대하는 연설(또는 설교)에서 지대한 영향을 미치게 되었다. 그런데 어느 날부터인가 우리 주변에서 웅변을 듣기가 어려워졌다. 수사학이란 것도 현대 사회에 접어들면서 학문적으로나 실제 응용 분야에서 쇠퇴하였고, 지금은 수사학이란 것이 글쓰기 정도의 영역에서 언급이 되고 있을 정도다. 수사학자인 로버트 다니엘(Robert W. Daniel)은 이런 현상을 다음과 같이 지적하고 있다.

> 고전 수사학자들에게서 '수사학'은 설득술(art of persuasion), 특별히 대중 연설에 있어서의 설득술을 의미하였다. 그러나 현대적인 용법에서의 수사학은 수사학적 방식으로 효과적인 글을 쓰기 위한 기술(art of writing)을 의미한다.[16]

---

14. 고대 수사학을 이론적으로 체계화한 사람은 아리스토텔레스이다. 그 이후 수사학은 서방 세계에서 중요한 실용학문으로 발전하게 되었으며, 법정의 변호나 군중을 향한 정치적 연설 등에서 활용되었다. Aristotle, *TEXNHΣ PHTOPIKHΣ*, John Henry Freese, *The Art of Rhetoric* (Cambridge : Harvard University Press, 1967) 참조.
15. Aurelius Augustinus, *De doctrina christiana*, 성 염 역, 『그리스도교 교양』(왜관 : 분도출판사, 1989) 참조.
16. Robert W. Daniel, *A Contemporary Rhetoric* (Boston : Little, Brown and Company,

이런 현상은 교회 역시 예외가 아니다. 과거 설교자들은 웅변식의 설교를 하면서 청중들을 설득하고 호소하면서 감동을 주었다. 그러나 어느 때부턴가 교회 강단에서도 웅변식의 설교 형태는 차츰 자취를 감추고 있다. 물론 웅변 형식의 설교가 잘못된 것은 아니다. 그 나름대로 하나님의 말씀을 전하는데 효과적인 방법인 것만은 부인할 수 없다. 따라서 오늘도 필요할 경우에는 얼마든지 설교에서 활용할 수 있어야 할 것이다.

하지만 문제는 오늘 어떤 사람의 연설이나 설교를 듣는 사람들의 대부분이 웅변 형태의 연설이나 설교에 별로 흥미를 갖지 못한다는 데에 있다. 웅변은 말하는 사람과 듣는 사람 사이에 뭔가 거리감을 준다. 그래서 사람들은 그런 형식을 별로 좋아하지 않는다. 대신 뭔가 말하는 사람이나 듣는 사람이 보다 친근감을 가지고 서로 대할 수 있기를 바란다. 그래서 새롭게 강조되고 있는 것이 바로 대화식의 설교 방법이다.

이미 예를 들었지만 예수님의 설교에는 매우 놀라운 대화식 설교가 적용되고 있다. 예수님께서 "선한 사마리아인의 비유"를 이야기하신 후, 예수님은 자신에게 "내 이웃이 누구이옵니까?"라고 질문한 율법사에게 다시 질문을 하시면서 설교를 끝맺으신다. "네 의견에는 이 세 사람 중에 누가 강도만난 자의 이웃이 되겠느냐?" 예수님은 자신이 결론을 내리지 않고, 설교를 하신 후 듣는 자에게 질문을 하심으로써 듣는 자 스스로가 결론을 내리도록 하고 있다. 여기에 설교학적으로 매우 중요한 방식이 담겨 있다.

대부분의 설교자들은 언제나 자신이 설교하고 자신이 결론을 내리고 그 결론에 따라 살도록 청중들에게 주장하거나 강요하는 식으로 설교를 끝맺는다. 이런 설교는 청중들이 생각하거나 결단할 여지가 별로 없다. 모든 것이 설교자 중심이고 설교자의 생각과 주장에 따라가는 형식이다. 물론 이런 설교는 청중들의 공감을 불러일으키는 것 역시 어렵게 한다. 심지어 강요하는

1967), p. v.

식의 이런 설교는 오히려 청중들의 저항과 반감을 불러일으키는 결과를 가져올 수 있다.

매번 대화식 설교를 할 수는 없다. 그러나 때를 따라서 이러한 방식을 설교에 적절히 활용할 수 있는 것은 설교자의 지혜이다. 예를 들어 "십자가"에 대한 설교를 했다고 하자. 우리는 그 설교의 결론을 "여러분도 주님의 지신 십자가를 지고 따라가십시오."라고 결론을 맺을 수 있다. 그러나 어떤 설교자는 "주님은 이 험난한 십자가의 길을 우리를 위해서 기꺼이 가셨습니다. 오늘 우리는 그 십자가 앞에서 어떻게 하시겠습니까?"라고 설교의 끝을 맺을 수가 있다. 십자가를 지고 우리도 주님을 따라야 한다는 점에 있어서는 두 설교자의 결론이 같은 것이다. 그러나 그 형식에 있어서는 한 설교자는 설교자 일방의 주장으로 끝을 맺었다. 그러나 다른 설교자는 청중들로 하여금 그 결론을 내리도록 하고 있다.

설교에 청중이 참여하도록 한다는 것은 바로 이것을 말한다. 어떤 사람은 청중이 설교에 능동적으로 참여하도록 하라는 말을 청중이 설교를 직접 하라는 말로 오해할 수도 있고, 아니면 그 말의 의미가 무엇인지 궁금해 하는 사람도 있을 것이다. 청중이 설교에 능동적으로 참여한다는 것은 이와 같이 청중들이 설교자의 설교를 들으면서 자신들이 생각할 수 있고, 그 결론을 자신들이 내릴 수 있도록 한다는 의미다. 그럴 때 그들은 자신들이 들은 설교를 설교자의 것으로 받아들이는 것이 아니라 자신들의 설교로 받아들이며, 그 말씀을 자신의 삶에서 실천하게 되는 것이다.

프레드 크래독은 설교가 갖추어야 할 중요한 요건들 중의 하나로 설교자와 청중 사이의 친밀성(intimacy)을 언급하면서, 이 친밀성을 형성케 하는 주된 요소가 "설교가 구어적으로 표현되는 것(oral presentation)"[17]이라고 하였다. 다시 말하면 설교는 청중과의 친밀함 속에서 이루어져야 하는데,

---

17. Fred B. Craddock, *Preaching* (Nashville : Abingdon Press, 1985), pp. 168–169.

그것은 설교가 구어적 분위기, 즉 대화적인 분위기에서 말하여질 수 있어야 한다는 것이다. 그런 측면에서 설교가 글을 읽는 낭독 스타일이거나 지나친 웅변 스타일로 진행될 때, 그것은 설교자와 청중 사이의 친밀감을 떨어뜨릴 수 있음을 주지해야 한다.

대화식 설교를 하는 방법에는 강단에 두 사람이 서서(담임목사와 부목사, 담임목사와 평신도) 한 사람이 질문을 하고 설교자가 거기에 대해 말씀으로 답을 하는 형식, 회중석에서 몇 사람이 질문을 하고(이때 질문의 내용은 회중들의 관심이 있는 내용으로 미리 선정되어야 한다) 설교자가 답변을 하는 형식, 설교자가 설교를 하면서 회중들에게 질문을 하고 간단히 답을 들으면서 대화식으로 진행하는 방식이 있겠다. 그리고 교인들의 숫자가 소규모일 때는 설교자와 회중이 하나의 테이블에 둘러앉아서 하는 방식이나 아니면 회중들은 둘러앉고 설교자는 일어서서 하는 방식 등이 있겠다.[18]

설교자가 대화식 설교를 위해 참고할 몇 가지를 제언하면 다음과 같다.

● 실제

1) 설교에서 질문형식을 사용한다.

서론을 시작하면서 "여러분, 하나님의 살아 계심을 진정으로 믿습니까?" "여러분은 자신의 믿음 없음을 보고 가슴을 쳐 본 적이 있습니까?" "오늘 우리는 수많은 이웃들과 함께 살아가고 있습니다. 가족으로, 친구로, 연인으로, 직장 동료로, 같은 교회 교인으로 다른 사람들과 함께 살아갑니다. 그런데 우리는 그들이 우리의 진정한 이웃이라고 생각해 본 적이 있습니까?" 등 질문 형식을 사용할 수 있다.

설교의 본론에서도 어떤 내용을 말한 후 그것을 질문 형식으로 말할 수 있

---

18. 대화식 설교에 대해서 루시 로즈의 다음 책을 참고하면 상당한 통찰력을 가질 수 있을 것이다. Lucy Atkinson Rose, *Sharing the Word : Preaching the Roundtable Church* (Louisville : Westminster John Knox Press, 1997).

다. 예를 들면 참된 이웃으로서의 "선한 사마리아인"에 대해서 언급한 후, "오늘 우리는 누군가에게 진정한 이웃이 되어 본 적이 있습니까?" "오늘 우리가 이웃으로 산다는 것은 무엇입니까?"라는 질문을 하고, 다음 내용으로 넘어갈 수 있다.

때로는 설교의 결론을 맺으면서 질문법을 사용할 수 있다. 예를 들면 예수님의 십자가에 대한 설교를 한 후, 설교의 마지막 문장을 "오늘 우리는 주님의 십자가 앞에서 어떤 모습으로 살아야 하겠습니까?"라고 하면서 설교를 끝맺는 방식이다.

2) 예화를 사용할 때, 예화에 등장하는 사람의 목소리를 그대로 내면서 설교를 한다.
3) 성경을 읽을 때 본문 중 대화하는 내용은 대화체로 소리를 내어 읽으면서 훈련을 한다.
4) 설교를 듣는 사람들의 숫자가 많지 않을 때는 좌석을 일률적으로 정면을 향하게 하는 것보다는 둥글게 앉도록 배열하면 보다 대화적 분위기에서 설교를 할 수 있을 것이다.

6. 경험과 함께 말씀을 나누라

오늘 우리가 사는 시대는 체험의 시대다. 교육 역시 그동안 말이나 글로 가르치고 지식을 전달하는 과정으로 진행이 되었다. 그러나 지금은 이런 이론적 차원의 교육을 넘어서서 체험학습을 강조하고 있다. 배우는 사람들이 단지 귀로 듣고 눈으로 보며 머리로만 아는 그런 교육이 아니라 학습자가 직접 참여하여 경험을 함으로써 학습 효과를 더욱 높이는 것이다. 이런 경향은 교육 분야에서뿐만 아니라 문화나 여행 등에서도 다양하게 시도되고 있다. 문화체험이란 말 역시 마찬가지다. 단지 그 문화를 보는 것으로 끝나지 않고 직접 체험함으로써 그 문화에 대한 이해를 더욱 넓히고 깊이 할 수 있는 것이다. 여행도 과거에는 단순히 보고 오는 것으로 만족했지만 지금은 여행을 하나의 체험으로 이해한다. 옛날 같으면 멀리 여행하는 것은 단체로 여행사가 주관하여 얼마의 경비를 부담하여 함께 가는 것이 전부였으나 지금은 배낭여행 등의 자유여행을 많은 사람들이 즐긴다. 자기가 직접 여행 계획을 세우고, 선호하는 여행지를 찾아 방문하면서 다양한 체험을 할 수 있기 때문에 이런 여행이 늘어나고 있는 것이다. 여기서 가장 중요한 핵심은 경험이라는 것이다. 지금의 사람들은 이렇게 자신이 직접 참여하여 경험하기를 좋아할 뿐만 아니라 그 경험을 모든 판단의 근거로 삼으려 한다.

이런 현상은 교회에서도 마찬가지로 일어나고 있다. 교회의 신앙 유형 역시 체험을 강조하는 경향들이 확산되고 있다. 그동안 머리로만 이해하고 받아들였던 신앙, 지식의 차원에 머무른 교리 등에 대한 회의(懷疑)는 신앙에 있어서의 체험, 즉 체험 신앙을 강조하게 된 것이다. 하나님에 대해서, 말씀에 대해서 직접 체험할 때 신자들은 더욱 확고한 신앙에 설 수 있기 때문이다.

오늘의 설교 역시 마찬가지다. 이제 "설교는 더 이상 어떤 사상들(ideas)을 전파하는 것이라기보다는 이야기와 경험 속에서 듣는 사람들과 관계를 만들어 가는 것이 되고 있다."[19] 설교자와 청중이 설교 속에서 함께 경험을 나눔으로써, 말씀을 공유하고 말씀에 적극 참여하게 된다. 즉, 설교자의 입에서 나오는 경험은 청중으로 하여금 설교자와 그가 전하는 메시지의 내용에 일체감(identification)을 갖도록 함으로써, 청중으로 하여금 설교에 더욱 깊이 공감하고 빠져들게 하는 것이다. 이것은 마치 관객이 연극이나 영화에 나오는 등장인물이 처한 상황에 대해 일체감을 갖게 될 때, 그가 그 이야기 속으로 깊이 빨려 들어가는 것과 같다.[20]

---

19. Graham Johnston, *Preaching to a Postmodern World : A Guide to Preaching TwentyFirst Century Listeners* (Grand Rapids : Baker Books, 2001), p. 78.
20. 위의 책, p. 73.

이처럼 공감은 경험을 함께 나눌 때 쉽게 일어난다. 예를 들어 설교자가 병으로 아픈 경험을 이야기했을 때, 그 설교를 들은 청중들은 거기에 쉽게 공감을 느끼게 된다. 왜냐하면 그 설교를 듣는 청중들 가운데 병으로 인해 아파 보지 않은 사람은 한 사람도 없기 때문이다. 물론 감기냐 암이냐 등 병의 경중(輕重)에는 차이가 있겠지만, 그 병이 가져다주는 통증, 병에 대한 불안감, 병으로 인한 무력함과 절망감 등은 모든 사람들이 함께 느끼고 경험한 것들이다. 그래서 사람들은 설교자의 말에 쉽게 공감을 하게 되며, 설교에 함께 젖어들게 되는 것이다. 이것이 경험이 설교에 가져다주는 효과다.

38년 된 중풍병자에 관한 설교를 할 때 그 병자의 모습을 바로 이야기하는 것보다는 우리들이 병으로 인해서 고통을 당한 경험을 이야기하면서 본문으로 들어갈 때 사람들은 훨씬 설교에 공감을 하게 될 것이다. 예를 들어 "오늘 성경 본문의 말씀은 38년 된 중풍병자에 관한 것입니다."라고 시작하는 것보다는 "우리 모두는 원치 않는 병으로 인해서 고통을 당해본 적이 누구나 있습니다. 감기로 인해서 며칠 동안 끙끙 앓으며 지낸 경험들이 있습니다. 어떤 경우는 더 큰 병으로 인해서 병원에 입원하여 수술을 하고 한두 달을 지내기도 합니다. 병으로 인한 시간이 길어질수록 환자가 느끼는 고통과 절망감은 더욱 커지게 되지요. 그런데 여기 한두 달도 아니고, 일이 년도 아니고, 38년이라는 긴 시간을 병과 함께 살아온 사람이 있습니다. 어찌 보면 그의 인생의 대부분은 병 속에서 살아온 것이나 다름이 없었습니다." 이렇게 설교를 시작한다면 사람들은 자신이 병으로 인해서 당한 고통과 아픔을 기억하면서, 설교에 쉽게 몰입하게 될 것이다.

신설교학(the New Homiletics)이 설교 형식의 하나로 '이야기식 설교'를 제시했다면, 설교의 내용에서는 청중의 공감을 자아내는 중요한 요소로서 '경험'(experience)을 강조하고 있다. 귀납법적인 설교 역시 우리 삶의 경험으로부터 출발을 한다. 불순종에 관한 설교를 할 때, 성경에 나오는 아담의 불순종을 바로 이야기하면서 설교를 시작하는 것보다는 오늘 우리 삶의 경험에서 일어났던 불순종의 경험을 이야기하면서 성경 속으로 들어갈 때 사람들은 설교에 더욱 깊은 관심을 갖게 될 것이다. 미움이나 질투에 대한 설교를 할 때, 가인의 질투를 바로 이야기하는 것보다는 오늘 우리 자신들이 미워했거나 질투를 했던 경험들로부터 시작을 할 때 사람들은 그 설교에 더욱 공감하면서 귀를 기울일 것이다. 왜냐하면 자신들의 경험이 거기 있기 때문이다.

설교에서 사용할 수 있는 경험에는 개인적 경험, 어떤 그룹이 속한 집단적 경험, 자신이 속한 사회적 경험, 역사적 경험 등이 있다. 개인적 경험은 설교자의 개인적 경험, 청중들의 개인적 경험, 그리고 어떤 특별한 개인의 경험을 들 수 있으며, 집단적 경험은 어린아이, 청년, 장년, 노년, 학생, 같은 직업군, 취미 그룹, 종교 그룹 등이 갖는 경험이 있을 것이다. 사회적 경험에는 자신들이 속한 사회의 경험, 자본주의 사회에서의 경제적 문제, 정치적 문제, 문화적 경험, 종교적 현상 등이 있으며, 역사적 경험은 자신들이 속한 집단의 역사, 국가의 역사, 교회의 역사, 세계의 역사 등이 있을 것이다.

설교자는 이런 경험들을 설교에 적절히 활용함으로써, 청중들이 설교에 보다 적극적으로 참여하도록 지혜를 모아야 한다. 그러나 하나 기억할 것은 여기서 경험을 말했다고 해서 설교 전체가 인간의, 세상적인 삶의 경험만을 이야기하라는 것은 결코 아니다. 인간의 경험은 하나님의 말씀으로 보다 깊숙이 들어가기 위한 사전 단계여야 한다. 예를 들어 '하나님의 아픔'에 대해 설교를 할 때, 우리는 먼저 사람들이 나를 아프게 했던 경험을 말할 수 있다. 그러면서 오늘 우리는 어떻게 하나님의 마음을 아프게 하고 있는가를 말할 때, 사람들은 자신의 경험을 되새기면서 하나님의 마음을 느끼고 말씀 속으로 깊이 빠져들게 될 것이다. 설교는 단순히 인간의 아픔을 말하기 위해서 하는 것이 아니라 그것을 시작으로 하여 하나님의 아픔을 말하기 위한 것이어야 한다.

포스트모던 시대의 사람들은 자신의 경험을 중시하면서 경험으로 판단하고 경험으로 이해하고 경험으로 느끼려고 한다. 하나님의 말씀을 들으면서도 마찬가지다. 그렇기에 설교자는 이런 사람들의 변화를 이해하고 거기에 적절히 대응함으로써, 하나님의 말씀이 그들의 가슴 속에 깊이 파고들도록 해야 할 것이다. 인간의 경험과 함께 전하는 설교(하나님의 말씀)는 청중들로 하여금 자신의 세계로부터 시작하여 성경의 세계로 나아갈 수 있도록 하며, 설교에 대한 무관심으로부터 벗어나 말씀에 대한 일체감(공감)을 갖도록 할 것이다.[21]

7. 심령을 터치하는(가슴에 와 닿는) 설교 : 머리와 가슴에 설교하라

근대가 머리의 시대라면 지금 우리가 사는 포스트모던 시대는 가슴의 시대다. 사람들은 근대 지성이 갖는 특징으로 냉철한 이성, 합리적 사고, 철저한 과학적 방식들을 생각한다. 그러나 지금은 사람들이 이런 것들에 크게 매력을 느끼지 못한다. 필자의 주변에도 여러 사람들이 있다. 어떤 사람들은 매우 지적이다. 냉철하고 객관적이며 논리적이다. 그런데 뭔가 매력이 없다. 그런 사람일수록 차가운 지성과 비판적인 언행들이 있을 뿐 따뜻한 가슴이 없다. 이런 사람들은 늘 논리를 중요시한다. 그 논리를 가지고 다른 사람들을 비판하고 논쟁하기를 좋아한다. 자기의 그런 사고 체계에 맞지 않는 사람을 향하여는 '전근대적'이라고 비난을 한다. 그런데 이상한 것은 주변 사람들이 이런 사람을 좋아하지 않는다는 것이다.

그는 철저히 근대적인 사람이다. 그리고 근대적인 것이 현대적인 것으로 착각하고 있다. 그러나 지금 우리가 사는 시대는 근대를 벗어나 있다. 오히

---

21. 위의 책, p. 73.

려 '전근대적'인 것보다 더 낡은 것이 '근대적인 것'이라고 할 수 있는 시대에 우리는 살고 있는 것이다.

그동안 기독교의 설교 역시 근대적 틀 안에 있었다. 이런 설교자들의 설교는 매우 지적이었다. 그들의 논리가 있고, 매우 합리적이었다. 그런데 지금 사람들은 이런 설교자들의 설교에 매력을 느끼지 못한다. 지적 설교에는 차가운 이성주의, 냉철한 지성, 합리적 논리와 날카로운 비판이 있다. 그러나 이런 설교는 사람들의 가슴에 감동을 주지 못한다. 물론 설교가 합리적 이성과 지적 논리를 전혀 무시하라는 말은 아니다. 그러나 설교가 거기에 갇혀 있어서는 안 된다.

무엇보다 더 심각한 문제는 '지식은 사람을 변화시키지 못한다'는 사실이다. 필자는 신학생들에게 강의를 하면서 가끔 이런 이야기를 한다. "여기 수학 공식을 외우면서 인생 변화를 받은 사람이 있는가? 영어 단어를 외우다가 인생 변화를 받은 사람이 있는가?" 물론 쉬운 예를 들기 위해서 하는 이야기지만, 우리가 분명히 알 것은 지식이 사람을 변화시키지 못한다는 사실이다. 그런데 그동안 기독교 설교는 이런 데 너무 얽매여 있었다. 때로는 설교가 지식을 전달하는 교실의 강의와 별 다름이 없는 것이기까지 하였다. 논리적으로 설명하고 증거하고 그것으로 사람을 설득하려는 데 초점이 맞추어져 있었다. 그러나 문제는 그런 수많은 설교를 듣지만 사람들이 변하지 않는다는 것이다. 머리는 커져서 이제 모든 것을 알지만 행동은 하지 않는다. 아마 이것이 오늘 한국교회 크리스천들의 모습이요 문제인지 모른다.

왜 그 많은 설교를 듣고도 사람들은 변화하지 않을까? 물론 설교를 듣는 사람들의 책임도 있지만, 그런 설교를 한 설교자들의 책임도 있음을 간과해서는 안 된다. 지적 설교는 사람들의 머리를 크게는 하였지만 그들을 변화시키는 데는 실패하였다. 냉철한 지성은 사람들의 가슴을 더욱 차갑게 만들었고, 논리적 비판은 사람들을 더욱 비판적으로 만들었다. 그래서 지금 한국교회는 내부적으로 논쟁하고 다투고 싸우는데 많은 에너지를 소모하고 있다. 설교가 사람들을 그렇게 만든 것이다.

사람들은 머리로 이해하고, 가슴으로 느낄 때 비로소 행동한다. 변화가 일어난다. 이제 설교자들은 이것을 직시해야 한다. 그리고 자신의 설교를 거기에 적절히 맞출 수 있어야 한다. 설교는 청중들의 머리에서 끝나는 것이 아니라 그들의 가슴으로 닿아야 한다. 그럴 때 사람들은 비로소 행동하고 변하게 되는 것이다.

청중들이 설교자의 설교를 듣고 "오늘 목사님 설교가 가슴에 와 닿았다."는 말은 그날 설교에 깊이 공감했다는 이야기다. 감동을 받았다는 말이다. 그런 감동이 있을 때 사람들은 자신의 삶을 돌아보고, 자신이 살아야 할 삶의 방향을 새롭게 정립하면서 결단을 하게 되는 것이다. 성경의 아무리 많은 내용들을 알고 그것을 전부 머리에 외웠다고 해서 사람들이 변하는 것은 아니다. 그 말씀이 머리에서 가슴으로 와 닿을 때 비로소 그들은 변한다. 이제 우리의 설교, 너무 지적이고 합리적 논리와 지성으로 포장되어 사람들을 가르치고 지식을 전달하는 데만 초점을 맞추고 있는 그런 설교는 변해야 한다. 설교는 사람들의 머리에 전해서 이해하고 깨닫게 해야겠지만 그 말씀이 가슴에까지 전달되도록 해야 한다. 그래서 우리는 설교를 하되 그 설교가 사람들의 "머리와 가슴에 와 닿도록 설교를 해야"[22] 한다.

공감 설교는 듣는 사람들과 함께 하는 설교다. 설교자 혼자 하는 설교가 아니라 사람들과 함께 하는 설교다. 그러기에 설교자는 하나님의 말씀에 대한 연구와 함께 사람들에 대한 연구를 해야 한다. 즉 말씀에 대한 이해와 함께 그 말씀을 듣는 사람들에 대한 이해가 설교자에게는 있어야 한다는 사실이다.

설교가 결국 사람들에게 한다는 점에서 듣는 사람들이 배제된 설교는 설

---

22. Thomas R. Swears, *Preaching to Head and Heart* (Nashville : Abingdon Press, 2001) 참조.

교가 아니다. 이는 칼빈(John Calvin)이 말한 대로 성경에 근거하지 않은 설교가 설교가 아니듯이[23] 듣는 사람들이 배제된 설교 역시 설교일 수가 없다. 하나님의 말씀을 근거로 하여 출발한 설교는 그것이 회중들의 가슴에 전달됨으로써 완성되기 때문이다. 그러므로 설교자는 말씀에 대한 관심과 함께 그 말씀을 듣는 사람들에 대한 관심을 끊임없이 가져야 한다.

그러기 위해서 이제 우리의 설교는 더 이상 설교자가 일방적으로 전하는 설교가 아니라 그 말씀이 회중들의 가슴에 '들려지는' 설교가 되어야 한다. 가슴에 들려지는 것이 공감이다.

회중들의 가슴에 공감을 불러일으키기 위해서 필자는 본 장을 통해 몇 가지 설교학적 방안들을 제시하였다. 물론 이 외에도 여러 가지 많은 방법들이 있겠지만 적어도 이 정도는 청중들이 공감하는 설교를 위한 기본적 내용이라는 것을 염두에 두고, 설교 현장에서 시도해 보기를 바란다.

---

23. T. H. L. Parker, *The Oracles of God : An Introduction to the Preaching of John Calvin* (Cambridge : James Clarke & Co., 2002), p. 50. 이현웅, 『존 칼빈의 설교와 예배』(서울 : 이레서원, 2009), pp. 48-49.

제10장 미래 한국교회의 설교학적 전망과 대응

　우리는 지금까지 우리 시대의 설교에 대해서 함께 고민하고 분석하며 그 해결 방안을 찾아보려고 했다. 그래서 오늘 우리 시대를 분석하고, 설교학적인 변화들에 대해서 함께 알아보았다. 사회적 현상으로서의 포스트모더니즘, 교회 안에 일어나는 여러 가지 변화와 현상들, 그리고 설교에 대한 위기의식과 함께 등장한 새로운 설교학의 흐름들을 관찰하였다. 그러면서 오늘 우리 시대, 특별히 한국교회의 설교는 어떠해야 할 것인가를 생각하면서 그 방안을 찾아보고자 하였다. 그래서 필자는 그 대안의 하나로 "공감의 설교", 즉 청중과 함께 공감하는 설교를 제안하였으며, 거기에 따른 구체적인 방법론들을 제시하였다. 이제 이런 내용들을 바탕으로 하여, 미래 한국 사회와 교회에 대한 전망을 새롭게 하면서 동시에 한국교회 설교에 대한 전망과 대응 방안을 언급하고자 한다.

1. 한국 사회에 대한 전망

　미래를 전망한다는 것은 쉬운 일이 아니다. 그것은 아직 현재의 시간이 아니기 때문이다. 그러나 지금 나타나고 있는 징후들은 미래를 예측할 수 있는 중요한 근거가 된다. 이미 우리는 제4장 "변화하는 상황으로서의 21세기 한국 사회와 교회"를 통해서 오늘 우리 주변에서 일어나는 한국 사회와 문화적 변화를 살펴보았고, 이어서 한국교회의 상황을 분석해 보았다. 먼저 현 한국 사회의 가장 큰 변화는 정치적 민주화와 개인 권리의 신장이 있었고, 이어서 고도의 경제 성장과 이에 따른 부작용으로서의 양극화 현상을 언급했으며, 이어서 한국 사회의 지식과 정보 사회로의 발전, 다문화 사회로의 진입, 저출산과 고령화에 따른 인구 구성의 변동, 사회의 분열 현상의 심화, 범죄율과 자살율의 증가와 함께 중독 현상 등으로 인한 사회의 극단적이고 절망적인 상황 등을 언급하였다. 이러한 사회적 현상들은 어떤 경우에는 더욱 심화될 수 있고, 또 어떤 경우는 변화되거나 약화될 수 있을 것이다. 그리고 우리가 예상하지 못한 일들도 발생하게 될 것이다. 그러면 한국 사회의 미래는 어떻게 전망할 수 있는가?

　첫째 인구 지형의 변화가 지속적으로 확대될 것이다. 이미 한국 사회는 저출산 고령화 사회로 접어들었다.[1] 저출산 현상은 학령 인구의 감소를 불러올 것이고, 이런 결과는 한국의 교육 체계 등에도 상당한 변화를 가져오게 할 것이다. 유치원, 초등학교뿐만 아니라 차츰 고등학교, 대학교 등에도 영향을 주게 되면서 교육 제도에 대한 변화가 불가피하게 될 것이다. 또한 저출산의 결과는 생산 인구의 감소를 가져오게 하면서, 결과적으로 한국 사회의 경제적 성장 동력을 떨어뜨림으로써 국가 경쟁력을 약화시킬 뿐만 아니라 사회 각 분야에서의 퇴조 현상들이 나타나게 될 것이다.

---

1. 정재영, 『한국교회, 10년의 미래』(서울 : SFC출판부, 2012), p. 23.

무엇보다 저출산으로 인한 경제적 성장은 둔화되는 데 비해 고령화로 인한 노인 인구는 증가되어 이를 감당하기 위한 사회적 비용은 국가적으로도 큰 부담이 될 것이다. 결국 저출산 고령화의 현상은 사회 각 분야에 심각한 영향을 미치게 될 것이며, 그것은 교회 역시 예외가 아닐 것이다.

둘째로 미래 한국은 다문화 사회의 확대가 지속될 것이다. 이미 4장에서 언급했듯이 우리는 2012년 기준 약 145만 명의 외국인들이 한국 사회에 들어와서 함께 거주하며 생활하고 있다.[2] 그런데 이런 외국인들의 유입은 앞으로도 멈추지 않고 계속 증가될 것이다. 한국 사회가 다문화 사회로 변한다는 것은 긍정적인 측면과 함께 극복해야 할 많은 문제들을 동시에 안게 된다. 이것은 교육과 종교 등 각 분야에서 미리 준비하고 대응해야 할 중요한 과제가 될 것이다. 세계 각 나라에서 온 그들이 한국 사회에 어떻게 바로 적응하고 한국 사회의 구성원으로 뿌리를 내리고 적절하게 살아갈 수 있도록 할 것인가는 국가뿐만 아니라 사회의 모든 제도와 기구, 더 나아가서는 모든 구성원 각자들의 적극적 노력과 참여가 필요할 것이다. 한국교회 역시 이 문제를 진지하게 생각하고 이에 대한 대책들을 세워 나가야 할 것이 자명하다.

셋째로 다문화 사회와 함께 생각해야 할 것이 한국 사회의 다원화 현상이다. 미래 우리 사회는 인종뿐만 아니라 다양한 가치와 사상, 계층과 집단들이 함께 공존하게 될 것이다. 그리고 다양한 의견과 주장, 행동들이 사회적으로 표출되게 될 것이다. 이런 현상은 한국 사회의 변화와 발전에 긍정적인 원인으로 작용할 수 있지만 한편으로는 더욱 복잡한 사회적 균열과 갈등을 일으키게 될 것이다. 과도한 자본주의의 부정적 영향은 우리 사회의 경제적 양극화를 더욱 부추길 가능성이 높다. 세대 간의 갈등도 더욱 확대될 수 있으며, 정치적 이념과 개인적 신념들은 우리 사회를 통합보다는 분열을 가져

---

2. 통계청이 발표한 『연도별 체류 외국인 현황』에서 2012년 체류 외국인 수는 정확히 1,445,103명이다.

오게 할 수 있다. 따라서 우리 사회 각 영역은 이에 대한 대처를 미리 함으로써 사회적 분열보다는 조화와 통합의 사회로 나아가도록 해야 할 것이며, 교회 역시 이런 역할을 충실하게 감당할 수 있도록 준비해야 할 것이다.

넷째로 통일에 대한 전망이다. 앞으로 한국 사회의 최우선적 국가적 당면 과제는 통일이 될 것이다. 이미 지구촌화되어 가는 국제 사회에서 한국이 극복하고 해결해야 할 가장 주요한 문제는 통일이며, 이 문제가 해결되지 않는 한 한국은 세계화의 시대에서 자신의 역할을 제대로 감당할 수 없을 것이다. 그리고 더 이상의 국가적 발전도 어렵게 될 것이다. 남북이 통일되면 한국의 국력 신장과 함께 다양한 분야에서의 발전이 더욱 가능하게 될 것이며, 대륙을 통한 세계 각 나라와의 교류 역시 활발하게 될 것이다. 시간이 흐를수록 통일은 한국 사회에 긴급한 사안이 될 것이다. 교회 역시 이런 상황에서 남북의 교류와 함께 통일로 나아가는 발판의 역할을 나름대로 감당할 수 있어야 할 것이다.

다섯째로 미래 한국 사회는 국제화의 흐름에 더욱 적극적으로 임하게 될 것이다. 이미 세계화 내지 국제화 현상은 시대의 거대한 흐름으로 작용하고 있다. 지금 세계는 한 나라의 주가(株價)가 바로 다른 나라들에 영향을 미칠 정도로 경제적으로 서로 연결이 되어 있으며, 더 이상 한 국가나 사회의 문제는 그 나라의 문제가 아니라 세계의 관심사가 되고 있다. 경제뿐만 아니라 문화적 교류가 국가 간에 날로 증대되고 있으며, 이외에도 환경에 관한 문제들을 국제적으로 공조하면서 해결하는 등 지금 세계는 한 지구촌 가족으로 더욱 가까워지고 있다.

그러므로 우리 사회는 이런 변화에 보다 적극적으로 준비하고 임해야 할 것이며, 지리적 국경을 넘어서 세계 속에서 자신의 역할을 감당할 수 있도록 그 역량을 강화해 나가야 할 것이다. 한국교회 역시 세계를 향한 선교와 봉사에 보다 적극적으로 임해야 할 것은 말할 필요가 없을 것이다.

이런 변화들 외에도 정보 사회로의 빠른 진전과 그에 따른 네트워크의 확산 등도 미래 한국 사회가 경험하게 될 중요한 현상들이 될 것이라 본다.

2. 미래의 한국교회 : 위기와 회복의 갈림길

그러면 미래 한국교회는 어떨 것인가? 한국 사회가 변화하듯이 한국교회의 미래 역시 변화의 소용돌이를 맞게 될 것이다. 그러므로 교회는 이런 변화를 미리 예측하고 준비함으로써 미래 사회에서 자신의 역할을 더욱 분명하고 온전하게 감당할 수 있어야 할 것이다. 지금 한국교회는 낙관을 하기도 비관을 하기도 매우 어려운 기로(岐路)에 서 있다. 지금 우리가 어떻게 미래를 전망하고 대처하느냐에 따라서 한국교회의 운명이 좌우될 것이다.

21세기를 맞으며 한국교회는 위기에 봉착하게 되었고, 목회자들도 위기의식을 가지게 되었다. 우선 교회 성장이 1990년대 후반기부터는 멈추어 버렸고, 많은 교회가 침체의 늪에 빠지게 되었다. 교회를 떠나가고 있는 사람은 늘고 있으나 새로 교회에 들어오는 사람은 줄어들고 있다. 게다가 교회에 대한 부정적이고 비판적인 인식이 사회에 확산되면서 한국교회는 사회적 공신력을 잃어버리고 그 위상마저 흔들리게 되었다.[3]

한국교회와 관련하여 가장 먼저 생각할 것은 교회의 성장에 관한 문제가 될 것이다. 우리가 잘 알듯이 한국교회는 1990년대까지 급격한 성장을 경험하였다. 그러나 90년대 후반으로 접어들면서 이런 성장 추세는 서서히 멈추기 시작했으며, 2010년대부터는 오히려 마이너스 성장으로 돌아서고 있다. 양적인 성장의 하락과 함께 한국교회 교인들의 신앙이나 헌신의 열기도 차

---

3. 이원규, 『기독교의 위기와 희망』 (서울 : 대한기독교서회, 2003), pp. 133–134.

즘 식어 가고 있다. 교인들의 예배 출석과 교회에 대한 관심도도 떨어지고 있다. 이런 현상들은 한국교회의 미래를 매우 어둡게 할 수 있다.

이에 더해서 외부적으로는 세상 사람들의 종교에 대한 관심이 계속 떨어지고 있으며, 교회에 대한 사회적 비판은 더욱 증가하고 있다. 2014년 2월 5일 한국기독교윤리실천운동에서 발표한 "2013년 한국교회의 사회적 신뢰도 여론조사"에 대한 자료집을 보면, 한국교회(개신교)에 대한 전체 응답자의 신뢰도는 19.4%에 불과했다.[4] "이는 지난 6년 동안 4회의 반복측정에도 불구하고(2008년 18.4%, 2009년 19.1%, 2010년 17.6%, 2013년 19.4%) 낮은 수준에 머무르는 것을 보여줌으로써, 낮은 신뢰도의 원인이 특정 상황에 기인한 것이라기보다는 한국교회(개신교)의 만성적이고 구조적인 문제임을 시사해 준다."[5]

더구나 이 조사에서 비기독교인들을 대상으로 한 각 종교에 대한 신뢰도는 가톨릭 47.0%, 불교 38.0%, 기독교(개신교) 12.5%를 보여 줌으로써 한국개신교회에 대한 비기독교인들의 신뢰도가 현저하게 낮음을 알 수 있다.

2017년 기독교윤리실천운동에서 발표한 "한국교회의 사회적 신뢰도 여론조사"의 결과도 크게 변하지 않고 있다. 개신교에 대한 신뢰도는 20.2%로 국민 5명 중 1명만이 교회를 신뢰하고 있다는 것이다. 2014년 조사결과 19.4%로와 거의 비슷한 수준이다. 종교별 신뢰도 역시 수치의 변화는 조금 있지만 가톨릭 32.9%, 불교 21.3%, 개신교 18.9%로 개신교회가 가장 낮게 나타나고 있다.[6]

이런 현상은 한국교회가 사회로부터 신뢰를 회복하지 않고는 성장도 어렵고, 미래적 상황은 더욱 비관적일 수밖에 없음을 보여주는 것이다. 한국교회는 지금 현실적으로 매우 급박한 위기에 처해 있다. 다시 회복의 길을

---

4. 2014. 2. 5. 기독교윤리실천운동의 "2013년 한국교회의 사회적 신뢰도 여론조사" 참고.
5. 2014년 2월 5일의 여론조사에 대한 기독교윤리실천운동의 자료 분석 참고.
6. 2017. 3. 3. 기독교윤리실천운동본부의 "2017년 한국교회의 사회적 신뢰도 여론조사" 참조.

갈 것인가 아니면 계속 내리막길을 갈 것인가 한국교회는 기로에 서 있다.

둘째로 한국교회의 세속화 문제다. 교회는 세상을 떠나 홀로 존재하는 것이 아니라 세상과 함께 하고 있다는 점에서 언제나 세속 문화와 영향을 주고받을 수밖에 없다. 교회가 세상에 영향을 미치는가 하면, 세상도 교회에 영향을 미치게 되는 것이다. 문제는 이런 상황에서 교회가 교회로서의 본질을 지키고, 세상 속에서 교회로서의 사명을 온전히 감당할 수 있느냐는 것이다. 그러나 이것은 교회에게 언제나 쉽지 않은 과제였으며, 그것은 지금도 마찬가지다. 왜냐하면 갈수록 교회를 향한 세속의 파고(波高)는 더욱 높아지고 있기 때문이다.

미래 한국교회는 더욱 세속화의 도전에 직면하게 될 것이다. 세속적 가치나 기준이 교인들의 생각을 지배하고, 교회의 활동 영역에도 영향을 미치게 될 것이다. 따라서 교회는 무엇보다 설교와 교육 등을 통해서 더욱 하나님의 말씀을 강조하고, 하나님의 말씀이 신자들의 신앙과 삶의 표준이 되도록 해야 할 것이다. 또한 교회로서의 영성(靈性)과 성성(聖性, 거룩성)을 확고하게 지킴으로써 세상 속에서 교회의 본질을 유지하도록 힘써야 한다. 지금 한국교회는 경건의 모양은 있으나 경건의 능력을 상실해 가고 있다(딤후 3 : 5). 교회로서의 영성과 거룩성을 회복하고 유지할 때 교회는 세상을 변화시키는 능력을 갖게 될 것이다.

셋째로 교회의 세속화 문제와 더불어 또 생각해야 할 것이 미래 한국교회에는 명목상의 크리스천들이 갈수록 증가하게 될 것이라는 점이다. 그저 예배에 잠깐 출석하는 것으로 만족하는 신자들, 교회에 이름은 걸어놓았지만 어쩌다 겨우 한번 정도 나오는 신자들, 더 나아가서는 아예 교회에 소속되기를 원치 않으면서 자유롭게 생활하는 신자들이 갈수록 늘어나게 될 것이라는 사실이다.

지금 우리 주변에는 "믿기는 하지만 교회에 소속되기는 원치 않는 신자들"(believing without belonging),[7] "기독교 신앙은 갖고 있지만 교회를 떠난 기독교인들"(unchurched Christian)이 차츰 늘어나고 있다. 2013년 한국목회자협의회의 조사에 따르면 이런 기독교 신자들이 10.5%에 해당하는 것으로 나타났다.[8]

〈주일예배 참석 정도〉

(00님께서는 현재 다니는 교회의 주일예배에 어느 정도 참석하십니까?)(단위 : %)

	매주 참석	한달에 2~3번	한달에 1번	그 이하	참석하지 않는다	계
응답율	67.6	17.8	3.4	0.7	10.5	100

위의 조사에 의하면 우리 한국교회 신자들의 예배 참석율은 아직까지 비교적 높은 편이라고 할 수 있다. 적어도 약 70%에 가까운 신자들은 매 주일 교회가 드리는 공예배에 열심히 참석하고 있다. 그러나 문제는 나이가 젊은 세대일수록 과거에 비해 주일예배 참석 빈도가 낮아지고 있다는 사실이다. "과거 2~3년 전에 비해 주일예배 참석 빈도는 어떻습니까?"라는 질문에 대해, "덜 참석하는 편이다"라고 응답한 비율이 18~29세가 12.1%, 30~39세가 9.0%, 40~49세가 6.6%, 50~59세가 5.5%, 60세 이상이 2.3%로 나왔다.[9] 나이가 든 세대일수록 과거에 비해 지금도 예배에 충실하게 참석하고 있다. 그러나 나이가 어릴수록 예배에 참석하는 빈도수가 줄어들고 있다. 이런 결과는 앞으로 시간이 흐를수록 한국교회 신자들의 예배에 대한 열정은 식어지고 참석율 또한 낮아지게 될 것이라는 것을 충분히 예측할 수 있게 한다.

최근 2013년 2월 4일부터 13일에 걸쳐 여론조사 기관인 글로벌 리처시

---

7. Grace Davie, *Religion in Britain since 1945 : Believing without Belonging* (Oxford : Oxford University Press, 1994) 참조.
8. 한국기독교목회자협의회,『한국 기독교 분석 리포트 : 2013 한국인의 종교 생활과 의식 조사 보고서』(서울 : 도서출판 URD, 2013), p. 81.
9. 위의 책, p. 80.

에서 실시한 조사 결과는 더욱 충격적이다. 온라인 조사를 통해 316명의 응답자 중 기독교인이지만 교회에 출석은 않는다는 응답이 26%로 나왔다. 물론 이 조사는 온라인을 통한 것이라 응답자들이 고학력자 중심이라는 제한성이 있기는 하지만, 그럼에도 불구하고 오늘 한국 개신교회 신자들의 신앙 특성의 일면을 보여주는 것이라고 하겠다.[10]

기독교의 역사가 유구한 유럽에서 이런 현상이 나타난 것은 이미 오래 전부터의 일이다. 또한 유럽 이후 기독교 부흥을 이룬 미국 역시 이런 현상이 20세기 후반에 나타나기 시작하였고, 현재 그 수는 지속적으로 증가하고 있는 추세다. 미국은 지금 주류 교단들의 교인수 감소로 인해서 심각한 어려움을 겪고 있다. 이제 선교 100년을 갓 넘긴 한국교회 역시 너무 빠르기는 하지만 이런 현상에 직면하고 있는 것이다. 한국교회는 짧은 시간에 급성장했지만, 신자들의 신앙 열기와 함께 성장 추이도 급감하고 있는 실정이다. 이런 현상은 결과적으로 한국교회를 더욱 위기 속으로 몰아넣게 할 것이다. 교회 밖 세상에서 교회를 향한 부정적 인식과 함께, 교회 내부의 세속화와 교인들의 신앙적 열의의 감소, 교회에 소속되기를 원치 않는 개인주의적 신앙 형태 등은 미래 한국교회에 대한 전망을 매우 어둡게 하고 있다.

넷째로 시대적 현상으로서의 포스트모더니즘(postmodernism)의 영향이다. 무엇보다 종교 다원주의와 관용은 종교 간의 대화와 평화로운 공존을 가능하게 하는 측면도 있겠지만, 한편으로는 기독교 고유의 복음을 흐리게 할 수도 있다. 또한 포스트모더니즘의 한 현상인 탈권위주의적인 사고는 교회와 하나님의 말씀의 권위에 대한 왜곡된 결과를 가져올 수 있다. 교회의 권위주의적인 잘못된 제도나 형식은 바꿔야 하겠지만, 그렇다고 해서 그것이 고유하게 가져야 할 교회의 권위를 왜곡하거나 약화시켜서는 안 될 것이다.

---

10. 정재영, "종교 세속화의 한 측면으로 '소속 없는 신앙인들'에 대한 연구," 「제51회 한국실천신학회 정기학술대회 자료집」 (한국실천신학회, 2014. 2.) p. 410.

하나님의 말씀인 성경이 하나님의 말씀으로서의 권위를 상실하게 된다면 그 결과는 어떻게 되겠는가? 예수 그리스도가 유일한 구세주임을 부인하고 모든 종교에 구원이 있다는 식으로 해석을 하게 되면, 기독교는 어떻게 존재할 수 있겠는가? 따라서 교회는 이런 세상의 변화를 제대로 읽고 바르게 해석하여서 미래 한국교회가 이에 대해 어떻게 적응하고 대처해 나가야 할 것인지를 진지하게 고려해야 할 것이다.

다섯째로 미래 한국교회에서 나타날 중요한 변화 가운데 하나는 평신도들에게서 나타날 것이다. 그동안 교회는 목회자 중심으로 움직여 왔다. 그러나 지금 평신도들은 과거와는 다르다. 평신도들의 교육적 수준, 전문적 지식과 기술, 능력 등은 매우 현저하게 높아졌다. 따라서 교회는 이제 목회자 중심으로 움직이는 것은 한계가 있음을 인식하고, 교회의 사역과 활동에 평신도들을 적극 참여시키고 활용할 수 있어야 한다. 그들 역시 목회자만큼이나 하나님의 나라를 위해서 일할 수 있는 소중한 자원들이기 때문이다. 그런 의미에서 한국교회 목회 패러다임(paradigm)의 변화는 불가피할 것이다. 이제 21세기는 평신도의 역할이 더욱 증대될 것이므로, 목회자는 이들과 함께 하나님의 나라를 이 땅에 세우고 확장해 나가는 노력을 해나가야 할 것이다.

마지막으로 미래 한국교회가 해야 할 가장 중요한 일 가운데 하나는 교회의 사회적 공신력을 회복하는 데 최선의 노력을 기울여야 한다는 점이다. 이미 기독교윤리실천운동의 여론조사 결과를 보았듯이, 현재 한국교회는 세상으로부터 신뢰를 잃고 있다. 이런 현상은 교회가 스스로 변화하고 특단의 조치를 하지 않는 한 앞으로도 계속 될 것이다. 교회의 사회에 대한 책임과 봉사는 미래 한국교회의 존립을 위해서 매우 중요한 것이 될 것이다. 무엇보다 교회 지도자들의 영적 지도력과 윤리적 삶의 실천이 중요하며, 교인들 역시 사회 속에서 그리스도인으로서의 신뢰를 얻을 수 있어야 한다.

지금 한국교회는 낙관하기 어려운 매우 위기적 상황으로 치닫고 있다. 이런 현상은 교회의 자성과 변화 없이는 미래에도 계속 될 것이다. 위기적 상황의 지속이냐 아니면 극복과 회복이냐 하는 문제는 오늘 한국교회에 주어진 긴급하고도 필연적인 과제가 되고 있다. 이 갈림길에서 우리는 어떤 선택을 해야만 할까?

3. 설교학적 분석과 전망, 그리고 대응

"교회는 말씀과 함께 살고 말씀과 함께 죽는다."[11] 한국교회의 미래는 말씀에 있다. 하나님의 말씀이 교회에 살아있고, 교인들의 가슴에 살아있다면 한국교회는 다시 생명력을 가지고 세상을 구원하며 변화시킬 수 있을 것이다. 그러나 말씀이 약화되고 말씀의 능력이 없는 교회라면 한국교회 역시 중세 교회가 갔던 전철을 밟을 수밖에 없으리라. 하나님께서 말씀으로 천지를 창조하셨듯이 그 말씀은 역시 오늘의 세상과 교회를 새롭게 창조하는(만드는) 힘이 될 것이다. 오늘 한국교회에 설교가 중요한 이유가 바로 여기에 있다. 하나님의 말씀은 살았고 운동력(힘 또는 능력)이 있기에(히 4 : 12) 능히 개인의 영혼을 구원하고, 교회를 새롭게 하며, 또한 세상을 변화시킬 수 있다. 오늘 위기 속에 있는 한국교회를 새롭게 살리고 회복케 하는 것도 하나님의 말씀이 될 것이다. 그러면 한국교회 미래 설교는 어떠해야 할까? 여기서는 설교자와 청중, 설교 형식과 내용, 설교의 전달 등을 중심으로 하여, 이에 대한 분석과 함께 대응 방안을 언급하도록 하겠다.

1) 설교자 : 먼저 설교자가 되어야

먼저 설교자에 관한 내용이다. 한국교회가 위기이듯이 지금 한국교회 설

---

11. P. T. Forsyth, *Positive Preaching and the Modern Mind* (Grand Rapids : Wm. B. Eerdmans, 1949), p. 89.

교 역시 위기이다. 그런데 이런 설교의 위기를 만들고 있는 제일 원인자(原因者)는 다른 사람이 아니라 바로 그 설교를 하고 있는 설교자들이다. 즉 설교자의 위기가 설교의 위기를 한국교회에 가져오게 되었다는 사실이다. 2014년 2월 5일 발표한 "한국교회의 사회적 신뢰도"에 대한 여론조사 자료집에서도, 한국교회가 신뢰를 회복하기 위해서는 교회 지도자들이 변화되어야 한다는 응답이 21.0%를 차지하고 있다.[12] 여론조사에서 응답자들은 한국교회가 신뢰회복을 위한 개선점으로 타종교에 대한 태도(24.0%), 불투명한 재정사용(22.8%), 교회 지도자들(21.0%), 교회성장제일주의(14.5%), 교인들의 삶(13.1%) 등을 들고 있는데, 사실 불투명한 재정 사용이나 교회성장제일주의 역시 교회 지도자와 관련된 항목이라는 점에서 교회 지도자들에 대한 문제는 매우 심각하다고 하겠다.

2017년 기독교윤리실천운동본부에서 발표한 조사 자료, "2017년 한국교회의 사회적 신뢰도 여론조사"에서도 한국교회가 사회적 신뢰도를 높이기 위해서 가장 필요한 것은 "윤리와 도덕 실천운동"이란 응답이 45.3%로 나왔다. 교회와 교회 지도자들의 도덕적 윤리적 문제가 얼마나 중요한가를 보여주는 증거라고 하겠다.[13]

오늘 설교자들의 위기는 그들이 갖는 설교 능력에 대한 것이라기보다는 그들의 삶과 윤리에 관한 것이다. 사실 현 한국교회 설교자들은 과거에 비해 신학 교육을 통해서 설교에 대한 상당한 지식과 훈련이 되어 있는 사람들이다. 설교 능력이나 기량은 손색이 없을 정도다. 그러나 문제는 그들이 하나님의 말씀을 전하는 것만큼 삶으로는 실천하지 못하고 있다는 점이다. 즉 설

---

12. 2014. 2. 5. 기독교윤리실천운동 "2013년 한국교회의 사회적 신뢰도 여론조사" 참고.
13. 2017. 3. 3. 기독교윤리실천운동본부, "2017년 한국교회의 사회적 신뢰도 여론조사" 참조. 이 조사에서 한국교회가 신뢰도를 높이기 위해서 해야 할 일은 윤리와 도덕 실천운동 45.3%, 봉사와 구제 활동 31.6%, 환경 인권 등 사회 운동 10.8%, 교육사업 활동 5.4%, 문화예술 활동 3.0% 순으로 나왔다.

교자 자신이 전하는 말씀과 삶의 괴리가 심각하다는 것이다.[14]

이미 한국교회 지도자들의 명예욕이나 돈으로 인한 문제, 그리고 심지어 이성으로 인한 문제들은 사회적으로 심각한 지탄을 받을 정도가 되었다. 그리고 이런 문제들은 결과적으로 교회에 대한 불신과 함께 설교자로서의 목회자에 대한 불신을 불러일으키게 하였다. 따라서 한국교회 설교자들에게 지금 가장 필요한 것은 설교 시간 그들의 입에서 나오는 말이 아니라 삶의 현장에서 말씀대로 실천하는 데 본을 보이는 것이다. 설교자로서의 윤리적 삶을 실천하고, 누구보다 먼저 하나님의 말씀을 전하는 자로서 그 말씀을 먼저 실천할 때 설교자들에 대한 신뢰가 회복될 것이고, 이것은 설교자의 입에서 나오는 설교에 대한 신뢰를 회복하게 할 것이다.

설교학계에서도 새로운 변화가 일어나고 있다. 20세기 후반 다양한 설교학적 이론과 방법론들을 연구 개발한 설교학자들이 21세기로 접어들면서 다시 설교자의 윤리에 주목을 하고 있다. 설교자의 윤리가 설교학의 중요한 주제로 다시 부상하게 된 것이다. 이런 현상은 설교가 설교학적인 이론이나 방법론만을 가지고는 완전할 수 없다는 한계 인식과 함께, 설교 현장에서 일어나는 설교자들의 탈선과 비윤리적 자세와 무관하지 않을 것이다.[15]

또한 미래 설교자들이 기억해야 할 것은 기독교 설교에 대한 새로운 이론과 방법론들이 앞으로도 계속 개발되어 나오게 될 것이라는 점이다. 그러므로 설교자들은 이런 시대적 변화를 민감하게 읽고 거기에 대한 연구와 훈련

---

14. 정장복, 『한국교회를 위한 설교학 개론』 (서울 : 예배와 설교 아카데미, 2005), pp. 40-41.
15. 20세기 후반 기독교 신학에서는 윤리(ethic)가 중요한 이슈가 되었고, 그 결과 '기독교 윤리'가 학문적 차원에서 본격적으로 연구되기 시작하였다. 기독교 윤리는 교회구성원뿐만 아니라 교회지도자들에게도 중요한 실천과제가 되었다. 이것은 기독교 설교학에서도 매우 중요한 주제가 되었고, 최근 찰스 캠벨 같은 설교학자는 설교의 윤리(ethic of preaching)에 관심을 가지고 연구를 하기도 하였다. Charles L. Campbell, *The Word Before the Words : An Ethic of Preaching* (Louisville : Westminster John Knox Press, 2002). 특별히 현대 교회 상황에서 설교의 윤리, 설교자의 윤리는 그 어느 때보다 중요한 문제가 되고 있다.

을 게을리해서는 안 될 것이다.

이미 필자가 본서의 앞에서도 언급했지만 지금 기독교 설교는 새로운 변화의 과정으로 들어와 있다. 예를 들어 새로운 설교학(the New Homiletics)의 흐름은 많은 설교학자들과 설교자들의 관심을 받고, 현장에서 적용되고 있다. 그러나 어떤 설교자들은 이런 변화를 전혀 알지 못하고, 과거 자기가 신학교에서 배웠던 유일한 방법, 그 하나를 가지고 지금도 매주 강단에 오르고 있다. 그런 설교 현장에서 어떤 일이 매주 일어나고 있을지는 충분히 상상이 가능할 것이다.

그리고 또 하나 설교자가 생각해야 할 것은 앞으로 설교자의 경건과 깊은 영성이 어느 때보다 더 중요하게 될 것이라는 사실이다. 근대 과학과 물질 중심의 세계는 자본주의의 영향과 함께 사람들에게 물질적 풍요를 안겨주었다. 지금 인류는 그 어느 때보다 풍부한 물질적 혜택을 보고 있다. 그러나 이런 현상은 반대로 사람들로 하여금 영적 세계에 대한 관심을 더욱 갖도록 만들고 있다. 물질이 진정한 만족이 되지 못한다는 것을 사람들은 깨닫게 되었기 때문이다. 그러면서 사람들은 종교적인 것, 영적인 것에 더욱 관심을 가지게 되었다. 그래서 서구 세계에서도 동양 종교의 선(禪)이라든가, 요가, 마인드 컨트롤(mind control) 등 자신들의 내면을 성찰하는 프로그램들에 많은 사람들이 관심을 가지고 참여하고 있다. 그래서 어떤 사람들은 포스트모던 시대를 '영성의 시대'로 규정하기도 한다.

이런 변화는 사람들로 하여금 영적인 것에 더욱 진지한 관심을 불러일으키도록 할 것이 자명하다. 따라서 기독교 지도자들(설교자들) 역시 매우 중요한 것이 자신의 영성이 될 것이다. 지식에 관한 것은 이제 많은 사람들도 소유하게 되었다. 그러나 물질로도 지식으로도 채울 수 없는 것이 영적인 것이다. 물질적 풍요와 지적 소유는 오히려 현대인들로 하여금 영적인 것에 굶주리도록 하고 있다. 이에 설교자들은 마땅히 자신의 경건과 영성에 힘쓰면서, 영적으로 굶주려 있는 현대인들의 심령을 채워줄 수 있어야 할 것이다.

기도와 경건한 삶의 실천이 더욱 절실한 시대이다. 이제 미래 한국교회 설교자는 입으로만 전하는 설교 전문가가 아니라 먼저 말씀을 몸으로 실천하는 사람이 되어야 할 것이다. 그러면서 시대의 변화와 함께 설교학적인 변화를 탐색하고 연구 훈련함으로써 한 시대의 설교자로서 자신에게 주어진 사명을 충실하게 감당할 수 있을 것이다. 결국 설교는 설교자의 문제다.

2) 청중들의 변화

둘째로 미래 한국교회 강단의 중요한 변화는 설교를 듣는 청중들에게서 일어나게 될 것이다. 이제 이들은 시간이 흐를수록 더욱 높은 교육적 수준을 갖게 될 것이다. 자신의 전문 분야에 대한 지식이 높아질 것이다. 그리고 무엇보다 한국교회 역사가 길어지면서 신앙의 연조가 긴 교인들이 대부분이 될 것이다. 그들은 어려서부터 성경을 배우고 설교를 들었으므로, 이제 어지간한 성경의 내용이나 설교는 대부분 알고 있는 것들이 될 것이다.

비유를 하자면 과거 설교를 듣는 교인(청중)들이 초등학생, 중학생 수준이었다면 이제 이들은 고등학생, 대학생 수준이 될 것이다. 그런데 이런 상황에서 설교자의 설교가 초등학생들에게 하는 수준으로 계속 머무르고 있다면 어떻게 될까? 이미 다 알고 있는 내용을 매주 설교자가 반복하고 있다면 거기에 대해 청중들은 어떤 반응을 보이게 될까?

미래 설교 현장에서는 청중들의 수준 변화뿐만 아니라 의식의 변화도 크게 높아질 것이다. 그들은 단지 설교자가 전해주는 설교를 듣고 앉아 있는 것만으로 만족하지 않을 것이다. 설교에 대한 자신들의 생각과 의견을 직접 표현하게 될 것이며, 자신들이 설교에 피동적이기보다는 적극적이고 능동적인 참여하기를 원하게 될 것이다. 그런 의미에서 설교에 있어서 청중에 대한 존중과 그들의 역할을 긍정적으로 이해하려는 설교자들의 인식의 전환이 더욱 절실하게 될 것이다. 그리고 이제 청중은 설교의 파트너라는 사실과 함께 설교 자체가 설교자 혼자 하는 것이 아니라 청중과 함께 하는 여행이 될 것이라는 설교에 대한 인식도 바뀌어야 할 것이다.

3) 다양한 설교 형식

셋째로 미래 한국교회 강단에서 설교 형식은 보다 다양한 양상을 보이게 될 것이다. 지금까지 해왔던 몇 가지 형식보다는 더 많은 설교 형식들이 개발되고 소개되며, 현장에서 적용하게 될 것이다. 이런 변화는 먼저 설교학을 전문적으로 연구하는 학자들이 갈수록 늘어나고 있다는 점과 먼저 연관될 수 있다. 과거에는 설교학 분야에 대한 전문가들이 그리 많지는 않았었다. 그러나 시간이 갈수록 설교학 분야에 대한 학문적 연구자들이 늘어나고 있다. 하나님께서는 이들을 통해서 그 시대 설교에 적합한 여러 가지 다양한 방식들을 선보이도록 하실 것이다. 왜냐하면 하나님께서는 "옛적에 선지자들로 여러 부분과 여러 모양(형식)으로 우리 조상들에게 말씀하신 하나님"(히 1 : 1)이시기 때문이다(참고로 표준새번역성경은 이 구절을 다음과 같이 기록하고 있다. "하나님께서 옛날에는 예언자들을 통하여, 여러 번에 걸쳐 여러 가지 방법으로 우리 조상들에게 말씀하셨으나").

논리적인 주제 설교나 삼대지 설교, 본문을 중심으로 하는 강해식 설교, 논리적 설교를 극복하고자 등장한 이야기식 설교, 독백적인 설교와 함께 대화식의 설교 형식들, 계속 개발되는 미디어들을 활용하는 설교 방식 등 미래의 설교 형식이나 방법들은 매우 다양해질 것이 분명하다. 그러므로 미래 설교자들은 전통적인 설교에 대한 이해와 훈련뿐만 아니라 끊임없이 변화하고 개발되는 새로운 설교 형식들에 대해 관심을 가지고 배우며 적용하는 노력을 계속 해야 할 것이다.

2007년 「목회와 신학」에서 실시한 한국교회 목회자들에 대한 설문조사[16]

---

16. 본 설문은 「목회와 신학」에서 2007년 1월 20일부터 2월 5일까지 한국교회의 담임 목사 578명을 대상으로 하여 진행된 것이다. 이에 대한 분석 결과는 『한국교회 설교 분석』이란 책으로 발간되었다. 목회와신학 편집부 편, 『한국교회 설교 분석』(서울 : 두란노 아카데미,

에 따르면, 한국교회 설교자들이 주로 하는 설교는 강해설교(60.9%), 주제설교(23.6%)로 대부분의 설교자들이 강해설교와 주제설교(대지설교) 형식에 집중되어 있다. 이야기식 설교는 불과 3.0%에 지나지 않았다.[17] 이런 결과는 앞으로 한국교회 설교가 형식적인 면에서 더욱 다양해져야 할 필요성을 반증하는 것이라 하겠다.

4) 설교의 내용 : 진리에 충실한 설교

넷째로 미래 한국교회는 설교 형식뿐만 아니라 그 내용에 있어서도 변화를 요구하게 될 것이다. 20세기 후반 이후 등장한 포스트모더니즘은 현대인들의 사고나 가치 체계에 많은 영향을 주고 있다. 이것은 문학이나 예술, 철학뿐만 아니라 심지어는 건축이나 종교 등에도 많은 영향을 미치고 있다. 우리가 이미 아는 대로 포스트모더니즘의 특징 가운데 하나는 절대적 진리를 인정하지 않는다는 것이다. 다른 사람들이 아무리 진리라고 할지라도 자신이 그것을 받아들이지 않는 한에서는 그것이 그 사람에게 진리일 수가 없다. 이것은 절대적 진리가 상대적 진리로, 객관적 진리가 주관적 진리로 바뀌게 되었다는 사실이다.

이런 현상은 기독교 설교에도 그대로 영향을 미치게 된다. 성경이 아무리 하나님의 말씀이요 절대적 진리라고 해도 사람들은 자신이 그것을 진리로 판단하고 받아들이지 않는 한 진리로 인정하지 않는다. 설교자의 설교 역시 마찬가지다. 설교자가 진리라고 해서 사람들은 그것을 진리라고 믿는 것이 아니라 자신이 들어보고 진리라고 인정해야 비로소 진리가 되는 것이다. 예수 그리스도의 유일성 역시 마찬가지다. 아무리 예수 그리스도가 유일한 구세주라고 해도 그들은 자신이 그것을 인정하지 않는 한 믿지 않는다. 무엇보

2009).
17. 위의 책, p. 99.

다 포스트모던 시대의 종교적 다원주의는 예수 그리스도의 유일성을 모호하게 만든다. 종교적 관용(tolerance)을 앞세워 사람들은 기독교가 편협한 종교라고 비판을 하기도 한다.

그러나 설교자는 이런 시대적 흐름에 휩쓸려서는 안 될 것이다. 하나님의 말씀은 어느 시대에서도 진리이며, 예수 그리스도는 어떤 상황에서도 우리의 유일한 구세주임을 보다 명확하게 선포할 수 있어야 한다. 자칫 설교자들마저도 시류(時流)에 휩쓸려서 하나님의 말씀인 성경과 예수 그리스도의 유일성에 대해서 모호하게 설교를 한다면 어찌 되겠는가?[18]

미래 한국교회 설교의 내용과 관련하여 또 하나 생각해야 할 것은 앞으로 기독교 설교가 보다 청중들의 삶에 대한 관심을 가지고 삶과 관련된 설교를 해야 할 것이라는 사실이다. 기독교 설교는 미래에 다가올 하나님의 나라에 대한 설교이면서 동시에 오늘 우리의 세계에 대한 설교이다. 그동안 한국교회 설교는 어떤 측면에서 지나치게 내세지향적인 설교들이 많은 것도 사실이다. 물론 우리는 내세를 지향하면서 이 땅에서 믿음 생활을 하고 있지만, 우리는 현실 세계에서 일어나는 많은 문제들을 매일 경험하면서 살게 된다. 그러기에 하나님의 말씀은 내세로 가는 안내자가 되어야겠지만, 또한 오늘 우리가 사는 현실 세계의 지표가 되어야 한다.

오늘 많은 사람들이 설교를 듣기 싫어하고 짜증스럽게 생각하는 이유 가운데 하나는 설교가 자신들의 삶과는 너무 무관하다는 것이다. 그러므로 설교자는 하나님의 말씀과 천국에 대한 관심과 함께 청중들의 삶에 보다 적극적인 관심을 가지고 이를 하나님의 말씀을 통해서 전해야 한다. 예수님 역시 이 땅에서 설교를 하시면서 하늘 이야기만 하지 않으셨다. 당시 이스라엘 백성들의 상황에 언제나 민감하셨고, 그들에게 하나님 나라의 선포와 함께 삶

---

18. 여기에 대해서는 필자의 "포스트모던 시대에서의 설교를 위한 방법론적 모색"이라는 논문을 참고하기 바란다. 이현웅, "포스트모던 시대에서의 설교를 위한 방법론적 모색," 「신학사상」 제143집(2008. 12.), pp. 297-99.

에 적절한 말씀들을 전하셨다. 가난한 자들을 먹이시고, 병든 자를 고치시면서 주님은 거기에 따른 말씀을 함께 전하셨다. 예수님은 배고프고 굶주린 백성들에게 오병이어의 기적을 통해서 그들을 먹이시고, 그리고 나서 "생명의 떡"(요한복음 6장)을 설교하지 않으셨는가? 예수님은 자신의 설교를 듣는 백성들, 곧 이스라엘 백성들을 보고 늘 "민망히" 여기셨다(마 9 : 36)는 사실을 기억해야 한다. 주님은 자신의 말씀을 듣는 청중들에게 언제나 관심을 가지신 것이다. 이것이 바로 설교자가 청중들의 삶에 대해서 갖는 관심의 표현이다.

또 하나 미래 한국교회 설교 내용과 관련하여 생각할 것은 기복주의적인 설교를 지양해야 한다는 점이다. 물론 하나님을 믿는 신실한 백성들에게 하나님은 복을 내리신다. 이것은 성경 속에서 분명하게 보여주고 있는 사실이다. 그러나 한국교회를 돌아보면 과거 가난했던 시절, 상당한 설교자들이 가난한 사람들을 위로하고 그들에게 희망을 선포하기도 했지만(그때는 대부분의 사람들이 가난한 상태에 있었다) 어떤 경우는 기복주의적인 설교로 사람들을 끌어 모으는 데 설교를 이용하기도 하였다.

그러나 이제 대부분의 한국 사람들은 경제적 성장과 함께 가난을 벗어나 있다. 그런데 지금도 이런 사람들을 향하여 기복주의적인 설교를 한다면 사람들은 그런 설교를 들으려고 하지 않을 것이다. 설교자는 과거의 사람들에게 설교를 하는 것이 아니라 오늘의 사람들에게 설교한다. 그러므로 한국 사회의 변화와 함께 한국인들의 상황에 대한 변화를 정확하게 읽고 여기에 적절한 메시지를 선포할 수 있어야 할 것이다.

설교 내용과 관련하여 또 하나 생각해야 할 것은 오늘의 다양하고 다원화된 사회에 대한 이해와 함께 거기에 적절한 메시지가 선포되어야 한다는 점이다. 모든 사람들에게 똑같은 말씀이 아니라 하나님의 동일한 말씀이지만 다양한 사람들에게 다양한 방법과 내용으로 하나님의 말씀을 전해야 한다. 청중들의 연령별 특징에 따라서, 그들의 교육 수준에 따라서, 또는 직업이나 가치관, 삶의 방향에 따라서 거기에 적절한 말씀을 선포할 때 그들은 훨씬 민감한 반응과 관심을 가지고 하나님의 말씀을 듣게 될 것이다.

미래 설교자들은 하나님의 말씀을 오늘의 사람들에게 선포한다는 사실을 언제나 기억하면서, 청중들의 삶과 변화에 늘 관심을 가지고 거기에 적절한 하나님의 말씀을 전할 수 있어야 한다.

5) 효과적인 설교 전달

다섯째로 미래 한국교회 설교와 관련하여 생각할 것은 설교의 전달에 관한 부분이다. 2007년 「목회와 신학」에서 실시한 한국교회 목회자들에 대한 설문조사에 따르면, "설교자들이 설교 사역 시 가장 부족하다고 느낀 점"의 항목에서 '설교 전달력'이라는 부분이 전체 응답자의 24.6%로 1위를 차지했다(설교 전달력 24.6%, 자료 준비 부족 24.5%, 적용 22.2%, 예화 14.7%, 본문 이해 및 해석 7.8% 순).[19] 아마 여기에는 한국교회 설교자들의 설교 전달을 위한 훈련이 부족했다는 점과 함께 실제 설교 현장에서 청중들을 감동시키는 설교 전달이 잘 이루어지지 않고 있다는 면이 함께 반영됐을 것이라 본다.

설교에서의 전달은 매우 중요하다. 설교의 원고 내용은 결국 전달의 결과에 따라 그 효과가 달라진다. 아무리 좋은 내용의 원고라 할지라도 실제 전달이 잘못되면 그 설교의 효과는 반감된다. 그러나 원고 내용이 조금 약할지라도 설교 전달이 효과적으로 잘 일어날 때 그 설교는 매우 좋은 반응을 청중들로부터 얻게 된다. 다시 말하면 설교의 전달이 설교를 좌우하게 된다는 말이다.

먼저 설교자는 설교 전달을 위해 기본적인 스피치 훈련이 되어 있어야 한다. 정확한 발음, 음성의 고저(高低)와 완급(緩急), 제스처, 청중과의 시선

---

19. 목회와신학 편집부 편, 『한국교회 설교 분석』, p. 33.

교환 등은 설교자들이 기본적으로 갖추어야 할 요소들이다. 그리고 설교를 전달하는 현장에서 청중과의 친밀감이나 대화적인 분위기의 어조, 때로는 강력하고 열정적인 호소력 등이 필요하다. 설교 전달에 관한 부분은 비단 미래뿐만 아니라 설교가 이루어지는 현장에서는 언제나 중요한 관심사가 되어 왔다. 따라서 설교자들은 설교 전달을 위한 철저한 자기 훈련과 함께, 변화하는 청중들에게 호소력과 감동을 줄 수 있는 메시지의 전달을 위해 끊임없이 준비하고 노력해야 할 것이다.

6) 다문화 시대에 대한 준비

마지막으로 미래 한국교회가 설교와 관련하여 생각하고 대비해야 할 것은 다문화 사회에 대한 설교학적 준비라고 본다. 이미 '한국 사회에 대한 전망'에서 언급했지만 우리 사회는 다문화 사회로 진입하였고, 이런 현상은 앞으로 더욱 확대될 것이 분명하다. 그렇다면 한국교회는 자신의 사역뿐만 아니라 설교 분야에서도 이에 대한 준비를 해야만 한다. 다양한 언어를 가진 여러 인종, 다양한 계층이 함께 모여 예배드릴 경우 어떤 설교를 어떤 형식과 내용으로 해야 할 것인가?

그동안 우리는 이런 문제에 대해서 고민할 필요가 전혀 없었다. 왜냐하면 우리는 단일한 언어와 단일한 인종으로 구성된 사회였기 때문이다. 그러나 이제 다문화 사회는 이런 문제를 복잡하고 어렵게 만들고 있다. 언어와 인종과 계층과 사고가 다른 사람들이 함께 모여 예배할 때, 어떻게 그들이 신앙 안에서 하나의 공동체를 형성해 나갈 수 있겠는가? 그리고 설교는 이런 일을 위해서 어떻게 기여할 수 있겠는가? 한국교회는 이에 대해서 미리 대비를 해야 하고, 설교학 진영에서도 이에 대한 본격적인 연구가 진행되어야 할 것이다.

미래 한국교회의 전망이 그렇게 밝지 못한 것처럼 한국교회 설교의 전망 역시 외부 환경은 그렇게 밝지 못하다. 그러나 그런 시대적인 어려움은 모양만 달랐지 언제나 존재했던 것들이다. 문제는 오늘의 설교자가 하나님의 말씀을 전하는 자로서 자신을 얼마나 준비하면서 설교에 임하느냐는 것이다. 설교자 자신을 철저히 준비하고, 청중들의 변화를 민감하게 읽고, 거기에 적절한 설교의 형식과 내용들을 부단히 연구하면서 설교를 작성하고, 최선을 다해서 전달을 하게 된다면, 하나님의 말씀에는 하나님의 성령의 역사가 반드시 나타날 것이다.

설교의 희망은 거기에 있다. 하나님의 말씀은 살았고 능력이 있기 때문에 하나님은 말씀을 통해서 사람들을 변화시키고 사회를 변화시켜나가실 것이다. 누가 뭐라고 해도 미래 한국교회의 희망은 하나님의 말씀에 달려 있다. 한국 사회의 희망도 역시 하나님의 말씀에 있다. 강단에서 다시 말씀이 살아나고, 설교자들의 열정이 살아나며, 그 말씀 가운데 성령의 역사하심이 일어날 때, 메마른 에스겔 골짜기와 같은 한국 땅에서 하나님은 새로운 생명의 역사를 반드시 일으키실 것이다.

그 일을 위해 오늘 말씀의 종으로 부름받은 한국교회의 설교자들은 하나님 앞에서, 그리고 이 민족 앞에서 자신에게 주어진 시대적 사명을 다 할 수 있어야 할 것이다. 한국교회의 미래, 한국교회 설교의 미래가 오늘 우리들에게 달려 있기 때문이다.

마치면서

설교는 청중과 함께 하는 여정

견원지간(犬猿之間). 이 말은 원래 '개와 원숭이의 사이(관계)'라는 뜻으로 서로 사이가 좋지 않은 관계를 말할 때 사용한다. 그런데 그 대표적인 견원지간으로 우리는 흔히 개와 고양이를 예로 든다. 그래서 심지어는 견원지간이란 말을 개와 고양이의 관계로 동일시하기도 한다. 개와 고양이는 관계가 좋지 않다. 그들은 사이가 좋지 않아 만나면 싸우게 된다. 원수지간이 된다. 왜 이들은 만나면 으르렁대고 싸울까? 그 이유는 서로간의 사인(sign)이 맞지 않기 때문이다. 개는 반가우면 꼬리를 위로 치켜 세우며 흔든다. 그러나 고양이는 긴장하거나 싸우려고 할 때 꼬리를 위로 바짝 치켜든다. 반대로 개는 상대를 경계하거나 싸우려고 할 때 꼬리를 아래로 내린다. 고양이는 그 반대다.

개와 고양이는 서로 간에 사인이 맞지 않으니 서로에 대해서 공감을 가질 수가 없다. 그들은 오히려 동일한 행동에 대해서 공감(共感)이 아니라 반감(反感)을 갖게 된다. 공감이 없으니 똑같은 행동을 보면서도 둘은 서로 오해하고 싸울 수밖에 없는 것이다. 공감이 서로에 대한 이해와 사랑을 만들게 된다면, 반감은 적대와 싸움을 만들게 된다. 여기서 우리는 어떤 행위보다 먼저 중요한 것이 상호 간의 공감의 관계라는 것을 직시해야 한다. 개와 고양이는 행동 때문에 싸우는 것이 아니라 공감이 되지 못하기 때문에 싸우는 것이다. 이것은 우리 모든 인간의 영역에서도 마찬가지다. 우리 인간 역시 공감하지 못하기 때문에 오해하고 적대하고 싸우게 된다.

"기뻐하는 사람들과 함께 기뻐하고, 우는 사람들과 함께 우십시오"(롬 12 : 15, 표준새번역).

설교자는 말하는 사람이기 전에 먼저 공감하는 사람이어야 한다. 설교를 듣는 청중들과 함께 기뻐할 수 있어야 하고, 눈물 흘리는 사람들과 함께 눈물을 흘릴 수 있어야 한다. 그럴 때 설교자의 입을 통해서 나오는 말씀은 청중들의 가슴을 울릴 수 있게 된다. 오늘의 청중들은 그저 유창한 수사(修辭)로 얼룩진 말이나 고매한 지식을 풀어주는 그런 설교에 매료되지 않는다. 그들은 비록 단순할지라도 청중들의 삶의 자리를 이해하며, 그들의 문제를 알고, 자신들이 처한 상황에 공감하는 설교자의 설교에 귀를 열고 마음을 연다.

그런 의미에서 오늘의 설교자는 먼저 하나님의 말씀에 대한 철저한 이해와 함께, 그 말씀을 듣는 이 시대의 청중과 그들의 상황에 대한 깊은 이해가 동반되어야 한다. 즉 설교자는 하나님의 마음을 품고(하나님과 공감), 거기에 더하여 청중들의 삶에 대한 깊은 이해와 사랑(청중과 공감)이 있어야 한다. 비록 설교단과 회중석의 물리적 거리는 떨어져 있을지라도, 설교단에 선 설교자와 회중석에 앉아 있는 청중들의 마음은 하나가 되어야 한다는 말이다.

오늘 한국교회 설교의 문제는 설교자들의 설교학적 지식이 부족하거나 방법이 잘못되어서가 아니다. 한국교회 설교자들의 대부분은 이제 설교에 대한 상당한 지식과 훈련들이 되어 있는 사람들이다. 그러나 심각한 문제는 설교자와 청중들과의 거리가 갈수록 멀어지고 있다는 데 있다. 결국 이런 현상은 설교자들의 청중에 대한 공감 부재(共感 不在)를 낳고, 그것은 또 다시 청중들의 설교에 대한 공감 부재를 가져오게 한다. 그래서 설교자가 외치는 하나님의 말씀이 청중들의 가슴보다는 허공에서 맴돌게 되는 것이다. 오늘 청중들이 설교에 무관심하고 설교를 외면하며 설교 듣기를 지겨워하는 이유가 바로 여기에 있다. 말씀이 가슴에 와닿지 않으니 설교를 듣는 것 자체가 지루하고 괴로울 수밖에 없는 것이다. 심지어는 설교와 설교자에 대한 저항과 반감을 갖기까지도 한다.

공감의 필요성이 바로 여기에 있다. 청중들이 공감하는 설교가 왜 중요한지 그 이유가 바로 여기에 있는 것이다. 공감 지수가 높은 설교에는 청중들의 반응 역시 높을 것이다. 설교의 공감 지수는 청중의 반응 지수와 비례하기 때문이다. 이제 한국교회 설교자들은 공감에 대해 진지하게 생각하고,

자신의 설교 방법을 개선해 나가야 한다. 어떻게 청중과 공감하는 설교를 할 것인가를 고민하고 연구하면서, 그것을 설교 현장에서 적용하고 실천해야 한다.

더 이상 설교자 혼자 강단에서 외치는 것이 아니라 설교가 청중과 함께 하는 여정(旅程)이 되어야 한다. 설교자가 청중들과 함께 공감하고, 청중들이 설교 속에서 하나님의 말씀에 공감이 일어날 때, 설교 시간은 진정 설교자와 청중이 함께 하는 시간이 될 것이다. 이런 시간은 설교자에게도 기쁨이 되고, 설교를 듣는 청중들에게도 기쁨이 될 것이다.

청중들이 하나님의 말씀을 듣고 "아멘"으로 화답하며 결단을 하고, 자신의 가슴을 치고 회개하기도 하며, 말씀을 받고 감사하여 기뻐 뛰는 모습을 상상해 보라. 이런 설교 현장에 선 설교자 역시 가슴이 뛰지 않겠는가? "공감의 설교"는 바로 이런 일들을 눈앞에서 보게 만들 것이다. 그렇기 위해서 설교자는 더욱 "하나님의 말씀(the Bible text)에 충실하고, 그 말씀을 듣는 청중들에게 충실할 수 있어야 한다."[20]

"중세와 종교개혁 이후로 오늘날과 같이 이런 강력한 변화의 바람이 설교의 고지(homiletical highlands)에 휘몰아친 적은 일찍이 없었다."[21] 설교학자 폴 스캇 윌슨(Paul Scott Wilson)이 오늘의 설교 현장에서 일어나는 변화의 바람을 설교자들에게 알리는 말이다. 여기에 대해서 우리는 어떻게 대응해야 할 것인가?

---

20. Roger E. Van Harn, *Preacher, Can You Hear Us Listening?* (Grand Rapids : William B. Eerdmans Publishing Company, 2005), p. 133.
21. Paul Scott Wilson, *The Practice of Preaching* (Nashville : Abingdon Press, 1995), p. 12.

〈참고문헌〉

기독교윤리운동실천본부. "2013년 한국교회의 사회적 신뢰도 여론조사."(2014. 2. 5.)
_____. "2017년 한국교회의 사회적 신뢰도 여론조사."(2017. 3. 3.)
기독교 커뮤니케이션 포럼 편. 『기독교 커뮤니케이션』. 서울 : 예영커뮤니케이션, 2004.
김병철, 안종묵. 『커뮤니케이션의 이론과 실제』. 서울 : 한국외국어대학교 출판부, 2007.
김운용. 『설교의 새로운 패러다임』. 서울 : 장로회신학대학교 출판부, 2005.
목회와신학 편집부 편. 『한국교회 설교 분석』. 서울 : 두란노 아카데미, 2009.
박성희. 『공감학』. 서울 : 학지사, 2010.
백종구. 『선교와 교회성장』. 서울 : 한들출판사, 2003.
신국원. 『포스트모더니즘』. 서울 : 한국기독학생회출판부, 2007.
신승환. 『포스트모더니즘에 대한 성찰』. 파주 : 살림출판사, 2003.
엄정식 외 6인. 『문화는 소통이다』. 서울 : 철학과 현실사, 2012.
오미영, 정인숙. 『커뮤니케이션 핵심 이론』. 서울 : 커뮤니케이션스, 2005.
윤석민. 『커뮤니케이션의 이해』. 서울 : 커뮤니케이션북스, 2007.
이원규. 『기독교의 위기와 희망』. 서울 : 대한기독교서회, 2003.
_____. 『한국교회 어디로 가고 있나』. 서울 : 대한기독교서회, 2000.
_____. 『한국 사회 문제와 교회공동체』. 서울 : 대한기독교서회, 2002.
이정호. 『포스트모던 문화 읽기』. 서울 : 서울대학교 출판부, 1995.
이현웅. 『설교학 이야기』. 서울 : 예배와 설교 아카데미, 2011.
_____. 『21세기에 다시 본 존 칼빈의 설교와 예배』. 서울 : 이레서원, 2009.
_____. "기독교 예배의 본질회복을 통한 부흥." 『신학과 실천』. 제14호(2008. 2).
_____. "포스트모던 시대에서의 설교를 위한 방법론적 모색." 『신학사상』. 제143집 (2008. 12.)
_____. "현대 기독교 설교자의 정체성에 관한 연구." 『신학과 실천』. 제23호(2010. 5.).
이형기. 『모더니즘과 포스트모더니즘, 그리고 기독교 신학』. 서울 : 장로회신학대학교 출판부, 2003.
정장복. 『한국교회의 설교학 개론』. 서울 : 예배와 설교 아카데미, 2005.
정재영. 『한국교회 10년의 미래』. 서울 : SFC출판부, 2012.
_____. "종교 세속화의 한 측면으로 '소속 없는 신앙인들'에 대한 연구." 「제51회 한국실천신학회 정기학술대회 자료집」. 한국실천신학회, 2014. 2.
최현석. 『인간의 모든 감정』. 파주 : 서해문집, 2011.
한국기독교목회자협의회. 『한국 기독교 분석 리포트 : 2013 한국인의 종교 생활과 의식 조사 보고서』. 서울 : 도서출판 URP, 2013.
한국실천신학회. 『실천신학 논단』. 서울 : 대한기독교서회, 1995.

허준. 동의문헌연구실 역. 『東醫寶鑑』. 서울 : 법인문화사, 2007.

Achtemeier, Elizabeth. *Creative Preaching : Finding the Words*. Nashville : Abingdon Press, 1980.

Allen, Ronald J., Barbara S. Blaisdell, and Scott B. Johnston. *Theology for Preaching : Authority, Truth, and Knowledge of God in a Postmodern Ethos*. Nashville : Abingdon Press, 1997.

_____. *Thinking Theologically*. Minneapolis : Fortress Press, 2008.

Aristotle. *ΤΕΧΝΗ ΡΗΤΟΡΙΚΗΣ*. John Henry Freese. *The Art of Rhetoric*. Cambridge : Harvard University Press, 1967.

Aspy, David N., "Empathy : Let's get the hell on with it." *The Counseling Psychologist*. 5(2).

Augustinus, Aurelius. *De doctrina christiana*. 성염 역. 『그리스도교 교양』. 왜관 : 분도출판사, 1989.

Awbrey, Ben. *How Effective Sermons Begin*. Ross-shire : Christian Focus Publications, 2008.

Barth, Karl. *Homiletik*. Translated by Geoffrey W. Bromiley and Donald E. Daniels. *Homiletics*. Louisville : Westminster/John Knox Press, 1991.

Bauer, Joachim. *Warum ich fuhle, was du fuhlst*. 이미옥 역. 『공감의 심리학』. 서울 : 에코리브르, 2009.

Baumann, J. Daniel. *An Introduction to Contemporary Preaching*. Grand Rapids : Baker Book House, 1990.

Berlo, David Kenneth. *The Process of Communication*. New York : Holt, Rinehart and Winston, 1960.

Black, Hugh. *Listening to God*. New York : Revell, 1906.

Blakney, Ray Bernard. *Meister Eckhart*. New York : Harper & Brothers Publishers, 1957.

Bohren, Rudolf. *Predigtlehre*. 박근원 역. 『說敎學原論』. 서울 : 대한기독교출판사, 1996.

Broadus, John A., *On the Preparation and Delivery of Sermons*. New York : Harper San Francisco, 1979.

Brooks, Phillips. *The Joy of Preaching*. Grand Rapids : Kregel Publications, 1989.

Brunner, Emil. *Revelation and Reason*. Philadelphia : Westminster Press, 1946.

Brueggemann, Walter. *Theology of the Old Testament*. Minneapolis : Fortress Press, 2005.

Bugg, Charles B. *Preaching & Intimacy*. Macon : Smyth & Helwys Publishing, 1999.

Buttrick, David. *Homiletic : Moves and Structure*. Philadelphia : Fortress Press, 1987.

_____. *A Captive Voice : The Liberation of Preaching*. Louisville : Westminster/John Knox Press, 1994.

Calvin, John. *Commentaries on the Epistle of Paul the Apostle to the Corinthians*. vol. Ⅰ. Grand Rapids : Baker Books, 2005.

_____. *Commentaries on the Epistle of Paul the Apostle to the Hebrews*. Grand Rapids : Baker Books, 2005.

_____. *Institutes of the Christian Religion* 2, ed. John T. McNeill, *The Library of Christian Classics*, vol. XX. Louisville : Westminster John Knox Press.

_____. *The Mystery of Godliness and Other Selected Sermons*. Grand Rapids : Eerd Co. 1950.

Campbell, Charles L., *Preaching Jesus : New Directions for Homiletics in Hans Frei's Postliberal Theology*. 이승진 역.『프리칭 예수』. 서울 : 기독교문서선교회, 2001.

_____. *The Word Before the Words : An Ethic of Preaching*. Louisville : Westminster John Knox Press, 2002.

Carroll, Jackson W. *As One with Authority*. 오성춘 역.『권위 있는 목회자』. 서울 : 한국장로교출판사, 1999.

Coplan, Amy and Peter Goldie. ed. *Empathy : Philosophical and Psychological Perspectives*. New York : Oxford University Press, 2011.

Craddock, Fred B., *As One without Authority*. St. Louis : Chalice Press, 2001.

_____, *Overhearing the Gospel*. Nashville : The Parthenon Press, 1981.

_____, *Preaching*. 김영일 역.『설교』. 서울 : 컨콜디아사, 2003.

Davie, Grace. *Religion in Britain since 1945 : Believing without Belonging*. Oxford : Oxford University Press, 1994.

Davis, Henry Grady. *Design for Preaching*. Philadelphia : Fortress, 1979.

Daniel, Robert W. *A Contemporary Rhetoric*. Boston : Little, Brown and Company, 1967.

Decedy, Jean and William Ickes. ed. *The Social Neuroscience of Empathy*. Cambridge : The MIT Press, 2011.

Dockery, David S., ed. *The Challenge of Postmodernism*. Grand Rapids : Baker Academic, 2001.

Dodd, Charles H., *The Apostolic Preaching and Its Development*. New York : Harper, 1935.

Ehrlich, Paul R. & Robert Ornstein. *Humanity on a Tightrope*. 고기탁 역.『공감의 진화』. 서울 : 에이도스출판사, 2012.

Erickson, Millard J., *The Postmodern World : Discerning the Times and the Spirit of Our Age*. Wheaton : Corssway Books, 2002.

Eslinger, Richard L., ed. *Intersections : Post-Critical Studies in Preaching*. Grand Rapids : William B. Eerdmans Publishing Co., 1994.

_____. *The Web of Preaching : New Options in Homiletic Method*. Nashville : Abingdon Press, 2002.

Fant, Clyde E. *Preaching for Today*. New York : Harper & Row, Publishers, 1975.

Forsyth, P. T. *Positive Preaching and the Modern Mind*. Grand Rapids : Wm. B. Eerdmans, 1949.

Fosdick, Harry Emerson. *The Living of These Days*. New York : Harper and Brothers, 1956.

Frymire, Jeffrey W. *Preaching the Story*. Anderson : Warner Press, 2006.

Granfield, Patrick. ed., *The Church and Communication*. Kansas City : Sheed & Ward, 1994.

Great the Great. *Liber Regulæ Pastorlais*, Translated by James Barmby. *The Book of Pastoral Rule*. Philip Schaff and Henry Wace, ed. *Nicene and Post-nicene Fathers*. vol. 12. Peabody : Hendrickson Publishers, 2004.

Green, Joel B. and Michael Pasquarello Ⅲ, ed. *Narrative Reading, Narrative Preaching*. Grand Rapids : Baker Academic, 2003.

Greidanus, Sidney. *The Modern Preacher and the Ancient Text : Interpreting and Preaching Biblical Literature*. Grand Rapids : William B. Eerdmans Publishing Company, 1988.

Hauerwas, Stanley. and L. Gregory Jones. ed. *Why Narrative? : Reading in Narrative Theology*. Grand Rapids : Eerdmans Publishing Co. 1989.

Hoge, Dean R. and David A. Roozen, ed., *Understanding Church Growth and Decline : 1950-1978*. New York : The Pilgrim Press, 1979.

Huxtable, John. *The Bible Says*. Richmond : John Knox Press, 1962.

Iacoboni, Marco. *Mirroring People : The Science of Empathy and How We Connect with Others*. New York : Picador, 2009.

Jencks, Chalres. *What is Post-Modernism*. London : Academy Editions, 1995.

Jensen, Richard A. *Telling the Story*. Minneapolis : Augsburg Publishing House, 1980.

Johnson, Darrell W. *The Glory of Preaching : Participating in God's Transformation of the World*. Downers Grove : IVP Academic, 2009.

Johnston, Graham. *Preaching to a Postmodern World*. Grand Rapids : Baker Books, 2001.

Kennedy, George A. *Classical Rhetoric and Its Christian and Secular Tradition from Ancient to Modern Times*. Chapel Hill : The University of North Carolina Press, 1980.

Knowles, Michael P., ed. *The Folly of Preaching*. Grand Rapids : William B.

Eerdmans Publishing Co., 2007.
Long, Thomas G., *Preaching and the Literary Forms of the Bible*. Philadelphia : Fortress Press, 1989.
_____. "Taking the Listeners Seriously as the People of God." In *The Folly of Preaching*. Edited by Michael P. Knowles. Grand Rapids : William B. Eerdmans Publishing Company, 2007.
_____. *The Witness of Preaching*. Louisville : Westminster John Knox Press, 2005.
Lowry, Eugene L., *The Homiletical Plot : The Sermon as Narrative Art Form*. Atlanta : John Knox Press, 1980.
_____. *Doing Time in the Pulpit : The Relationship between Narrative and Preaching*. Nashville : Abingdon Press, 1985.
_____. *The Sermon : Dancing the Edge of Mystery*. Nashville : Abingdon Press, 1997.
Luther, Martin. *Epistle Sermon*(Lenker Edition vol. Ⅶ. #23). Hugh T. Kerr. *Kompendium der Theologie Luthers*. 김영한 편역. 『루터신학개요』. 서울 : 한국장로교출판사, 2001.
McLuhan, Herbert Marshall. *Understanding Media : The Extensions of Man*. New York : New American Library, 1964.
O'Day, Gail R. and Thomas G. Long. ed. *Listening to the Word*. Nashville : Abingdon Press, 1993.
Oden, Thomas C., "The Death of Modernity and Postmodern Evangelical Spirituality." In *The Challenge of Postmodernism*, pp. 19–33. Edited by David S. Dockery. Grand Rapids : Baker Academic, 2001.
Old, Hughes Oliphant. *The Reading and Preaching of the Scriptures in the Worship of the Christian Church*. Grand Rapids : William B. Eerdmans Publishing Co. 1998.
_____. *The Reading and Preaching of the Scriptures in the Worship of the Christian Church, vol 4. The Age of the Reformation*. Grand Rapids : William B. Eerdmans Publishing Co. 2002.
Osborn, Ronald E. *Folly of God : The Rise of Christian Preaching*. St. Louis : Chalice Press, 1999.
Parker, T. H. L. *Calvin's Preaching*. 김남준 역. 『칼빈과 설교』. 서울 : 도서출판 솔로몬, 1993.
_____. *The Oracle of God : An Introduction to the Preaching of John Calvin*. Cambridge : James Clarke & Co., 2002.
Randolph, David James. *The Renewal of Preaching : A New Homiletic Based on the New Hermeneutic*. Philadelphia : Fortress Press, 1969.

Reid, Clyde. *The Empty Pulpit*. 정장복 역.『설교의 위기』. 서울 : 대한기독교출판사, 1985.
Rice, Charles L., *Interpretation and Imagination : The Preacher and Contemporary Literature*. Philadelphia : Fortress Press, 1970.
Rifkin, Jeremy. *The Empathic Civilization : The Race to Global Consciousness in a World in Crisis*. New York : Jeremy P. Tarcher / Penguin, 2009.
Rogers, Carl R., *A Way of Being*. Boston : Houghton Mifflin, 1980.
_____, *Client-Centered Therapy : Its Current Practice, Implications, and Theory*. New York : Houghton Mifflin Company, 1951.
_____, *Counseling and Psychotherapy : Newer Concepts in Practice*. Cambridge : Houghton Mifflin Company, 1942.
_____. "Empathic : An Unappreciated Way of Being." *The Counseling Psychologist*. 5.
_____, *Person-Centered Therapy*. New York : Routledge, 2010.
Rose, Lucy Atkinson. *Sharing the Word : Preaching in the Roundtable Church*. Louisville : Westminster John Knox Press, 1997.
Smylie, James H., "Church Growth and Decline in Historical Perspective" in Dean R. Hoge and David A. Roozen, ed. *Understanding Church Growth and Decline : 1950-1978*. New York : The Pilgrim Press, 1979.
Steimle, Edmund A., Morris J. Niedental, and Charles L. Rice. *Preaching the Story*. Philadelphia : Fortress Press, 1980.
Swears, Thomas R. *Preaching to Head and Heart*. Nashville : Abingdon Press, 2001.
Kim, Ynyong. "Faith Comes from Hearing." Ph. D. Dissertation, Union Theological Seminary and P. S. C. E., 1999.
Van Harn, Roger E. *Preacher, Can You Hear Us Listening?* Grand Rapids : William B. Eerdmans Publishing Company, 2005.
Veith, Gene Edward. *Postmodern Times*. Wheaton : Crossway Books, 1994.
von Allmen, Jean-Jeaques. *Preaching and Congregations*. London : Lutterworth Press, 1962.
Webber, Robert E. *God Still Speaks*. 정장복 역.『그리스도교 커뮤니케이션』. 서울 : 대한기독교출판사, 1991.
Wiersbe, Warren W., *Preaching and Teaching with Imagination*. Grand Rapids : Baker Books, 2004.
Wilson, Paul Scott. *Preaching and Homiletical Theory*. St. Louis : Chalice Press, 2004.
_____, *The Practice of Preaching*. Nashville : Abingdon Press, 1995.
Wolton, Dominique. *Informer n'est pas communiquer*. 채종대, 김주노, 원용옥 역.『불통의 시대 소통을 읽다』. 서울 : 살림, 2011.